GM01606117

POUR L'AMOUR DE MASSOUD

Sediqa Massoud

Pour l'amour de Massoud

avec Chékéba Hachemi et Marie-Françoise Colombani

document

ISBN : 2-84563-243-6

À mon peuple, que mon mari a aimé et défendu jusqu'à la mort.
À mes enfants, pour que le sacrifice de leur père
reste à tout jamais inscrit dans leur mémoire.

Mon cœur m'échappe. À l'aide, hommes de jugement !
Mon secret ne le sera plus pour bien longtemps.

Ma barque est en morceaux. Souffle, ô vent secourable,
pour que je puisse voir encore ce visage !

Nous n'avons que dix jours d'enchantement sur Terre :
sers-toi, pour tes amis, de ce temps éphémère.

Le repos, dans ce monde et dans l'autre, est concis :
sois bon pour tes amis, pardonne à l'ennemi.

Hâfez Shirâzi
« L'amour, l'amant, l'aimé »,
Mystère 5

Avant-propos

Août 2001, vallée du Panjshir. Un hélicoptère nous a transportées ici depuis Douchanbe, la capitale du Tadjikistan, où le commandant Massoud a installé sa principale base militaire en dehors du pays. Sans le bruit des roquettes que l'on entend parfois au loin, on pourrait croire que l'Afghanistan est en paix. Les récoltes se préparent et, à l'intérieur des villages, les femmes travaillent, en foulard comme elles le sont dans leur maison. Pourtant, les conditions de vie des centaines de milliers de réfugiés qui s'entassent dans les camps de la vallée sont épouvantables. Les abris et la nourriture manquent, la dysenterie tue et, à une cinquantaine de kilomètres de là, les talibans sont de plus en plus énervés depuis qu'en février dernier Massoud a été reçu en Europe. Chékéba, qui l'a rencontré plusieurs fois, doit lui faire part de l'avancement des projets pour les Afghanes mis en place par son ONG « Afghanistan libre ». Quant à Marie-Françoise, elle réalise pour le journal *ELLE* un reportage sur toutes ces misérables écoles de fortune qui, sous une tente, dans un bâtiment en ruine ou carrément en plein air, accueillent des milliers d'enfants – garçons et filles – jetés dans l'ignorance par les talibans. Nous rencontrerons Massoud deux fois. La première, pour lui parler des conditions de vie des femmes dans la vallée et lui demander l'autorisation d'interviewer son épouse que Chékéba connaît déjà. La seconde pour le remercier de nous l'avoir accordée. Quand, à l'issue de cette dernière conversation, Marie-Françoise lui dit que la mère de ses enfants est une femme remarquable, courageuse et intelligente, le sourire du Lion du Panjshir illumine son visage, plissant ses yeux en amande de mille petites rides. S'il l'a poussée à s'exprimer, elle si réservée, c'est pour qu'elle délivre un message : le monde doit aider les femmes afghanes qui souffrent non seulement du poids des traditions mais en plus des terribles chaînes des fanatiques étudiants islamistes.

Trois semaines plus tard, le 9 septembre, le commandant Massoud est assassiné par ceux-là mêmes qui frapperont deux jours après les tours du World Trade Center. Comme il l'avait, en vain, prédit à Paris et à Strasbourg, au Parlement européen, le terrorisme s'était internationalisé depuis les zones tribales du Pakistan. Quand nous reverrons Sediqa Massoud, la description du sourire du commandant à son évocation est le plus beau cadeau que nous ferons à cette femme de trente-quatre ans, détruite par la mort de son mari. C'est au cours de cette visite qu'elle a accepté d'écrire un livre sur lui. Elle voulait le faire connaître et surtout montrer qu'il n'était pas seulement le chef de guerre que l'on décrit partout, mais, un formidable père de famille et époux. Le fait que le commandant lui ait demandé de nous rencontrer pour s'exprimer à travers un journal – ce qui ne s'était jamais produit – nous donnait à ses yeux une légitimité à entrer dans l'intimité de sa famille. Et peu à peu, nous sommes devenues amies. Nous l'avons longuement enregistrée à plusieurs reprises, en Iran, où elle s'est installée avec ses enfants, et à Jangalac, dans leur maison du Panjshir. Quand un détail ou une date lui manquait sur un événement politique, elle disait : « Demandez à mes beaux-frères, à mon père ou à mon frère. Eux, ils savent. » Souvent, son fils et ses cinq filles se tenaient près d'elle quand elle parlait. Au détour d'un mot ou d'un souvenir, l'émotion et les larmes surgissaient. Parfois, encore, son regard vert se brouillait et elle s'enfonçait en silence dans ses souvenirs. Une fois le livre terminé, Chékéba lui a traduit chaque page afin qu'elle donne son assentiment. Vous ne verrez jamais de photo d'elle – en lisant son livre vous comprendrez pourquoi – mais sachez seulement qu'elle est aussi belle à l'extérieur qu'à l'intérieur.

Marie-Françoise Colombani et Chékéba Hachemi
Paris, juin 2005

Préface

Le 9 septembre 2005 sera le quatrième anniversaire de la mort de mon frère bien-aimé, Ahmad Shah Massoud, qui a passé la majeure partie de son existence à combattre pour son peuple dont il ressentait les douleurs et les souffrances jusqu'au fond de l'âme.

Aujourd'hui plus que jamais, mon pays voit en lui un héros d'envergure internationale, malheureusement trop souvent visionnaire. Lors de son voyage en Europe, il avait exprimé très clairement ses craintes au sujet du terrorisme, prédisant que s'il sévissait chez nous, il serait demain aux portes de l'Occident. Ce qui s'est passé aux États-Unis, puis en Espagne et en Angleterre lui a donné raison. Et c'est justement à cause de cette clairvoyance qu'il a été assassiné.

La liberté de l'Afghanistan était la raison de vivre de mon frère, pourtant il était lucide sur les difficultés qui ne manqueraient pas de survenir quand notre pays l'aurait retrouvée. Parallèlement aux combats quotidiens qu'il menait contre l'ennemi, il réclamait des structures officielles pour assurer l'indépendance de son peuple, la démocratie, le respect des droits de l'Homme, l'égalité entre les femmes et les hommes et un niveau de vie semblable à celui d'autres pays dans le monde. Il souhaitait l'instauration d'une nouvelle constitution et des élections parlementaires.

Ces dernières années, un certain nombre de livres ont été écrits sur la vie d'Ahmad Shah Massoud. La plupart traitent avec justesse de sa vie publique. Mais aujourd'hui, pour la première fois, la personne la plus proche de mon frère s'exprime à son tour : son épouse. Ce témoignage apporte un éclairage exceptionnel sur la vie privée du commandant Massoud qui, par souci de sécurité, a vécu dans l'ombre durant toutes ces années très dures de guerre et de résistance. On y découvre ses relations avec sa femme, ses enfants, sa famille, son entourage immédiat mais aussi ses objectifs pour le développement de l'Afghanistan.

Ce document a une importance considérable pour l'histoire de notre pays. Il va transmettre aux générations futures un héritage de valeurs que nous nous efforçons de mettre en pratique à travers des projets socio-économiques, ainsi que d'éducation et de santé publique pour les enfants, les femmes et les hommes afghans.

Pour conclure, je citerai simplement ces vers précieux au cœur de mon frère. Ils sont le symbole de sa présence à chaque instant, en chacun de nous :

« *Clouds of dust puff up from soil of my mausoleum.*

I am still alive for the love even without any heart beating in my body [1] »

Ahmad Wali Massoud

1. Des volutes de poussière s'élèvent de mon mausolée. / Mon cœur bat encore pour l'amour même si mon corps est privé de vie.

Chronologie

1919 : avènement du roi Amanoullah. Déclenchement de la troisième guerre anglo-afghane. Indépendance de l'Afghanistan.

1921 : rapprochement avec l'Union soviétique en gestation. Un traité assure à l'Afghanistan une aide annuelle soviétique de 500 000 dollars.

1922 : fondation par la France du lycée français Esteqlal où Massoud fera ses études.

1928 : le port du voile n'est plus obligatoire. Amanoullah tente de moderniser le pays et pousse à la laïcisation de la société.

1929 : révolte conservatrice. Amanoullah est chassé du pouvoir. Nader Shah est proclamé roi et réimpose le voile.

1931 : mise en place d'une nouvelle Constitution.

1933 : mort de Nader Shah. Son fils, Zaher Shah, monte sur le trône à dix-neuf ans.

1953 : le prince Daoud, cousin du roi, devient Premier ministre. 2 décembre : naissance d'Ahmad Shah Massoud.

1959 : le port du voile devient facultatif, les universités s'ouvrent aux filles. Début des travaux du tunnel de Salang qui relie le nord au sud du pays.

1964 : la nouvelle Constitution introduit le régime parlementaire et donne le droit de vote aux femmes.

1965 : premières élections législatives relativement libres. Quatre femmes entrent à l'Assemblée.

1967 : le PDPA (marxiste), Parti démocratique du peuple afghan, se scinde en deux : le Khalq (peuple) de Nour Mohammed Taraki.

1971-1972 : la sécheresse ravage une grande partie du pays. La situation économique se détériore, le mécontentement gronde.

1973 : coup d'État contre Zaher Shah. Daoud, surnommé le « Prince rouge », prend le pouvoir grâce à l'aide d'officiers républicains et communistes. La République est instaurée.

1975 : coup d'État raté à l'initiative d'un groupe d'étudiants islamistes parmi lesquels figure Ahmad Shah Massoud.

1978 : Daoud, qui tente de s'affranchir de la tutelle soviétique, est renversé par un coup d'État communiste. Nour Mohammad Taraki le fait assassiner avec toute sa famille, prend le pouvoir et va tenter d'éradiquer du pays l'influence musulmane. Une rébellion nationale s'ensuit. Les désertions se multiplient au sein de l'armée et des dizaines de milliers de civils trouvent la mort.

1979 : le 14 septembre, Hafizullah Amin, Premier ministre et chef adjoint du Khalq, fait assassiner Taraki et se nomme président. Le 27 décembre, l'armée soviétique envahit Kaboul, tue Amin et met en place Babrak Karmal.

Plusieurs partis sont alors réfugiés au Pakistan :

Islamistes :
- le Jamiyat (modéré) de Rabbani et Massoud;
- le Hezbe Islami de Hekmatyar.

Fondamentalistes :
- le Ittehad de Sayyaf;
- le Harakat de Mohammedi.

1989 : retrait des troupes soviétiques. La guerre a fait un million de morts, plus de cinq millions de réfugiés au Pakistan et un million et demi en Iran.

1992 : chute du gouvernement communiste de Nadjibollah, ancien chef des services secrets. Kaboul est libérée. Les vainqueurs, incapables de s'entendre sur le partage du pouvoir, décident d'une présidence tournante à la tête du conseil intérimaire. Le commandant Massoud devient ministre de la Défense. Burhanuddin Rabbani qui, au terme de ses quatre mois, succède à Modjaddedi, refuse le moment venu de laisser la place. Il convoque une assemblée et devient président de la République islamiste de l'Afghanistan. La guerre civile éclate, opposant les islamistes de Hekmatyar, soutenus par le Pakistan et l'Arabie Saoudite, les moudjahidin de Massoud et les Ouzbeks du général Dostom.

1994 : premières victoires des talibans, armés par le Pakistan, dans le sud de l'Afghanistan. Les « étudiants islamistes », formés dans les madrasa, écoles coraniques pakistanaises, entendent imposer un islam ultrarigoriste qui se réclame de l'école de Déoban.

1996 : les talibans s'emparent de Kaboul le 26 septembre. Nadjibollah est assassiné. Le président Rabbani se réfugie au Badakhchan et Massoud résiste dans la vallée du Panjshir.

2001 : les talibans contrôlent 90 % du pays. Les sbires du ministère de la Répression du vice et de la Promotion de la vertu font régner la terreur. Destruction des bouddhas de Bamiyan.

9 septembre 2001 : assassinat du commandant Massoud.

11 septembre 2001 : attentats à New York et Washington.

Décembre 2001 : défaite des talibans et libération du pays.

0
200 km
altitude supérieure à 1 000 m
OUZBÉK.
Amou Daria
TURKMÉNISTAN
Mechhed
Andkhuy
Mazar-e Charif
Chebarghan
Daulatabad
Sar-e Pul
Meymana
35
Qal'a-e Nau
Paropamisus
Harat
Hari Rud
Chakhcharan
Siah Band
AFGHANISTAN
Band-e Bayan
IRAN
Tarin Kot
Farah
Farah
Delaram
Kuh-e Mazar
Kalat
Gerechk
Lachkargah
Kandahar
Zarandj
Dacht-e Margo
Helmand
Passe de Khojak
Sistan
30
Regestan
Cartographie : Noël Meunier

DOUCHANBE
Pamir
TADJIKISTAN
Vakhch
Badakhchan
Feyzabad
Wakhan
Kholm
Kunduz
Taloqan
Khanabad
Baghlan
Pol-e Khomri
Dowshi
Hindu Kuch
Col du Salang
Panjshir
NOURISTAN
Barikot
Charikar
Bamiyan
KABOUL
Kuh-e Baba
Sarobi
Djalalabad
Kaboul
Passe de Khaybar
Peshawar
ISLAMABAD
Rawalpindi
Ghazni
Gardiz
Khost
PAKISTAN
Indus
Lahore
Faisalabad
Multan

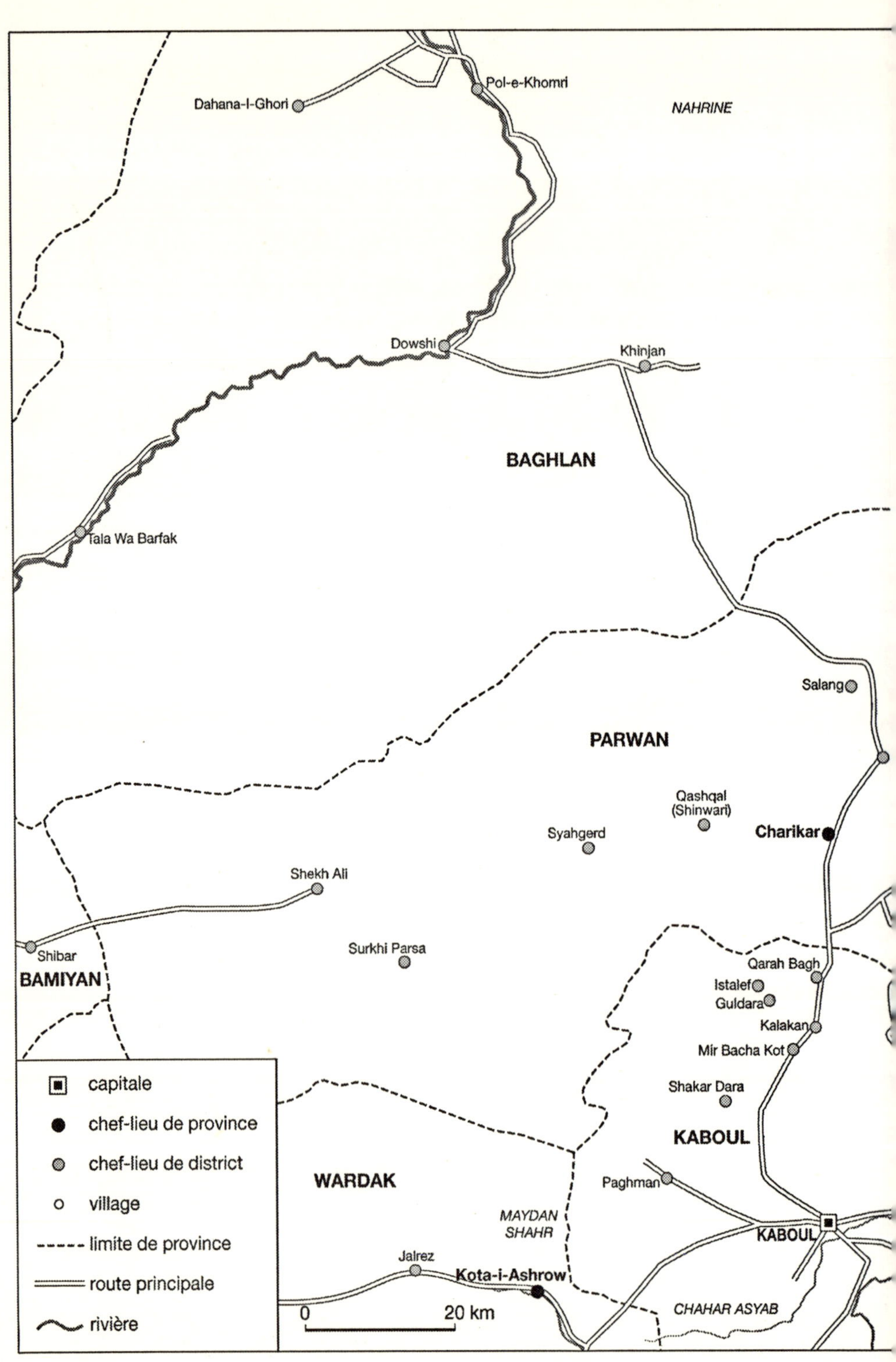

Dahana-I-Ghori
Pol-e-Khomri
NAHRINE
Dowshi
Khinjan
BAGHLAN
Tala Wa Barfak
Salang
PARWAN
Qashqal
(Shinwari)
Syahgerd
Charikar
Shekh Ali
Shibar
Surkhi Parsa
BAMIYAN
Qarah Bagh
Istalef
Guldara
Kalakan
Mir Bacha Kot
Shakar Dara
KABOUL
Paghman
WARDAK
MAYDAN
SHAHR
KABOUL
Jalrez
Kota-i-Ashrow
CHAHAR ASYAB
0
20 km
capitale
chef-lieu de province
chef-lieu de district
village
limite de province
route principale
rivière

La fuite de Sediqa et de sa famille dans les montagnes
lors de la guerre contre les Soviétiques.

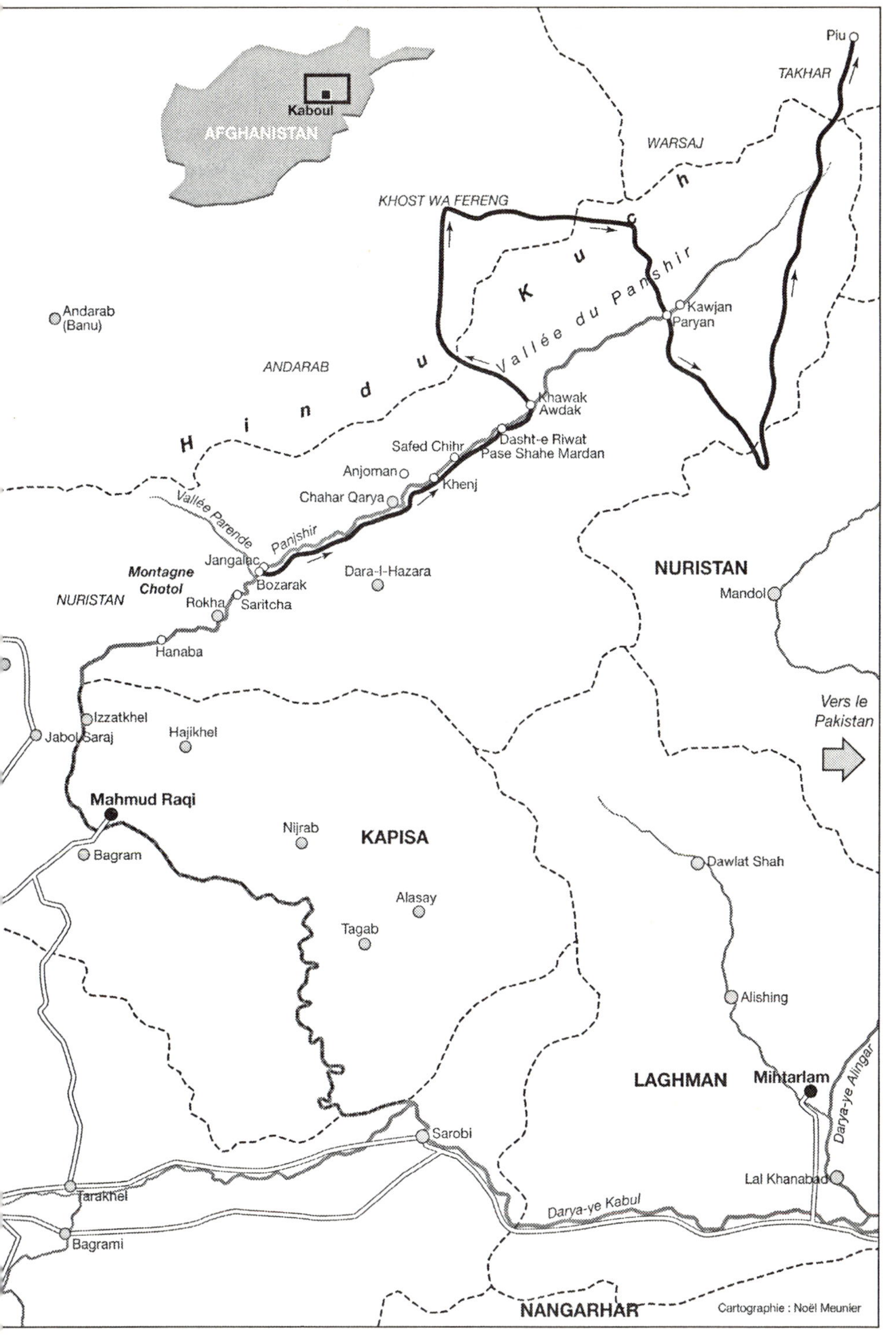

1.

Je ne sais par où commencer tellement j'ai envie de parler de lui. Lui, cet homme magnifique, raffiné, cultivé, passionné de poésie, de littérature et d'histoire, ce héros de la guerre contre les Soviétiques et de la résistance contre les talibans qui a épousé et aimé la jeune fille modeste et ignorante que j'étais il y a seize ans. Lui, Ahmad Shah Massoud. Mais pour que vous compreniez pourquoi lui, et pourquoi moi, je dois commencer par le début.

Je n'ai pas la prétention de retracer la grande histoire de mon pays. Je veux simplement et humblement rester à ma place, celle que j'ai tenue aux côtés de mon mari. Ce que je vais raconter est une histoire d'amour, mais aussi mon histoire, celle d'une Afghane de la vallée du Panjshir qui a vécu vingt-quatre ans de guerre.

Les premières années de ma vie ont été aussi calmes et heureuses que les suivantes ont été mouvementées et tragiques.

Je suis née à Bozarak, un petit village situé au bord de la rivière Panjshir, à quelques centaines de mètres de Jangalac, le village de mon mari, et à cent kilomètres au nord de Kaboul. Imaginez ce qui peut exister de plus doux au monde comme paysage et vous aurez une idée de l'endroit où j'ai grandi. Des maisons de torchis éparpillées sous des mûriers et des abricotiers. L'ombre fraîche des saules pleureurs. Les cris de joie des jeunes garçons qui se baignent dans la rivière. Des moutons, des champs cultivés, des jardins potagers entourés de fleurs. Et la lumière. Totalement transparente. Sauf les jours où la brume coiffe la vallée d'un voile de coton. Combien de fois ai-je entendu mon mari me répéter : « Regarde comme notre pays est beau. Ne mérite-t-il pas qu'on le défende de toute notre âme ? »

Quand mes parents se sont mariés, ils se connaissaient depuis toujours. Rien d'étonnant puisque, chez nous, les mariages se font au sein des familles, entre cousins plus ou moins éloignés ou dans le même village. Ainsi, tous deux sont de Parende, une vallée perpendiculaire à celle du Panjshir, où coule une rivière du même nom. Le village de maman, Chaï Tchitcho, est à peine à cinq cents mètres de Godran, celui de mon père. Quand je dis village, c'est un bien grand mot pour trois ou quatre maisons nichées au milieu de la menthe sauvage et des amandiers. Aujourd'hui encore, beaucoup de femmes n'ont jamais quitté cette vallée. Elles ne connaissent pas le silence. Elles ont toujours vécu avec le bruit de la rivière qui n'est pas seulement le murmure dont parlent les poèmes. Mais revenons à mes parents. Quand ils étaient jeunes, les enfants apprenaient à lire et à écrire à la mosquée, mais, contrairement à mon père, ma mère n'a qu'une connaissance orale de l'islam. Elle est analphabète comme la majorité des femmes afghanes.

Elle avait à peine sept ans quand son père est mort en chassant le cerf. Ma grand-mère maternelle n'a jamais voulu se remarier. Elle a choisi de se consacrer à ses enfants. Ce qu'elle a pu faire grâce à ses voisins qui l'ont beaucoup aidée. Ainsi, quand mon père était adolescent, il lui coupait régulièrement son bois. Elle est morte à quatre-vingts ans et je l'ai très bien connue.

Vers l'âge de vingt ans, mon père est parti faire son service militaire à Kaboul. Au cours de l'une de ses permissions, ses parents lui ont annoncé qu'ils l'avaient fiancé à une jeune fille qui n'était autre que ma mère. L'ayant depuis longtemps remarquée, il a été enchanté par ce choix. Cela explique sans doute son empressement à couper le bois de sa future belle-mère ! Quant à ma mère, elle n'était pas mécontente non plus : il a les beaux yeux verts de ma grand-mère dont j'ai hérité avec deux de mes frères. Lors de leur mariage, mon père avait vingt-trois ans et ma mère quatorze. À l'époque, les festivités duraient plusieurs jours et l'on y invitait beaucoup de monde de peur de s'entendre dire, plus tard : « Dis donc, tu es venu au mariage de mon fils et tu ne m'as même pas convié à celui du tien ! » La peur du qu'en-dira-t-on est l'un des moteurs de notre société. Pour être honnête, je ferais mieux de parler de « frein ». À tout moment, on craint le jugement des oncles, tantes, cousins, cousines, voisins, proches, passants, étrangers...

À l'époque, même chez les gens modestes, les mariages donnaient lieu à une succession de fêtes pendant lesquelles les membres des deux familles venaient souvent de loin. Le futur mari devait se montrer très généreux. Mon grand-père paternel, qui a été longtemps le mollah du village et qui est mort à cent dix ans, nous a raconté que, pour ma grand-mère, il avait offert cent moutons, deux bœufs et cent pièces d'argent ! Le dernier jour de la cérémonie, mon père est allé chercher ma mère chez elle, à cheval, avec quelques hommes de sa famille. Le soir, quand les premiers convives ont commencé à partir, maman s'est levée, a rassemblé ses affaires, embrassé les femmes qui étaient à côté d'elle, et elle a lancé à la cantonade : « C'était un mariage très réussi. Merci beaucoup. Je me suis bien amusée et maintenant, je dois m'en aller. Au revoir. » Tout le monde a éclaté de rire et elle, très embarrassée, n'a pas compris pourquoi. Mon père s'est alors approché d'elle, l'a prise contre lui et lui a expliqué doucement : « À présent, tu es mariée avec moi et tu vas vivre ici avec ta nouvelle famille. » Ils en plaisantent encore aujourd'hui. « Votre maman, je l'ai élevée au creux de mes bras », dit souvent mon père.

Mes parents se sont toujours profondément aimés. Dans la famille, leur amour est même légendaire, au point que mon mari les appelait Laïla et Majnoun, comme les deux grands amoureux de la mythologie persane. Au début de notre mariage, il n'en revenait pas de les voir vivre en pareille harmonie : « Ils ont vraiment toujours été comme ça ? Ils ne se disputent jamais ? » Maman est tellement patiente et douce avec mon père qu'il n'a jamais élevé la voix contre elle. Au contraire, il la fait rire et ne manque pas une occasion de lui manifester sa tendresse. Pendant les repas, il faut toujours qu'ils soient assis côte à côte et ils ne se quittent jamais. Il faut dire que, pendant la guerre, ils ont été tellement séparés l'un de l'autre que mon père a raté la naissance d'un bon nombre de ses enfants. Ma mère a fait quatre fausses couches et perdu trois enfants en bas âge. Aujourd'hui, il lui reste neuf garçons et deux filles. Par ordre d'arrivée au monde : Rasheddin, moi, Shaeddin, Khaleddin, Tareq, Qassem, ma sœur Khaleda, Mohammad, Hamed, Yasser, et Belâl qui a douze ans aujourd'hui. Mon mari se moquait de toutes ces terminaisons en « ddin », aussi, un peu vexé, mon père, qui était depuis longtemps son aide de camp, lui a demandé de choisir les prénoms de mes autres frères. À ma naissance, on m'a appelée Homaira, mais, et ne me demandez pas pourquoi, dans ma famille comme à l'école j'ai toujours été Pari Ghol (Bel-Ange). Dans certaines provinces, quand une jeune fille se marie, la coutume veut que sa belle-famille lui choisisse un nouveau prénom. Ainsi, en épousant mon mari, je suis devenue Sediqa. Mais lui a toujours employé le diminutif « Pari » (Ange).

Comme maman était très jeune quand elle s'est mariée, mes parents ont attendu deux ans avant d'avoir mon frère aîné.

C'était l'époque du roi Zaher Shah. La république d'Afghanistan n'existait pas encore et nous étions loin de l'époque communiste et de l'invasion soviétique. À ma naissance, ma mère avait dix-neuf ans. C'est facile à calculer. Elle s'est mariée à quatorze ans. Rasheddin est né quand elle en avait seize. Dix-huit mois plus tard, elle a eu un garçon qui est mort à sa naissance. Et moi, je suis arrivée un an et demi après. Selon mes calculs, c'était en 1970. Mais cela pourrait aussi bien être 1969 ou 1971 ! Chez nous, il n'y a pas d'état civil. On se repère avec des événements marquants : « L'année où la rivière est montée jusqu'à la route », ou « lorsque la maison d'Untel s'est effondrée après la foudre », ou « le jour où les Russes ont installé leur base à Astana ». En plus, et cela ne simplifie pas les choses, nous n'avons pas le même calendrier qu'en Occident. Ainsi, 2005, c'est 1384 en Afghanistan.

Mon mari, lui, connaissait sa date de naissance exacte. Il est né le 2 septembre 1953 à Jangalac. Sa famille, d'un niveau social plus élevé que la nôtre, s'appelait Sarkada Khel (descendant de Sarkada). Aujourd'hui, nos enfants et ses frères portent le nom de Massoud (le Chanceux ou le Bienheureux) qu'on lui a donné au début des années 1970. La grande majorité des Afghans n'a pas de nom de famille. Cela se modifiera peu à peu avec le niveau d'instruction qui, je l'espère, va s'élever et les Afghans de la diaspora qui, en arrivant à l'étranger, sont bien obligés de choisir un patronyme. Celui par lequel on désigne la famille de ma mère est Gol Beka Khel (descendant de Gol Beka) et celle de mon père Bashi Khel (descendant de Bashi) ou Mollah Khel (descendant du Mollah). Tous les hommes de sa famille sont devenus mollahs, sauf lui qui, pour des raisons financières, a été obligé de travailler très jeune et n'a pas suivi d'études théologiques.

Une légende raconte qu'à l'époque samanide beaucoup de gens de Samarkand sont venus vivre dans notre pays. L'un d'entre eux se serait fixé dans la vallée du Panjshir et aurait installé ses quatre fils dans quatre villages différents. Au début, les habitants ne les auraient pas acceptés, et l'on parle même d'une guerre terrible suite à l'enlèvement d'une jeune fille. Aujourd'hui, d'après les anciens, tous les Pansheris descendraient de cette famille. Ce conte fait partie de ceux que l'on nous racontait les soirs d'hiver quand, bien au chaud sous le *sandali*, nous mangions des fruits secs avant de nous coucher. À la campagne, le sandali est le seul moyen de chauffer les maisons quand arrivent les premiers froids. Après le dîner, ma mère posait une espèce de brasero sous une table basse en bois sur laquelle elle étendait une grande et épaisse couverture. Sur le sandali ainsi fabriqué, elle éparpillait des pistaches, des raisins secs et des amandes qui, en chauffant, dégageaient une odeur délicieuse. Tout le monde se glissait alors autour de la table en étendant ses jambes sous la couverture. Et la veillée commençait. Pendant qu'on grignotait, mon grand-père nous narrait la vie de personnages historiques qu'il avait lue dans des livres. Ma grand-mère, des histoires de rois et de reines, mais surtout de sorcières et d'ogres. Elle nous les mimait avec des voix différentes, grondant très fort ou chuchotant. Tous les enfants criaient de peur : « Moma Khôla ! Moma Khôla ! », ce qui veut dire « maman tante ». Nous l'appelions tous ainsi, « maman » comme lui disait mon père et « tante » comme lui disait ma mère. Chez nous, quand on veut manifester du respect à quelqu'un de plus âgé, on l'appelle Khôla ou Kôkô, tante ou oncle, même s'il n'est pas de la famille. Et si l'on veut lui témoigner en plus notre affection, on ajoute « Jon », ce qui veut dire « cher ».

Dans notre pays, on croit beaucoup aux esprits, aux fantômes, aux personnages maléfiques ou aux fées. Tout peut entraîner le mauvais sort. Par exemple, on ne dit jamais le nombre de ses enfants ou petits-enfants de peur d'attirer on ne sait quelle catastrophe sur eux. De la même façon, on ne donne pas de prénom avant plusieurs jours à un bébé afin d'éviter que des esprits malins ne l'appellent et ne l'emmènent. En écoutant Moma Khôla Jon, nous étions délicieusement terrifiés. La nuit, nous nous allongions sous la table et seules nos têtes dépassaient du sandali. Nous jouions à nous donner des coups dans les jambes en faisant croire que nous dormions. Comment ne pas garder la nostalgie de ces moments heureux ?

À cause de la guerre, je n'ai jamais vécu avec la famille de mon mari, comme cela se fait traditionnellement, aussi je ne connais de son histoire que ce qu'il m'a raconté. Il m'a beaucoup parlé, surtout pendant les premières années de notre mariage où j'étais très timide. La nuit, quand après une journée très dure il ne parvenait pas à s'endormir, il me disait :

— Parle-moi de ta journée. Qu'as-tu fait aujourd'hui ?

— Rien d'intéressant, je répondais. Mais vous, racontez-moi quelque chose.

Oui, vous avez bien lu, je lui disais « vous » alors qu'il me tutoyait. Il ne faut évidemment pas voir là un signe de soumission. Simplement, il m'avait connue enfant et, pour moi, à l'époque, il n'était pas seulement un adulte auquel on doit le respect, mais déjà le chef de la résistance admiré par tous. Même mariée, j'ai gardé cette habitude.

Quand, la nuit, il remontait le temps, il me faisait ainsi partager celui que nous n'avions pas vécu ensemble. Peut-être aussi, pressentant qu'il ne verrait pas ses enfants grandir, voulait-il que je puisse leur transmettre un jour ses souvenirs.

Son père, Dost Mohammad, était colonel dans l'armée du roi. À cause de son métier, sa famille a déménagé souvent à Herat, Nahrine, Eshkameche, etc. Veuf deux fois, mon beau-père s'est marié à trois reprises. Avec sa première femme, de la famille des Khan de Dashtaq, il a eu deux enfants. Quand elle est morte, il a épousé la mère de mon mari. Quatre fils et trois filles sont nés de cette union. Ensuite, encore du vivant de sa femme, et pour des raisons personnelles qui ne me regardent pas, il a pris une troisième épouse avec laquelle il a eu un garçon et une fille. La maman de mon mari était malade et infirme. À partir du moment où son fils est entré dans la clandestinité, après le coup d'État manqué de 1975, elle s'est beaucoup inquiétée pour lui. Certains disent que sa maladie est venue de là. En tout cas, elle a développé un cancer au niveau de l'os du pied et on a été obligé de lui couper la jambe au-dessus du genou. Quand mon beau-père a pris sa troisième épouse, mon mari a respecté sa décision et, pourtant, il était farouchement contre la polygamie. Cette pratique le scandalisait, surtout si la première femme était en bonne santé et pouvait avoir des enfants. Dans le cas contraire, il ne la justifiait pas, mais au moins, disait-il, il était possible de lui trouver des explications. Quand il apprenait qu'un de ses commandants s'était marié pour la deuxième fois, il entrait dans une colère telle qu'il pouvait même le révoquer. Mais, le plus souvent, il le convoquait et lui faisait sévèrement la leçon : « Maintenant, tu as une double responsabilité, tu devras impérativement traiter tes deux épouses en toute équité, et sous aucun prétexte tu n'abandonneras la première. » Il disait aussi : « J'aimerais bien qu'on m'explique comment on peut vivre en paix avec deux femmes sous le même toit ! » Et pour me taquiner, il ajoutait : « Déjà que ce n'est pas simple avec une seule ! » Un soir, il m'a raconté sa conversation avec le docteur Abdulaï Elhaï, un de ses plus anciens compagnons de résistance aujourd'hui disparu, qui venait de se remarier sous prétexte que sa première femme était malade.

— Il faut bien quelqu'un pour s'occuper des enfants... a-t-il expliqué.

— Dis-moi la vérité : es-tu heureux ? lui a demandé mon mari.

— Je dois dire que c'est très moyen, a avoué Abdulaï Elhaï, tout rouge et gêné.

Massoud riait encore en me rapportant cet échange :

— S'il a dit « très moyen », c'est que cela doit être une véritable catastrophe !

Dans ma propre famille, on ne compte qu'un cas de polygamie, mon oncle Nassreddin. Mais, comme il n'habitait pas notre village, je sais seulement qu'il aurait invoqué que sa première femme ne s'en sortait pas avec les enfants. Ensuite, il a très vite divorcé de la seconde pour retourner vivre avec la première. Je n'ai pas d'autres détails. À l'adolescence, l'âge auquel on commence généralement à s'intéresser à ce genre de sujet et à poser des questions, j'avais un autre objectif : survivre.

Après leur mariage, mes parents ont habité chez mes grands-parents avec mes oncles et mes tantes. Quand j'ai eu un an, nous avons emménagé à Bozarak, dans une maison construite par mon père sur des terres héritées de sa famille. C'était une maison de torchis toute simple avec trois petites pièces, des caves et un toit en terrasse où l'on passait la nuit, l'été, quand il faisait très chaud. Je me souviens qu'avant de m'endormir je souhaitais très fort que tous les scorpions en fassent autant car il n'était pas rare que l'un de nous se fasse piquer. Nous dormions tous ensemble jusqu'à ce que la sœur de mon père meure et que sa fille Sobi Jon vienne vivre avec nous. Mon frère, ma cousine et moi nous sommes alors installés à part. À partir du moment où la guerre a éclaté, nous jetant dans une fuite sans fin, nous avons toujours tous dormi ensemble.

Autour de la maison s'étendaient de grands champs où nous allions jouer avec les gamins du village. J'avais une petite boîte que papa m'avait donnée et dans laquelle je trimballais partout mes poupées, de peur que mes frères ne s'en emparent. En été, on se gavait de mûres avant qu'elles soient ramassées pour être séchées au soleil, moulinées et transformées en *talkhan* – des boules de fruits très dures, bourrées de calories et de vitamines. Pendant la longue guerre contre les Soviétiques, les mois d'hiver étaient très difficiles pour les soldats. N'ayant rien à manger, ils conservaient dans leur poche un talkhan qu'ils cassaient en petits morceaux avec une pierre. Mon mari m'a raconté qu'il avait lu dans un rapport écrit par des patrouilleurs aériens russes : « Ces gens sont tellement sauvages qu'ils se nourrissent de cailloux ! »

Devant notre maison, sur la route principale en terre, mon père avait ouvert une petite boutique avec des produits de première nécessité : allumettes, bougies, savon, cahiers, sucre, thé, etc. Des deux côtés de la route se succédaient des magasins de fruits, de légumes, de vêtements ou de viande. Chez nous, ce sont toujours les hommes qui les tiennent. Même ceux de sous-vêtements à l'entrée desquels flottent des soutiens-gorge. Les femmes, elles, s'occupent de leur maison. Nous n'avions pas de domestiques et ma mère travaillait beaucoup. Mais, pour les grands travaux, les femmes s'entraidaient en allant à tour de rôle les unes chez les autres. J'ai toujours vu beaucoup de monde à la maison. Mon père était considéré comme un sage, une « barbe blanche », comme on dit chez nous. De tout temps, les gens lui ont demandé des conseils pour résoudre leurs problèmes. Aujourd'hui encore, il lui arrive de partir à l'aube pour se rendre dans un village voisin régler un différend, une querelle entre voisins ou autour du mariage de jeunes gens, une mésentente conjugale...

À midi, il arrivait avec deux ou trois invités, comme mon grand-père l'a toujours fait. « Quand je ramène des gens à la maison, disait ce dernier, ne froncez pas les sourcils, car ce n'est ni la première ni la dernière fois. Et s'il n'y en a que pour un, faites comme s'il y en avait pour dix ! » C'était « Monsieur Proverbe », il en avait un pour chaque situation. Combien de fois, par exemple, j'ai entendu : « Ne rapportez rien à la maison qui ne provienne de la sueur de votre front. Si je me souviens particulièrement de celui-ci, c'est que, petite fille, je n'ai pas mangé une seule fois des fruits cueillis sur un arbre sans me demander si mon front était assez mouillé.

Mon père et ses compagnons s'installaient dans une pièce, et ma mère dans l'autre, avec les enfants et toujours au minimum une cousine, une tante et une voisine. Chez nous, on enlève ses chaussures en entrant dans une maison. Autour de la pièce principale, dont le sol est recouvert de tapis, sont disposés de longs matelas sur lesquels on dort. Au moment des repas, on étale par terre une nappe en plastique ou en tissu les jours de fête, et toute la nourriture est apportée en même temps. Les repas ne durent jamais longtemps et les plats sont vite débarrassés pour laisser la place au thé vert, que nous buvons à tout instant de la journée.

C'était le début des années 1970. Le pays souffrait des conséquences de la sécheresse et de graves inondations. Dans une situation économique très difficile, les réformes tardaient à venir. En 1973, alors que le roi Zaher Shah était en Italie, son cousin Daoud, dit le « Prince rouge », le renversa et proclama la république. Je n'étais alors qu'une toute petite fille et pour moi, rien n'a changé. Après ce coup d'État, quand nous partions visiter notre famille à Kaboul, je ne voyais pas beaucoup de différence entre la vie de mes cousines et la mienne. Sauf que, chez elles, il y avait la télévision et l'électricité et que, chez nous, on s'éclairait avec des bougies et on écoutait – du moins les plus privilégiés – un transistor. Dans le centre de la capitale, à Shar é Naw, les jeunes filles circulaient tête nue, en jean ou même en jupe courte, tandis que leur mère portait un simple foulard. Dans les autres quartiers, on voyait quelques *tchadris* (le mot *burqa* est pakistanais) qui se généralisaient dans les banlieues ou sur les routes de campagne.

Dans la vallée, les femmes mettaient un foulard à l'intérieur des villages, considérés comme des espaces privés, et pour circuler dans les environs. Mais, dès qu'elles devaient traverser des endroits inconnus, elles se recouvraient d'un tchadri. Comme ma mère.

Moi, contrairement à ce que l'on a pu dire, je n'en ai jamais porté. Ni même possédé. Quand je voyageais avec mon mari et mes enfants au Panjshir, au Tadjikistan ou à Kaboul, je m'enveloppais de la tête aux pieds dans un grand voile, mais sans cacher mon visage.

L'école de Bozarak était située à l'entrée du village, juste avant le pont qui enjambe la rivière Parende quand elle vient se jeter dans le Panjshir. Souvent, j'allais attendre mon frère Rasheddin à la sortie et nous rentrions ensemble à la maison. J'avais hâte d'intégrer ce lieu magique où je croyais que l'on racontait des histoires toute la journée.

Avant l'arrivée au pouvoir de Daoud, les élèves ne portaient pas d'uniforme à l'école. Les professeurs veillaient seulement à ce que leurs vêtements, leurs cheveux et leurs ongles soient propres. Après le coup d'État de 1973, quand Daoud a mis fin à la monarchie et instauré la république, l'école est devenue une des préoccupations principales du gouvernement. Elle est devenue obligatoire jusqu'au collège, alors qu'elle ne l'était que pour le primaire. Les programmes ont changé, l'islam est sorti de l'enseignement officiel et l'uniforme s'est généralisé : robe noire et foulard blanc pour les filles; pantalon noir et chemise blanche pour les garçons. Un mouvement d'opposition, durement réprimé par Daoud, s'est alors constitué avec de jeunes patriotes animés par les valeurs de l'islam et un fort sentiment anticommuniste. Parmi eux, mon mari. Et beaucoup qui, comme lui, sont morts aujourd'hui. D'autres, tels Gulbuddin Hekmatyar ou Abdul Rassouf Sayyaf, qui avaient des idées plus extrêmes, sont toujours vivants.

J'avais cinq ans quand Massoud, étudiant à l'Institut polytechnique, et ses amis ont tenté un coup d'État pour renverser le gouvernement, proche des communistes et donc des Soviétiques. Ils étaient chargés de soulever la vallée tandis qu'un autre groupe opérerait dans la capitale.

Pendant que je jouais à la poupée, l'homme que j'allais épouser douze ans plus tard était caché à quelques kilomètres de moi. Ce qui s'est passé alors, je le tiens de la bouche même de mon mari. Ces événements sont fondateurs de la résistance.

Pour donner toutes ses chances à l'opération, sa préparation était restée totalement secrète. Avec son ami, l'ingénieur Es'haq, et trente-sept compagnons, Massoud s'est emparé, en pleine nuit et par surprise, du centre administratif de Rokha, accrochons des pancartes sur la façade : « Mort à Daoud et aux Russes ». Un peu partout ailleurs, d'autres commandos devaient au même moment annexer des lieux stratégiques. Retranché à Rokha, Massoud attendait que la radio annonce le coup d'État prévu dans la capitale. Il n'a jamais eu lieu. Daoud l'a déjoué à temps, et a massacré les résistants qu'il a présentés comme des voleurs et des voyous. Quand Massoud a compris que l'opération était fichue, il a décidé de fuir avec ses amis. Ils ont pris des armes et sont sortis du bâtiment. Les habitants les attendaient, armés de pelles, de pierres et même de fusils. Mon futur mari n'a pas voulu faire de victimes dans la population et a donné l'ordre de fuir sans tirer. Beaucoup de ses compagnons sont morts, certains ont été arrêtés et livrés à Kaboul, et d'autres, comme lui et l'ingénieur Es'haq, sont partis vers la montagne de Chotol, au-dessus du village d'Hanaba. Ils voulaient rejoindre la vallée de Parende et s'y cacher. Pendant ce temps, le centre administratif et la banque locale ont été dévalisés.

Sur le chemin, ils ont croisé des habitants de Chotol, très agressifs.

— C'est vous, les voleurs qui ont pillé la mairie de Rokha ?

— Nous sommes de la police et nous aussi, on les cherche. (Avec leurs fusils, cela paraissait plausible.) Montrez-nous la direction de Parende. Ils vont certainement se cacher là-bas.

Ils ont passé la nuit en haut de la montagne, serrés les uns contre les autres sous une pierre pour s'abriter du vent et de la neige. Le froid était intense et ils n'avaient, pour se protéger, que les habits qu'ils portaient. Massoud était le seul à posséder un gilet. Il a obligé ses compagnons à l'enfiler à tour de rôle pour être sûr qu'ils ne mourraient pas de froid pendant leur sommeil.

Le lendemain, les villageois d'Hanaba les ont arrêtés à l'entrée du village. « Nous sommes, comme vous, de bons musulmans, a protesté Massoud, espérant que, touchés, ils leur donneraient un peu de nourriture. Détachez-nous pour la prière du soir. » Mostafa, un de ses compagnons, a alors demandé à conduire la prière. Bouleversés par sa piété et sa magnifique voix, les villageois se sont exclamés : « Vous ne pouvez pas être des bandits ! Rendez-nous vos armes et partez vite. » Quelques semaines plus tard, ils parvenaient au Pakistan.

Avant 1975, Massoud était un étudiant normal avec un avenir tout tracé dans l'architecture. Après cet épisode, il est devenu un résistant, un clandestin et, pour les communistes, un bandit.

À cette époque, j'étais si jeune que je ne me souviens même pas d'avoir entendu parler de ces événements. C'est bien plus tard, avec les explications de mon mari, que j'en ai compris l'importance.

Trois ans ont passé avant que les résistants reviennent en force. Mais ce dramatique épisode leur avait servi de leçon. Massoud a demandé à son beau-frère Jagran Mohammad Ghauss, le mari de sa sœur aînée Bibi-Shirine, et à son ami Mohamad Zafar, de contacter des Pansheris afin que le mouvement vienne du peuple et ne lui soit pas imposé comme en 1975. Un gros travail d'information et d'explication a alors commencé. Les gens, victimes de la propagande communiste, pensaient que les résistants étaient des fanatiques religieux et passéistes, tandis que les marxistes symbolisaient la modernité et l'avenir. Dans chaque village, un homme, sage et respecté, a été approché pour qu'à son tour il en choisisse d'autres. Peu à peu, des réseaux ont ainsi été mis en place. Pour se reconnaître entre eux, les résistants ont adopté un code : avant de se saluer, ils entouraient discrètement leur pouce gauche de leur main droite. Mon grand-père et mes oncles ont été recrutés dans la vallée de Parende et mon père à Bozarak. Avec sa boutique, il avait toutes les excuses pour se rendre à Kaboul puisqu'il devait s'y réapprovisionner régulièrement. Très vite, il est devenu agent de liaison. Bien évidemment, il opérait dans le plus grand secret. À cette époque, il n'avait pas de contact avec mon mari, seulement avec Jagran Mohammad Ghauss. Ce dernier mourra quelques années plus tard, à Jangalac, dans le bombardement de sa maison. Sa femme, Bibi-Shirine, sera gravement blessée à l'œil.

Du temps du roi, la famille de mon mari venait passer tous les week-ends et toutes les vacances scolaires dans la vallée du Panjshir. Le reste du temps, des paysans s'occupaient des terres et des récoltes. Après 1975, et l'échec du coup d'État, mon mari a été activement recherché par la police, et sa famille surveillée de très près. Ainsi, elle se déplaçait beaucoup moins souvent. Quand mon beau-père a épousé sa troisième femme, à Jangalac où sont nés ses deux derniers enfants, la mère de mon mari et ses frères et sœurs sont restés à Kaboul. À cette époque, Massoud ne les voyait qu'en cachette. Quand sa mère est morte, tous les enfants ont été regroupés par mon beau-père dans le Panjshir parce qu'ils commençaient à être harcelés par la police.

C'était une famille intellectuelle, ouverte et moderne, dans laquelle, à partir de l'âge de dix ans, les filles portaient un simple foulard. Une des sœurs de mon mari, Sohaila, m'a raconté qu'il lui avait offert son premier : « Regarde, lui avait-il dit, comme il te va bien. »

*

L'année de mes six ans, j'ai beaucoup insisté pour faire la rentrée scolaire avec mon frère aîné. Mon père avait réussi à convaincre l'instituteur, alors que l'âge officiel était fixé à sept ans. Pendant la belle saison, les cours débutaient à sept heures du matin et finissaient à midi, ce qui nous laissait tout l'après-midi de libre. L'hiver, à cause de la neige, des pluies glacées et de la température qui peut descendre très bas, les écoles ferment en Afghanistan. Je n'en garde aucun mauvais souvenir. Bien au contraire. On se levait à la même heure dans l'obscurité et on partait à la mosquée où brûlaient de grands feux dans des poêles à bois. Là, on nous commentait le Coran et on écoutait l'histoire de l'islam. À cette époque, mon grand-père n'était plus mollah depuis longtemps et son remplaçant s'appelait Mohammad Anif. Mon mari m'a raconté plus tard qu'il avait été son élève quand il était jeune. Alors que certaines familles n'envoyaient pas leurs filles à l'école, mon père mettait un point d'honneur à ce que j'aie la même éducation que mes frères, déclarant même à la moindre occasion : « Plus tard, Pari Ghol poursuivra ses études aussi loin qu'elle le voudra. » Dès que j'avais une bonne note, il me donnait un petit cadeau pour m'encourager. D'une manière générale, pour avoir été longtemps la seule fille au milieu de garçons, j'étais très gâtée. Chaque soir, même fatigué, mon père nous faisait travailler l'un après l'autre. Ma mère, qui ne savait ni lire ni écrire, respectait ces moments d'étude en essayant de ne pas faire de bruit et en chuchotant lorsqu'elle s'adressait à ma cousine ou à une voisine.

En 1978, Nour Mohammad Taraki, un des deux chefs du parti marxiste, le PDPA (Parti démocratique du peuple afghan), a pris le pouvoir et fait assassiner plus d'un millier de personnes, dont Daoud et toute sa famille. Le mot « révolution » est entré dans le vocabulaire et le rouge a remplacé sur notre drapeau la couleur verte de l'islam. La répression et les contrôles se sont accentués, et des changements sont intervenus dans tous les domaines. À l'école, nous avons eu de nouveaux uniformes : veste rouge et pantalon noir pour les garçons ; robe rouge et petit pantalon noir pour les filles. Accrochée à notre épaule, une médaille rouge portait l'inscription « Khalq » (Parti du peuple), le mouvement de Taraki au sein du PDPA. Ceux qui n'en avaient pas devaient se la faire broder. Comme tous les enfants, j'adorais mon uniforme. À peine sortie de l'école, je filais directement à la maison, sans jouer dans la rue de peur de le salir, et je le mettais avec précaution sur un cintre. Peu à peu, des inspecteurs ont débarqué toutes les semaines. Ils vérifiaient les programmes, contrôlaient les maîtres et passaient dans les maisons pour s'assurer que tous les enfants, garçons et filles, allaient bien à l'école. Sous Daoud, on sentait le poids de l'État, mais des écoles étaient construites ou rénovées. Sous Taraki, toutes les tentatives d'amélioration de l'enseignement ont été stoppées net au profit de l'endoctrinement et du bourrage de crâne. « La religion n'est pas importante. Seuls comptent le travail et le partage », nous martelait-on en classe. Les programmes changeaient en pleine année scolaire et les professeurs étaient déplacés tous les deux mois. Mon premier instituteur était un maoïste aux idées bien arrêtées, pour ne pas dire bornées, du genre : « Pas de signes extérieurs de coquetterie chez les filles », ou : « Les leçons doivent être apprises par cœur. » Le deuxième, complètement différent, nous a appris à lire et à écrire en toute liberté. Du coup, il se faisait continuellement réprimander par ces fameux inspecteurs envoyés de Kaboul. Quant au troisième, il nous terrorisait. Certains élèves, les meilleurs parmi les plus âgés, étaient regroupés dans la même école afin de poursuivre plus tard leurs études à Kaboul. On murmurait même qu'ils seraient ensuite envoyés à Moscou. À l'école, on apprenait des chants partisans et révolutionnaires à la gloire de « Taraki, notre père à tous », ou contre les résistants qu'on nous présentait comme des bandits à la solde des États-Unis et du Pakistan. Ils nous étaient décrits comme des ogres et des sauvages qui enlevaient les enfants, violaient les femmes et brûlaient tout sur leur passage. Aussi, quand mon père et ses amis en parlaient, nous courions nous réfugier dans les jupes de ma mère. Chaque semaine, les parents étaient vivement « invités » à participer aux séances de chant. Comme j'étais une bonne élève, on me plaçait au premier rang et, dès que papa arrivait, je chantais avec encore plus d'enthousiasme. Je me souviens d'un refrain que je hurlais à tue-tête : « Mort aux fondamentalistes / Longue vie aux communistes. » Plus tard, mon mari a beaucoup ri quand je lui ai raconté comment, petite fille en robe rouge, je lançais des slogans révolutionnaires comme si c'étaient de charmantes comptines enfantines. Par la suite, il me pinçait de temps en temps le bras, en fronçant les sourcils : « Alors, petite peste, tu n'as pas honte d'avoir choisi, pour être le père de tes enfants, un horrible fondamentaliste mangeur de fillettes innocentes ? » Pour papa, ces séances étaient une vraie torture, surtout quand il était contraint de chanter avec moi.

Pendant toute cette période, nous devions faire à la maison des devoirs sur les bienfaits du communisme. Mon père, on s'en doute, n'était pas très motivé par cette matière, mais comme les communistes étaient partout, que l'on se méfiait de tout le monde et qu'il y avait beaucoup de passage chez nous, il était bien obligé de nous aider en affichant un plaisir de commande. D'ailleurs, à le voir discuter passionnément avec ses amis, personne n'aurait pu se douter de ses activités. Je me rappelle le jour où j'ai été sélectionnée parmi les bonnes élèves. J'avais tellement peur de me retrouver à Moscou que je suis revenue terrifiée à la maison. Pour la première fois, j'ai vu mon père réagir sans se soucier du voisinage. « Je ne te laisserai jamais partir », m'a-t-il déclaré. Comme tous les enfants, je naviguais entre deux terreurs : être envoyée chez les Russes ou enlevée par les fondamentalistes aux oreilles pointues et au nez allongé.

Les contrôles s'accentuaient, les gens étaient fichés et, même dans notre petit village, la société se transformait. Les filles, qui revenaient de Kaboul après y avoir séjourné quelque temps, enlevaient leur foulard. Les garçons mettaient des pantalons serrés et se faisaient pousser les cheveux jusqu'aux épaules. On les appelait les « Beatles ». La vie était calme sauf que, de temps en temps, on entendait des bombardements dans le haut de la vallée. Pour nous rassurer, on nous disait : « Ce sont les soldats du gouvernement qui attaquent et punissent les fondamentalistes. »

2.

J'avais huit ans quand ma vie a basculé.

Le matin de la rentrée scolaire, je me suis réveillée très tôt, trop excitée pour continuer à dormir. Mon uniforme et mon cartable étaient prêts depuis plusieurs jours, et je tournais en rond en me chamaillant avec mes frères. Lorsque ma mère m'a donné le signal du départ, j'ai laissé Rasheddin et Shaeddin qui traînaient et j'ai couru vers l'école.

En arrivant, personne ! Ni dans la cour ni dans les escaliers ni dans ma classe où je suis montée quatre à quatre. L'ensemble du bâtiment était désert. En ressortant, j'ai croisé le directeur qui s'enfuyait en direction des montagnes comme si un troupeau de chèvres le poursuivait. Il ne s'est même pas arrêté pour me parler. J'étais abasourdie. En remontant vers la maison, j'ai rencontré un élève affolé : « Les fondamentalistes arrivent, hoquetait-il. Ils sont déjà sur le pont de Nawalidj ! » Soudain, toutes les horreurs qu'on racontait à leur sujet me sont revenues à l'esprit et j'ai pris mes jambes à mon cou vers la maison. En chemin, je suis tombée sur un ami de mon père, Cherdel, membre du parti communiste.

— Oncle, qu'est-ce qui se passe ? C'est vrai que les fondamentalistes arrivent ? lui ai-je demandé, apeurée.

— Mais non ! me répondit-il d'un air bizarre. Ne crains rien, ces sauvages n'arriveront jamais jusqu'ici. Des gens ont cru voir briller au loin leurs fusils, mais ce ne sont que les pelles des ouvriers qui creusent la rivière Nawalidj. Rentre chez toi et ne t'inquiète pas.

Ne pas m'inquiéter ! Avec son visage livide ! J'ai déboulé en trombe à la maison.

— Maman, maman, les fondamentalistes arrivent !

Ma mère était en train d'allaiter Goldona, ma petite sœur qui venait de naître. Impassible, elle a commencé à me questionner tranquillement sur les réactions des gens, ce qui se passait dans la rue, etc. Tout à coup, la porte s'est ouverte et plusieurs garçons – des Beatles que l'on connaissait bien – sont entrés brutalement.

— Tante, protège-nous !

À l'époque, on racontait que, lorsque les sauvages tombaient sur un Beatle, ils lui coupaient les jambes s'il portait un pantalon serré, et la tête s'il avait les cheveux longs.

Les garçons ont pris une grosse chaîne pour fermer la porte de la maison. On entendait des coups de feu qui venaient de la rue principale. Qui les tirait ? Et contre qui ? L'affolement était perceptible jusqu'en nos murs. Des hélicoptères du gouvernement sont arrivés. Pour encourager la population à résister aux fondamentalistes, ils lâchaient des tracts qui volaient devant la fenêtre tels de gros papillons. Des bruits de pas martelaient le sol autour de la maison. La peur nous est tombée dessus comme un seau d'eau froide. « Vite, tante, donne-nous des ciseaux ! » se sont mis à crier les garçons.

Avec le recul, la scène devait être cocasse. « Ciseaux ! Ciseaux ! » hurlaient-ils, paniqués. Ma mère leur en a donné une paire et ils se sont coupé les cheveux dans tous les sens. L'un d'eux a demandé à mon frère aîné de les aider. Ce qu'il a fait n'importe comment. Des mèches volaient un peu partout quand des coups ont été frappés à la porte. Nous nous sommes tous immobilisés, paralysés par la terreur. « C'est moi ! a crié une voix d'homme. Rassoul, le boucher. » Nous lui avons ouvert en défaisant la chaîne à grand bruit, et il a éclaté de rire en voyant nos mines.

— Mais il ne faut pas avoir peur, a-t-il dit. Ce sont des gars de chez nous, des Pansheris qui sont venus nous libérer de la dictature communiste. C'est Amer Saheb qui est à leur tête.

Amer Saheb, le chef (littéralement : « Commandant Chef »), était le surnom de Massoud depuis qu'il était revenu du Pakistan et qu'il avait été désigné comme leader de la résistance.

— C'est le fils de Dost Mohammad de Jangalac, a-t-il insisté. (Et en regardant les garçons au crâne à moitié rasé, il a ajouté :) Et avec lui, il y en a qui ont les cheveux bien plus longs que vous !

Le boucher s'est alors tourné vers ma mère.

— Donne-moi ta Cocotte-Minute.

Ma mère, qui devait savoir quelque chose, la lui a donnée sans poser de questions. Vingt minutes plus tard, on a entendu une énorme explosion et, de loin, j'ai vu mon école qui brûlait ! En sautant, la Cocotte-Minute, remplie de dynamite, avait détruit le pont. Les communistes basés à Rokha ne pouvaient plus monter dans la vallée.

Les écoles ont été les premières cibles des résistants, directeurs et enseignants étant en majorité marxistes. Mais les établissements scolaires n'étaient pas que des vecteurs de propagande, ils servaient surtout de base militaire au parti communiste. Plus tard, mon mari a reconnu que c'était vraiment stupide de les brûler. « Mais, ajoutait-il, pouvions-nous faire autrement ? »

Je me souviens d'avoir regardé, le cœur serré, le gros nuage de fumée noire qui s'élevait dans le ciel. L'affolement régnait dans la rue, les gens sortaient de leur maison et les rumeurs couraient d'un groupe à l'autre. « Ils ont arrêté le directeur de l'école, un responsable du parti communiste, et Untel et aussi Untel, etc. » Le matin même, mon père était parti à Kaboul pour faire des achats. En réalité, il avait servi de liaison entre la capitale et la vallée pour le déclenchement des opérations.

Ma mère, craignant que les événements ne tournent mal, a décidé de nous mettre à l'abri chez ma grand-mère, à Parende. La rue était remplie de résistants et, le plus surprenant, c'est qu'on les connaissait pratiquement tous. La résistance avait infiltré toutes les familles. Les hélicoptères tournaient maintenant très bas, au point que l'on pouvait voir les militaires nous regarder. Les résistants leur tiraient dessus avec des armes de si mauvaise qualité que leurs balles rebondissaient contre les carlingues sans y pénétrer. Dieu merci, l'armée ne ripostait pas. Elle aurait fait un massacre parmi les nombreux civils mélangés aux rebelles. Nous nous sommes mis en marche sans même prendre le temps d'emporter de la nourriture. Plus nous montions dans la vallée et plus l'armée, voyant que les civils se raréfiaient, intensifiait les tirs. Le chemin vers la maison de ma grand-mère serpente à travers la forêt, les clairières et les éboulis. Nous courions quand nous étions à découvert, puis nous nous abritions un moment sous les arbres avant de repartir à toute allure. Au lieu des trois heures habituelles, nous en avons mis six pour arriver là-haut. Le reste de la famille y était déjà : au moins une cinquantaine de personnes, en majorité des femmes et des enfants. Pendant ce temps, les résistants se dirigeaient vers le tunnel de Salang, point stratégique entre Kaboul et Mazar-e Charif.

Au bout d'une semaine, les combats se sont déplacés, et nous avons pu rentrer chez nous.

La vie a repris, mais nous n'avions aucune nouvelle de mon père. En revanche, on parlait beaucoup d'Amer Saheb et de ses combattants qu'on appelait maintenant les « moudjahidin » (les combattants du djihad, la « guerre sainte »). Ils défendaient leur pays mais aussi l'islam, bête noire des communistes. Aujourd'hui, le mot « djihad » est péjoratif à cause des terroristes qui s'en réclament pour assassiner. Mais, à l'époque, il résonnait comme une promesse de liberté. Les écoles fermées, mes frères et moi passions nos journées dans la rue à regarder les groupes de jeunes gens partir à Salang. Le spectacle était formidable. Les hommes riaient, chantaient et dansaient en criant : « Allah Akbar ! » (Dieu est grand !) Certains avaient accroché à la pointe de leur fusil des pompons de couleur qui s'agitaient à chaque pas. À cette époque, la résistance n'était pas organisée, aussi chaque famille préparait-elle le paquetage de son soldat : matelas, vêtements, lampe à huile, nourriture... Les femmes se prêtaient des objets d'une maison à l'autre, encourageant leur fils ou leur mari à partir s'ils étaient encore hésitants. Partout régnait un brouhaha joyeux, comme pendant les préparatifs d'un mariage.

Plusieurs semaines ont passé. Notre père nous manquait beaucoup, mais nous n'osions pas poser de questions à maman de peur de l'angoisser davantage. On savait seulement qu'il se trouvait à Salang où se déroulaient de violents combats. Les résistants et les communistes se livraient une guérilla sans merci. Salang était pris, perdu, puis repris, etc. Les pertes de chaque côté étaient conséquentes. Au rythme de ces événements, et quand les combats se rapprochaient, nous partions nous réfugier à Parende, chez ma grand-mère. Un jour, quand nous sommes rentrés, la maison avait été transformée en quartier général de la résistance, sans doute avec l'autorisation de mon père puisque la porte n'était pas fracturée. Des munitions et des uniformes étaient entreposés partout avec des manuels d'instruction militaire, des cartes vertes que l'on donnait aux moudjahidin quand ils entraient dans la résistance, et toutes sortes de documents.

Début septembre 1979, Taraki a été éliminé par son Premier ministre, Hafizullah Amin, chef adjoint du PDPA, qui s'est proclamé président. L'opposition au régime communiste a gagné la majeure partie du pays et seule la capitale lui est restée soumise. L'URSS a alors décidé d'intervenir pour sauver ce que Taraki avait appelé en son temps la « révolution afghane ».

Une nuit où nous dormions sur la terrasse, nous avons été réveillés par une voiture qui passait devant la maison. Or, depuis que le pont avait sauté, plus aucun véhicule ne circulait. Les communistes étaient-ils de retour ? Une heure plus tard, la voiture est redescendue et s'est arrêtée devant chez nous. Mon frère Rasheddin s'est glissé doucement vers le bord de la terrasse et s'est mis à crier : « C'est papa ! C'est papa ! » Complètement excités, nous avons couru vers lui. Il était abattu et triste. Ma mère a voulu lui préparer à manger, mais il n'avait pas faim. Il nous a demandé d'aller nous recoucher et a entraîné ma mère dans un coin de la terrasse. Je les ai entendus longtemps chuchoter, avant de sombrer dans le sommeil.

Le lendemain matin, très tôt, maman, qui paraissait encore plus triste que les jours précédents, a préparé de la nourriture et papa est parti avec mon petit frère Shaeddin à Jangalac, le village des Massoud, situé à vingt minutes de la maison. L'après-midi, quand mon frère est rentré, il affichait un air mystérieux. Rasheddin et moi, on l'a poursuivi de nos questions jusqu'à ce qu'il finisse par nous confier : « Papa m'a fait jurer de ne pas le dire, mais Amer Saheb est blessé. »

Au cours d'un combat, il avait reçu une balle dans la cuisse qui avait endommagé l'os avant de ressortir. Mon père, le voyant marcher à quatre pattes, avait compris que c'était grave et il avait voulu le hisser sur son dos pour l'évacuer. Mais Massoud lui avait demandé d'aller d'abord tirer des coups de feu à plusieurs endroits différents afin de masquer leur fuite. Ensuite, papa et ses amis l'ont porté jusqu'à Hanaba, la base des moudjahidin. À cette époque, un personnage étrange, Ahmad Djan Palawan (le lutteur), exerçait son influence dans la vallée. Il avait été nommé gouverneur par les mollahs et semblait proche de Massoud. Plus tard, il le trahira plusieurs fois au point qu'il sera supprimé par les villageois. Quand mon mari a été blessé, il est venu le voir avec son médecin personnel. Acte malveillant ou incompétence ? En tout cas, l'homme a mal fait son travail. Plutôt que de couper les chairs abîmées et infectées, il les a enfoncées dans la plaie et recousues. Conséquence : la blessure s'est gangrenée, Amer Saheb était au plus mal, et le moral des combattants en berne. Heureusement, un autre médecin est arrivé pour le guérir avant qu'il ne soit trop tard.

Peu de temps après, les troupes de Massoud ont essuyé une sévère défaite à Salang. Gagnant du terrain, les communistes ont décidé d'assainir la vallée en la débarrassant de tous les sympathisants des moudjahidin. La panique est devenue générale, la débâcle a commencé et la plupart des familles ont été évacuées. Sauf la nôtre. Alors que mon père avait préparé la fuite de Massoud et des siens vers le haut de la vallée, il nous avait oubliés. Plus tard, il se justifiera en nous expliquant qu'il était obnubilé par l'idée de sauver son chef. Tout le long de la route, nous a-t-il raconté, les habitants s'accrochaient à Amer Saheb : « Jure-nous de ne pas nous abandonner. » Sitôt installé à Dasht-e Riwat, et malgré ses souffrances, Massoud a commencé à organiser des entraînements. Quand il ne pouvait plus marcher, il s'appuyait sur papa ou se déplaçait à cheval.

Une fois la plupart de nos voisins partis, nous nous sommes sentis complètement abandonnés. Bientôt les tanks sont apparus, les communistes ont installé leur base dans ce qui restait de mon école et nous avons subi une véritable occupation, même si elle était le fait d'Afghans.

Les Soviétiques contrôlaient tout, mais ils n'avaient pas encore envahi le pays. Les maisons étaient fouillées les unes après les autres et l'inquiétude de ma mère grandissait de jour en jour. Mon père avait un cousin, Zabet Samad, militaire de carrière et communiste convaincu. La suite prouve qu'il n'en gardait pas moins l'esprit de famille. Quand il a su qu'une équipe de Kaboul se dirigeait vers notre maison, il est allé à sa rencontre sur la route : « Venez donc chez moi vous reposer et déjeuner. Vous me raconterez ce qui se passe dans la capitale et, ensuite, je vous accompagnerai pour faire votre travail. » Pendant que sa femme se mettait en cuisine, il a appelé en cachette un de nos cousins :

— Va dire à la famille d'oncle Tadjeddin (le nom de mon père) de vider la maison de tout ce qui est compromettant. Vite !

— Et qu'est-ce qu'on en fait ? a demandé le garçon.

— Jetez tout dans la rivière.

— Et si quelqu'un les trouve ?

— On ne saura jamais à qui ça appartient. Quand vous aurez fini, fais-moi un signal avec une grosse lampe en bas du jardin.

Pour nous laisser du temps, Zabet Samad a fait venir des musiciens et a demandé à sa femme de servir nombre de plats délicieux. Mais, dès qu'il a vu le signal, il a regardé sa montre et s'est exclamé : « Mes amis, il faut partir ! » Il paraît que les autres n'ont pas compris pourquoi la musique et le dîner étaient interrompus aussi brutalement que si la rivière était sortie de son lit. Notre maison et le jardin ont été totalement retournés par les communistes. Le plus zélé était Cherdel, l'ami de mon père que j'avais croisé sur la route de l'école le jour où les moudjahidin étaient entrés dans Bozarak. En trouvant une veste de mon père, usée et trouée, qui servait de déguisement à mes frères, il s'est écrié, pour faire rire ses compagnons : « Et voilà le résultat des allées et venues entre Salang et Bozarak ! À force de faire le malin, on perd sa chemise. » Ma mère lui a arraché la veste des mains. « Tu prends mon mari pour un mendiant ? lui a-t-elle dit avec mépris. Il a encore largement les moyens de voyager bien habillé. »

Grâce à Zabet Samad, nous avons été sauvés. Si les communistes avaient trouvé le moindre document dans la maison, ils nous auraient emprisonnés. Et qui sait ce que nous serions devenus ? Les gens arrêtés étaient déportés et disparaissaient à tout jamais. Plus tard, ce cousin de mon père a été nommé à la tête d'une caserne, plus haut dans la vallée. Lors d'une attaque, il est resté seul, courageusement, après avoir fait évacuer ses troupes. Mon mari m'a raconté qu'il avait pris lui-même un haut-parleur pour lui demander de se rendre. Il a refusé et, grièvement blessé, s'est enfui. Quelques mois plus tard, se rendant compte de ses erreurs, il a rejoint les moudjahidin. Il est devenu un des responsables de la résistance, avant d'être tué sauvagement au cours d'un des derniers combats de Parende.

Après la fouille de la maison, nous avons fait l'objet d'une surveillance permanente. La boutique de mon père fermée, nous n'avions plus beaucoup d'argent devant nous. Ma mère, qui n'avait déjà pas une vie facile, souffrait énormément. Mariée très jeune, elle n'avait pas été habituée à assumer seule autant de responsabilités, mais, pour elle, le pire était la séparation d'avec mon père. Un matin, pourtant, elle est devenue toute joyeuse. Elle a fait cuire du pain et griller un poulet, comme si nous attendions des invités, puis elle est partie à Parende. La semaine suivante, les choses se sont reproduites, mais, cette fois, elle a emmené mon frère aîné. L'autre semaine, mon frère Shaeddin. Comme ils revenaient tous enchantés de cette visite, j'espérais bien que mon tour allait arriver. Effectivement, un matin, elle m'a demandé de me préparer en me faisant promettre de garder le secret : mon père et Mohammad Ghauss, le beau-frère de Massoud, étaient arrivés clandestinement à Parende afin de recruter de nouveaux résistants. Nous sommes montés leur apporter de la nourriture et j'ai suivi un de mes oncles jusqu'à une cabane très sombre. Pendant qu'il entrait pour leur déposer le repas, j'ai grimpé à flanc de coteau afin d'être à la hauteur de la fenêtre. Et là, impressionnée et fière, j'ai vu mon père parler avec des jeunes gens qui l'écoutaient avec beaucoup de respect. Après cette visite, il est, une fois de plus, reparti.

Nous avions tellement peur de dormir seuls à la maison qu'une vieille tante de ma mère est venue habiter chez nous. Une nuit, nous avons entendu du bruit au-dessus de nos têtes. « Sans doute un animal qui marche sur la terrasse », nous a rassuré maman. Cependant, elle a préféré aller voir. Après avoir allumé une lampe à huile, elle a commencé à monter l'escalier. Tout à coup, des tirs ont éclaté. Ma tante a hurlé : « Couchez-vous ! » Ma mère a sauté du haut des marches et s'est jetée sur le sol avec nous.

Rasheddin et ma petite sœur Goldona avaient la rougeole, et la nuit a été encore plus longue pour eux que pour nous. Fiévreux, ils gémissaient, mais les tirs ininterrompus nous empêchaient de nous occuper d'eux. Au matin, quand nous sommes sortis dans le jardin, les murs étaient criblés de trous. Très en colère, ma tante est allée voir les communistes.

— Vous n'avez pas honte, espèce de chiens que vous êtes, de tirer sur des femmes et des enfants sans défense.

— On a vu de la lumière et on a cru qu'oncle Tadjeddin entrait chez lui par les arbres.

— Mais il est dans la montagne ! Si vous étiez des hommes, vous auriez le courage d'aller vous battre là-haut contre lui !

Et elle leur a craché dessus, ce qui n'a pas arrangé nos rapports avec eux. D'abord, ils ont pillé la boutique de mon père et, ensuite, le jardin. Un jour où ils cueillaient des fruits et des légumes, mon frère Shaeddin leur a innocemment demandé pourquoi ils agissaient ainsi. « Et ton père, lui a répondu agressivement l'un d'entre eux, quand il tue les nôtres, tu lui demandes pourquoi ? »

Goldona ne s'était pas remise de la rougeole. Elle ne grossissait pas et marchait le long des murs de la maison en arrachant la terre avec ses ongles tellement elle souffrait. Maman, ma tante et moi, nous la bercions à tour de rôle mais elle ne cessait de pleurer. Son petit visage tout plissé et pâle, mangé par ses grands yeux verts, grimaçait de douleur. Sa fin a été terrible. Chez nous, quand une personne meurt, les proches viennent immédiatement la laver en récitant des versets du Coran. On la place ensuite dans un linceul blanc et on l'enterre dans la journée. Goldona s'est éteinte en fin d'après-midi, mais les communistes ont barré le chemin de la maison afin que personne ne puisse se rendre chez nous. Le lendemain matin, après de longues négociations, le frère de ma mère est enfin entré. Maman a enveloppé son bébé dans un linceul, mais, quand elle a voulu sortir pour aller l'enterrer, quinze soldats au moins se sont interposés, comme si elle portait une bombe. « Quand ton mari tue les nôtres dans la montagne, on ne peut pas les enterrer, lui a méchamment lancé l'un d'entre eux. Alors garde ton cadavre ou jette-le aux chiens ! » Je n'oublierai jamais l'image de ma mère assise à même le sol devant la porte, sa petite fille dans les bras, sanglotant et criant : « Pitié ! Pitié ! » Au loin, quelques voisins, impuissants, regardaient cette scène affreuse. Elle est restée ainsi toute la journée à pleurer, sans boire ni manger. Finalement, quand la nuit est tombée, l'enterrement a pu avoir lieu. Ma mère est revenue du cimetière pleine de colère, de haine et de désespoir. Elle nous a dit : « Je ne veux plus de cette vie. On s'en va. » Le lendemain, nous sommes partis à Parende sans rien emporter pour ne pas donner l'alerte.

La mort de Goldona nous a sauvé la vie, car, peu de temps après, les moudjahidin ont donné l'assaut. Sans aucun doute, si nous avions encore été là, les communistes nous auraient pris en otages et fait disparaître.

Un matin, des gens sont venus nous prévenir que notre maison avait été pillée et brûlée. Mes oncles nous ont demandé de ne rien dire à ma mère qui, enceinte, était très fatiguée. « Les femmes sont toujours très attachées à leur maison, nous ont-ils expliqué. Votre maman aura trop de peine. » La mort de ma petite sœur l'avait profondément affectée, mais elle essayait de ne pas nous le montrer. Quand elle a appris la vérité, elle a sangloté pendant des heures. Sans doute pleurait-elle aussi la disparition de sa fille, l'absence de son mari et tous les malheurs qui se succédaient. Ma grand-mère et mes tantes ont fini par lui faire la leçon : « Estime-toi heureuse, tu aurais pu perdre tous tes enfants dans cet incendie ! — C'est vrai, a-t-elle reconnu, c'est un sacrifice que je dois offrir à Dieu. » Sans maison, tout retour en arrière était désormais impensable. Nous nous sommes alors organisés.

La grossesse de ma mère arrivait à son terme et elle était épuisée. À l'époque, les accouchements se déroulaient toujours à la maison avec l'assistance des grands-mères et des femmes de la famille. Au moindre problème, le père, qui restait à l'extérieur, partait chercher la sage-femme. Je me souviens parfaitement de la naissance de mon frère Tareq. La nuit était sombre, sans lune. Dans la maison, ma mère criait. Elle avait perdu les eaux et la délivrance semblait difficile. Avec les combats, il était impossible d'aller prévenir la sage-femme. Seule une de mes tantes assistait ma grand-mère. Mes frères, réveillés, étaient réfugiés dans un coin de la maison et moi, je pleurais de voir ma mère souffrir. Brusquement, des avions ont commencé à bombarder la vallée. Tapie sous la fenêtre, je vivais le pire des cauchemars. Dehors, le ciel explosait avec des éclairs incandescents. Dedans, maman hurlait dans le noir. Et impossible d'allumer la lampe à huile au risque de se faire repérer. Le bruit des bombes se mélangeait avec ses cris dans un effroyable vacarme. Par intermittence, son visage apparaissait, figé comme un masque. Je fermais les yeux et bouchais violemment mes oreilles avec mes poings serrés en pensant que je ne reverrais plus jamais papa. Les pleurs du bébé ont enfin retenti.

Tareq est le seul d'entre nous dont nous connaissions exactement la date de naissance. Et pour cause ! Il est né le 27 décembre 1979, jour où les Soviétiques ont envahi officiellement Kaboul. La veille, les autorités avaient demandé aux habitants de la capitale de tendre des tissus noirs aux fenêtres et de ne pas les ouvrir afin de ne pas servir de cible. Au matin, ils ont découvert les chars dans la rue. Le président Hafizullah Amin avait été assassiné et Babrak Karmal installé au pouvoir.

Bientôt, Amer Saheb est venu organiser sa base de Parende et nos chemins ont commencé à se croiser.

Je me souviens très bien de la première fois où je l'ai vu.

Nous étions en plein hiver et le froid était intense. J'avais fini d'aider maman à la maison et j'ai pris Tareq dans mes bras pour aller voir nos soldats s'entraîner sur un grand terrain. Je me suis assise pour les regarder courir, ramper, sauter, marcher en canard, rouler le long d'une pente, faire des pompes... Massoud était là, riant avec ses hommes dont il semblait très proche. Il leur apprenait le maniement des armes. De la vapeur sortait de leur bouche tellement l'air était glacé. D'autres enfants sont venus s'asseoir avec nous. Nous étions une bande de gamins fascinés.

Les moudjahidin habitaient chez notre voisin Abdullah Jon. « Ma maison est à toi. Si tu la veux, ma femme et mes filles iront habiter ailleurs », avait-il proposé à Amer Saheb. Abdullah Jon avait une très belle voix. Nos deux maisons étaient si proches qu'on l'entendait chanter comme s'il habitait avec nous.

La vie des moudjahidin était diffile et souvent ils combattaient le ventre vide. La résistance avait si peu de moyens que, sans l'aide des villageois, elle n'aurait pas tenu longtemps. Les familles se débrouillaient pour les faire manger en puisant sans compter dans leurs réserves. Chez nous, le foyer est toujours à ras le sol et les femmes font la cuisine à genoux. Ceux de l'épouse d'Abdullah Jon ont été en sang pendant toute la guerre ! Une fois de plus, je ne raconte que ce que j'ai vu et ce que je connais bien. Mais il faut savoir que Massoud et ses moudjahidin rencontraient partout le même accueil, les villageois faisant tout leur possible pour recevoir et nourrir ces hommes épuisés.

Les combats étaient très durs et des chars calcinés sont toujours là, vingt-cinq ans après, pour l'attester. Les Soviétiques ont attaqué huit fois notre Panjshir. En vain. La plus puissante et moderne armée du monde n'est jamais venue à bout de nos soldats en guenilles. Un jour, après des affrontements particulièrement longs à Saritcha, les hommes sont rentrés affamés. Mon oncle est venu voir ma grand-mère : « Il faut les faire manger ! » Cette femme modeste avait épuisé toutes ses provisions. Il ne lui restait qu'une vache, et l'on comprend qu'elle y tenait comme à la prunelle de ses yeux. Elle a demandé aux femmes de la maison de faire des kilos de pâte à pain avec de l'eau et de la farine. Mon oncle tournait en rond, catastrophé : « J'ai honte de ne donner que ça à des hommes qui crèvent de faim », marmonnait-il. Brusquement, il a fait un petit signe à ma mère pour l'attirer à l'extérieur. « J'ai une idée. Je vais ostensiblement nettoyer mon arme dans la cuisine et, dès que vous aurez fini de tout faire cuire, je vais tirer en l'air. Il faudra alors que vous criiez très fort pour faire arriver maman et l'affoler. Là, je lui dirai : " Regarde ! C'est un véritable miracle ! La balle qui est partie de mon fusil aurait dû me transpercer la gorge ! Et elle est allée se ficher dans le plafond ! Dieu n'a pas voulu que je meure ! Il faut le remercier et sacrifier un animal. " » Il a demandé à ma mère de nous prévenir, afin qu'en ce temps de guerre nous ne soyons pas effrayés par le bruit de la balle. « On aura besoin de s'y mettre tous pour la persuader de donner sa vache », nous a-t-elle expliqué.

Quand on cuit le pain dans le *tandour* (four), la maison est remplie de fumée et, d'ailleurs, le matin, on se réveillait souvent avec les yeux rouges d'irritation. Le plan de mon oncle s'est réalisé à la lettre et, lorsque ma grand-mère est entrée dans la pièce, elle l'a cherché, paniquée, au milieu de la fumée opaque. À peine avait-il ouvert la bouche qu'elle l'a interrompu en criant : « C'est un miracle ! La balle a été déviée ! Le ciel a sauvé mon fils ! Vite, allons tuer la vache pour remercier Dieu ! » À croire qu'elle n'attendait qu'un prétexte pour se débarrasser de l'animal. On n'avait même plus une tomate ni un oignon pour faire la cuisine. Que de l'eau et du sel. Mais une bonne soupe avec de la viande et du pain a permis aux soldats de se coucher le ventre plein.

Quand Amer Saheb venait à Parende, il vivait avec ses hommes chez Abdullah Jon. Mais, très vite, il a demandé à ma grand-mère de lui donner une des deux pièces de sa maison. Il voulait être seul pour lire, travailler, étudier des cartes ou méditer. Ainsi, nous nous sommes tous entassés dans une pièce car nous ne savions jamais quand il allait rentrer. Il faut dire que Massoud n'était jamais là où on l'attendait. On le croyait à Mandjaour ? Il arrivait à Paryan. À Shâba ? Il débarquait à Parende. Ce fonctionnement faisait d'ailleurs partie de sa légende : il passait ses journées à marcher pour rejoindre ses bases, et on avait toujours l'impression qu'il surgissait de nulle part. Comme si un chemin se dessinait miraculeusement sous chacun de ses pas : « Aujourd'hui, disait-il en riant, si je connais chaque brin d'herbe et chaque pierre du Panjshir, je devrais presque dire " merci, Daoud ". » Il faisait allusion à sa fuite après l'échec du coup d'État en 1975, quand il avait erré dans la montagne avec ses compagnons avant de rejoindre le Pakistan via Jangalac, le village de sa famille. C'est une histoire qu'il racontait volontiers à nos enfants et qu'il leur mimait avec tellement de talent qu'ils étaient chaque fois secoués par des fous rires qui faisaient plaisir à voir.

Quand, épuisés, ils étaient arrivés au-dessus du village, ils s'étaient effondrés derrière un mur comme un vieux tas de vêtements humides. Pour montrer l'exemple, mon mari leur avait alors demandé de l'attendre pendant qu'il irait chercher de la nourriture chez lui. Venant de la ville et sans beaucoup d'expérience de la montagne ni de la marche à pied, il avait tourné en rond pendant des heures et des heures, rêvant aux grands mûriers chargés de fruits dans le jardin de sa maison. En parvenant chez lui, affamé, il s'était jeté à terre pour dévorer, tel un animal, les mûres tombées au sol. Après avoir récupéré des provisions, il s'était à nouveau tellement perdu que, pour s'alléger, il avait caché son précieux fardeau. Une fois ses camarades retrouvés, ils n'avaient jamais voulu redescendre avec lui et il s'était encore égaré un long moment avant de le récupérer. Le Lion du Panjshir aurait bien aimé ce jour-là avoir l'agilité des chèvres !

Comme toutes les petites filles dont les parents reçoivent des invités, je lui apportais de l'eau chaude, du thé ou une lampe. Il était déjà célèbre dans la vallée et tout le monde rêvait de le voir ou au moins de l'apercevoir. Moi, qui l'avais à côté, j'étais si intimidée qu'en entrant dans la pièce je chuchotais d'une voix inaudible : « Bonjour, Amer Saheb. » Quand il n'était pas absorbé dans un document, il me taquinait gentiment : « C'est à moi que tu parles ou à mon tapis ? »

Dans notre petite vallée, nous pensions être à l'abri. Pourtant, un après-midi, les avions soviétiques ont survolé très bas nos maisons. J'étais en train de regarder Massoud et ses hommes s'entraîner, quand les bombes ont commencé à pleuvoir. J'ai tout juste eu le temps de me glisser avec mon petit frère sous une grosse pierre. Je ne pensais pas que le bruit des bombes allait me devenir aussi familier que celui des battements de mon cœur. Ce jour-là, elles sont tombées sans faire de dégâts, mais Amer Saheb a compris que la guerre prenait un autre tournant. Le temps de la guérilla était terminé. Désormais, nous n'étions plus en sécurité nulle part.

Quand mon père venait à la maison, il arrivait le soir et repartait le matin. Le reste du temps, nous étions sous la responsabilité de mon oncle paternel Nassreddin. Les Soviétiques essuyaient de sérieux revers, grâce aux commandants installés un peu partout dans la vallée par Amer Saheb. Je le revois marcher de long en large et crier des ordres, son talkie-walkie vissé à l'oreille.

Les mollahs essayaient tant bien que mal de maintenir un semblant de vie normale. Ils nous rassemblaient à la mosquée ou sous un arbre pour nous enseigner le Coran et continuer à nous faire lire et écrire. Mais les groupes sont rapidement devenus la cible privilégiée de l'ennemi qui, dès qu'il les repérait, ne se posait même pas la question de savoir s'il s'agissait de rassemblements politiques ou familiaux : il bombardait. Combien d'enfants ont été ainsi massacrés ! Progressivement, nous avons arrêté d'étudier. Parfois, Amer Saheb rassemblait les plus grands pour leur donner des cours de mathématiques, mais, malheureusement, il n'avait pas beaucoup de temps à nous consacrer.

Grâce à des informateurs infiltrés chez les Soviétiques, nous étions souvent prévenus à l'avance de l'arrivée des avions. La plupart du temps, nous avions le temps de nous cacher dans les *soufs*, des grottes naturelles creusées dans la roche. Nous devions nous glisser à plat ventre dans ces boyaux où il était impossible de tenir debout, et rester accroupis ou assis. Chaque souf pouvait abriter deux familles. Parfois, les bombes pleuvaient avec une telle violence, et en si grande quantité, que des animaux sauvages venaient aussi s'y réfugier. Des renards qui, en temps normal, fuient les hommes se terraient ainsi avec nous. Les bombardements n'ayant lieu que le jour, la nuit, on s'activait pour laver le linge des combattants, faire la cuisine, chercher de l'eau...

Quand les Russes ont installé leur base à Hanaba, au début de la vallée du Panjshir, les bombardements sont devenus permanents. Dès l'aube, on partait se réfugier dans les soufs et on y restait, tassés les uns contre les autres, toute la journée.

Un matin, nous étions encore à la maison quand les premiers avions sont arrivés. Ma tante venait juste d'accoucher et son autre enfant, un petit garçon de deux ans, s'accrochait en permanence à ses jupes. Pour l'aider et accélérer notre départ, ma mère lui a pris le bébé des bras et l'a emmailloté, comme on le fait chez nous : ficelé les bras le long du corps dans un lange très serré afin qu'il ne se découvre pas. En partant, elle l'a confié à la femme d'Abdullah Jon afin de pouvoir porter mon petit frère, Tareq. Les avions volaient au-dessus de nos têtes et les Russes nous ont tiré dessus comme des lapins. Nous avons couru à perdre haleine. Touché à la hanche, mon oncle a trébuché, mais il nous a fait signe de continuer le plus vite possible. Nous avons dévalé la pente à toute allure. La femme d'Abdullah Jon serrait très fort son paquet contre sa poitrine en implorant : « Oh ! mon Dieu, toi qui es si puissant, protège-nous, sauve-nous. » Mon frère Tareq a échappé des bras de ma mère et a roulé dans un petit ruisseau. Heureusement, le choc a été amorti par ses rondeurs, mais il s'est quand même déboîté l'épaule. Après un premier passage, les avions ont fait demi-tour et sont revenus vers nous. Mon cœur battait à tout rompre de peur et d'épuisement. Quand ils sont arrivés au-dessus de nos têtes, nous nous sommes jetés à plat ventre dans les herbes hautes. Une bombe est tombée avec un bruit énorme. On peut toujours en voir le cratère aujourd'hui. Nous nous sommes relevés et avons couru jusqu'au souf. À l'époque, les femmes portaient sur leurs pantalons des robes qui s'évasaient en jupons très amples à partir de la taille. Quand elles s'étaient couchées dans l'herbe, ils s'étaient étalés en corolle autour d'elles et, maintenant, ils étaient troués comme des passoires. Ma mère a longtemps gardé le sien en souvenir. Mon oncle avait perdu beaucoup de sang. Les femmes ont commencé à le panser avec des bandes de tissu quand une sorte de gros ballon s'est écrasé avec un bruit mou en dégageant une odeur bizarre de parfum bon marché. Les gaz ! Ma mère a tout de suite compris. Ma grand-mère nous avait prévenus : « Surtout, ne pas les respirer et se couvrir immédiatement le nez avec un linge humide. » Dans cette grotte ? Ma mère a arraché des touffes d'herbe et de terre qu'elle nous a écrasées sur le visage, nous bouchant le nez et les yeux malgré nos protestations. Grâce au vent, les gaz se sont évaporés assez vite pour ne pas nous tuer, mais on s'est tous endormis brutalement.

Quelques heures plus tard, les moudjahidin sont venus nous avertir que nous pouvions rentrer chez nous. Nous étions complètement groggy. Ma mère s'est alors tournée vers la femme d'Abdullah Jon, qui marchait en titubant :

— Passe-moi le bébé, lui a-t-elle dit. Je vais le prendre pour te soulager.

— Le bébé ? Mais de quel bébé parles-tu ? a crié la femme d'Abdullah Jon, interloquée.

— Je te l'ai donné tout à l'heure en partant de la maison !

— Mais j'ai cru que c'était le Coran !

Chez nous, on empaquette et ficelle le Coran dans du tissu, pour bien le protéger. Portant le bébé, la femme d'Abdullah Jon pensait transporter le livre saint et c'est pour cette raison qu'elle le tenait si fort en implorant Dieu. Avant de se glisser dans le souf, elle l'avait déposé à l'entrée pour qu'il nous protège du bombardement !

Heureusement, mon petit cousin était sain et sauf, mais, à le serrer ainsi, elle lui avait enfoncé les côtes. Aujourd'hui, c'est un adulte en bonne santé, même s'il faut bien reconnaître que sa cage thoracique est « légèrement » en dedans !

3.

La vie quotidienne chez ma grand-mère n'était pas facile. Nous n'avions qu'une pièce à nous partager et les femmes n'avaient pas toujours la même façon de voir les choses. Bientôt, ma mère a préféré nous emmener dans la petite maison où mon père réunissait les hommes quand il organisait la résistance. Elle était en piteux état. Maman a colmaté les trous dans les murs avec de la terre mélangée à de la paille, aplani le sol en terre battue et tout nettoyé. De l'étable montait une odeur épouvantable et le premier étage, où nous habitions, ressemblait plus à un clapier sombre qu'à une maison. Les murs étaient noirs de fumée et la fenêtre minuscule. Mais nous étions enfin chez nous, comme autrefois, même si papa n'était pas là.

Ce matin-là, ma mère nous a réveillés encore plus tôt que d'habitude : « Je vous ai fait chauffer du lait, buvez-le vite. Il faut se dépêcher d'aller au souf, les avions vont arriver. » Maman avait l'habitude de nous annoncer à l'avance les bombardements. Elle affirmait que, la nuit précédente, elle rêvait toujours d'un homme habillé de blanc. « Tu as eu ta visite ? se moquaient mes oncles. Comment va le cher homme ? »

À peine étions-nous sortis de la maison que les avions sont apparus en lâchant des bombes. Pour nous cacher, nous avons été obligés de ramper à travers des ronces si pointues que nos corps et nos visages en gardent encore les traces aujourd'hui. Quelques minutes auparavant, les voisins, Gol Ahmad et son fils, travaillaient dans leur champ à construire un moulin à farine. Ils gisaient maintenant sur le sol, leurs *peran wa tonban* bleus – tunique et pantalon – maculés de taches rouges. L'un ne bougeait plus et l'autre à peine. Ma mère nous a crié : « Ne vous occupez pas d'eux ! Courez ! Courez ! Courez ! Ne vous arrêtez pas. » Du souf, on a vu des bombes tomber plus haut, du côté de la maison de mes grands-parents paternels. Ma mère se lamentait : « Que va devenir la femme de Gol Ahmad sans son mari, avec tous ses enfants et son grand fils blessé ? » Rasheddin, qui était chez ma grand-mère, est entré dans le souf, haletant d'avoir couru : « Papa est là avec Amer Saheb et des commandants de Paghman et du Logar. Maman, il dit que tu dois absolument venir faire la cuisine. C'est très important. »

Ma mère n'a pas bougé, complètement choquée.

« Allez, lève-toi, a insisté mon frère. Il faut que tu viennes. Dépêche-toi. Il n'y a rien à manger et personne ne doit savoir qu'ils sont là. » Il l'a secouée. Sortant de sa torpeur, elle s'est adressée à ma cousine Sobi : « Descends et prépare la pâte à pain. J'arriverai le temps qu'elle lève et je ferai un petit quelque chose pour le thé. Ça me laissera le temps de m'attaquer au repas du soir. Commence aussi à ranger. »

Après chaque bombardement, nos maisons se retrouvaient sens dessus dessous. Sous le choc, les murs en terre s'effritaient, la cendre du four volait partout, les objets se renversaient... on aurait pu croire que la bombe était tombée à l'intérieur de la maison. Chaque fois il nous fallait des heures pour tout remettre en place. Quand nous sommes descendus, maman, étonnée de ne pas voir mon père, a demandé de ses nouvelles à Shanyaz, un garçon qui suivait Massoud partout. « Il est parti chez ses parents, lui a-t-il répondu. Il paraît que, là-haut, les bombardements ont été rudes. » Inquiète, elle l'a envoyé se renseigner. Mais le temps de plumer des poulets et de commencer à les cuire, il n'était toujours pas revenu. Folle d'angoisse, elle a confié la fin du repas à ma cousine et nous nous sommes mises en route toutes les deux. Très vite, une odeur de chair grillée est arrivée jusqu'à nous. Nous avons été obligées d'enjamber des morceaux de viande et de graisse calcinées qui se consumaient sur le chemin. Ma mère les repoussait du pied en se lamentant : « Il va falloir ramasser tout ça. Une bombe a atteint les moutons. Pauvre berger, il doit être catastrophé. » À mesure que nous nous approchions, nous percevions des cris et des gémissements. La plus grande confusion régnait à l'intérieur de la maison de mes grands-parents. Des blessés gisaient partout sur le sol. Ma grand-mère était sérieusement touchée et l'un de mes oncles avait perdu un œil. Mais le pire a été le récit de mon grand-père. Quand j'y repense, ma peau est parcourue de frissons.

Le matin, ma tante enceinte était partie se réfugier au souf avec son fils de trois ans et ma grand-mère. Une heure après, elle a ressenti les premières contractions.

— Je vais accoucher, a-t-elle dit à ma grand-mère. Je vais retourner à la maison chercher de l'eau chaude, du linge et des vêtements pour le bébé.

— Tu n'y penses pas ! C'est trop dangereux. Les avions peuvent arriver à tout moment. Reste ici, on se débrouillera.

— Il faut absolument que j'y aille. Ne vous inquiétez pas.

Ma grand-mère a insisté, mais ma tante n'a rien voulu savoir et elle a emmené son fils pour le laver et le changer. À la maison, elle a mis de l'eau à chauffer et rassemblé tout ce dont elle avait besoin. Mon grand-père est arrivé affolé : « Mais qu'est-ce que tu fais là ? Repars tout de suite au souf ! » Ma tante, absorbée dans sa tâche, a continué ses préparatifs. Quand les avions ont surgi, elle a voulu sortir.

— Trop tard, lui a dit mon grand-père, reste là maintenant.

— Mais c'est impossible ! a protesté ma tante. Si j'accouche ici, personne ne pourra m'aider.

Mon grand-père a essayé de la retenir, en vain. Elle a pris son fils, ses affaires, et elle est partie. À peine avait-elle parcouru une quinzaine de mètres qu'un avion est arrivé. Elle s'est accroupie, la tête dans les mains, son petit garçon serré contre elle. La mère et l'enfant ont explosé en même temps comme une grenade mûre que l'on jette à terre. Le seul morceau intact que l'on ait retrouvé est une demi-jambe de ma tante. Tout le reste était collé par lambeaux aux pierres ou accroché aux branches des arbustes. Le bébé qu'elle portait a été découvert à une centaine de mètres d'elle. Entier, mais mort. Une scène d'horreur indescriptible. Les blessés, l'odeur de brûlé, les cris, les larmes... Mon grand-père a pris une couverture et est parti ramasser les morceaux éparpillés le long du chemin. Il était désespéré. Seul mon père a réussi à garder ses esprits. « Je reste pour organiser les enterrements, a-t-il dit à ma mère en lui prenant le visage entre ses mains et en la regardant dans les yeux pour lui donner du courage. Toi, tu dois redescendre. La guerre continue. Amer Saheb a besoin de toi. Pars avec Pari Ghol. Ne la laisse pas ici. »

Nous sommes redescendues en sanglotant. Nous pleurions sur les femmes, les mères, les enfants et les hommes qui voient mourir ceux qu'ils aiment et qui n'ont même plus la force de consoler ceux qui restent.

Ma mère a cuisiné jusqu'à la fin de la journée comme une automate, avec des larmes qui coulaient sans discontinuer. Je l'ai entendue marcher toute la nuit car je ne pouvais pas dormir. Dès que je fermais les paupières, tout ce que j'avais vu surgissait devant moi. Enfin, maman s'est assoupie en se serrant contre nous. Mais, très vite, elle s'est relevée.

— Les avions vont revenir !

Elle a secoué son frère qui dormait profondément.

— Va réveiller Amer Saheb. Vite.

— Pas question. Tu sais bien qu'il se rendort toujours après sa prière. Je n'oserai jamais le réveiller.

— Vas-y, je t'en supplie. J'ai rêvé de l'homme en blanc.

— Arrête de te prendre pour un soufi ! s'est exclamé mon oncle, contrarié.

Mais elle a tellement insisté qu'il est parti. Elle m'a alors appelée.

— Pari Ghol ! Lève-toi ! J'ai couché Tareq dans le *gawara* (berceau à bascule dans lequel on attache les bébés). S'il se réveille, tu le berces. Je vais préparer de quoi manger.

Mais les avions sont arrivés avec leur bruit de mort. Effrayée, je me suis glissée sous le gawara. Mais ma mère a hurlé : « Descendez vite ! Descendez ! » J'ai pris mon autre frère dans les bras et je me suis précipitée dans l'étable. Maman n'a pas eu le temps de détacher Tareq, elle a jeté le gawara dans les escaliers. Les bombes se rapprochaient dangereusement. Un de mes oncles est arrivé en courant. Une bombe s'est alors abattue sur la maison qu'il venait de quitter. Il s'est mis à hurler : « Ma femme, mes enfants ! » Et il a voulu ressortir. Ma mère l'a retenu de toutes ses forces :

— N'y va pas, je t'en supplie. Tu vas devenir une cible.

Ils ont lutté un instant l'un contre l'autre et, juste au moment où il réussissait à se dégager, le ciel nous est tombé sur la tête. Dans un vacarme énorme, la moitié de la maison s'est détachée, emportée par un souffle qui venait de l'enfer. Une bombe avait été lâchée sur nous ! Par le toit éventré, l'ombre des avions nous a plongés dans l'obscurité. Dans la poussière qui nous suffoquait, ma mère a crié : « Récitez votre prière, on va mourir ! » La seconde bombe a alors explosé – ils en lâchaient toujours deux, ce qui augmentait la terreur de ceux qui venaient d'être touchés par la première. Dans l'étable, les animaux paniqués nous piétinaient. Mon frère Khaleddin, enseveli sous les gravats, ne bougeait plus. Qui était mort ? Qui était vivant ? Tous les enfants ruisselaient de sang et je porte toujours sur le front la marque d'un morceau de plafond. Après la première bombe, nous avons vu la femme de mon oncle et ses enfants sortir de la maison et se précipiter vers la nôtre. Quand la seconde a été lâchée, ils se sont immobilisés, pétrifiés, puis ils ont avancé, reculé, puis avancé encore. À leurs cris, on sentait qu'ils pensaient qu'il n'y avait aucun survivant. Mon petit cousin, alors âgé de cinq ans, m'a ensuite raconté qu'il ne comprenait rien à ce qui se passait, personne n'avait pris le temps de lui expliquer la situation. Il courait avec les autres et, quand son calot s'envolait, il réalisait qu'une bombe était tombée.

À quelques centaines de mètres de là, mon père et Amer Saheb suivaient la scène, persuadés que nous avions tous péri. Et puis nous avons commencé à sortir. Et eux à compter : « Un, deux, trois, quatre... » Le cœur de mon père battait à tout rompre. Quand le dernier a surgi, il a hurlé en sautant en l'air : « Ils sont vivants ! Ils sont vivants ! »

À partir de là, nous n'avons plus vécu que dans la peur. Le matin, avant même d'avoir mangé, nous voulions partir nous cacher dans le souf. Mon père, conscient que la situation n'allait pas s'arranger, a demandé à Amer Saheb de lui donner quelques hommes pour creuser un abri à côté de la maison. Trois familles pouvaient se tenir dans ce goulet d'une dizaine de mètres de long, la nôtre et celles de mon oncle et d'Abdullah Jon.

C'était l'été 1982. Les bombardements nous frappaient sans répit. À Jangalac, Mohammad Ghauss avait été tué et sa femme, Bibi-Shirine, gravement blessée. Des gens mouraient tous les jours et aucune famille n'était épargnée. La plupart des hommes se battaient au front et les femmes portaient seules le poids de toutes les responsabilités. Nous étions six enfants à la maison dont un bébé, Qassem. Maman, enceinte de ma sœur Khaleda, n'avait ni le temps ni l'énergie de s'occuper de mon petit frère. Le matin, elle le changeait, l'allaitait et l'emmenait au souf où elle l'abandonnait jusqu'au soir, sans trouver le courage et la force de revenir. Parfois, il pleurait toute la journée. De nous tous, c'est lui qui a eu la petite enfance la plus dure. Aujourd'hui encore, Qassem est le plus introverti de la famille.

Prévenu par ses informateurs que des opérations encore plus meurtrières se préparaient, Amer Saheb a demandé aux familles de monter plus haut dans la montagne. Mais, quand les Russes sont entrés pour la première fois dans la vallée, certains, comme mon grand-père, mon oncle Nassreddin et ma cousine Sobi, ont été pris au dépourvu.

Nassreddin a juste eu le temps de se glisser sous une large pierre jetée sur un petit ruisseau. Toute la journée, il a entendu les bottes claquer au-dessus de sa tête. Dieu merci, aucun militaire ne s'est penché pour boire. À la nuit tombée, il a pu nous rejoindre. Sobi ramassait des amandes pour le voyage quand elle a vu apparaître les premiers uniformes. De peur d'être violée, elle s'est terrée plusieurs jours au fond d'un souf avant de partir droit devant elle à travers la neige et les glaciers. Quand nous l'avons retrouvée, ses mains n'étaient qu'une plaie tant elle avait gratté le sol pour s'agripper. Sans doute à cause de son âge, mon grand-père a été épargné.

Les Russes ont commencé à tout brûler et le bas de la vallée est devenu un vaste brasier dans lequel disparaissaient les champs, les maisons, les animaux et même les hommes et les femmes. Tous ceux qui étaient restés volontairement, estimant qu'ils n'étaient pas impliqués dans ce conflit, mouraient calcinés. Le bruit avait couru que les Russes connaissaient le mot *dost* (« ami », en persan) et qu'ils épargnaient ceux qui le leur disaient. Nombreux sont ceux qui sont morts, brûlés vifs, en criant : « *Dost ! Dost !* » Les soldats obéissaient à un plan bien précis : rayer définitivement de la carte les villages et leurs habitants. Un jeune cousin de mon mari a été attaché à un arbre avec son chien et arrosé d'essence. Ses parents ne savaient même plus à qui appartenaient les fragments d'os retrouvés. Un cousin de ma mère a lui aussi péri brûlé dans un feu allumé avec les pages du Coran que les Russes arrachaient ostensiblement. Il est mort avec un de ses amis nomades et, pourtant, ce dernier pensait qu'il ne risquait rien puisque, de tout temps, aucun envahisseur ne s'était jamais attaqué aux *koutchis* (nomades). Par prudence, un oncle de ma mère avait fait partir sa famille à Kaboul via le tunnel de Salang. Les Russes ont condamné les ouvertures et envoyé leurs gaz mortels. Des centaines de gens sont morts asphyxiés. Mes pauvres cousins étaient parmi les rares survivants et ils nous ont raconté l'agonie de leur mère. Voyant de quoi les envahisseurs étaient capables, jeunes comme vieux se sont alors massivement engagés dans la résistance.

Les combats se déplaçaient. La résistance, contrairement à l'armée russe, n'avait pas d'hélicoptères. Quand les chevaux ou les ânes ne pouvaient pas passer, les hommes hissaient sur leur dos le matériel, les provisions et les munitions, et ils avançaient sans se poser de questions. Plus les Russes gagnaient du terrain et plus nous étions obligés de monter.

Le jour où nous nous sommes enfuis, nous avons marché le ventre vide pendant de longues heures avant d'arriver au « Puits du cerf » en compagnie de plusieurs familles. Dans cette grotte coulait une source où venaient se désaltérer les animaux. Comme eux, on se déplaçait à quatre pattes ou l'on restait tapis à l'entrée. En contrebas, on voyait les gens fuir et, au-dessus de nos têtes, on entendait tournoyer les avions. Chaque avancée de l'ennemi était précédée d'un lâchage massif de bombes par ce que nous appelions les « engins à quatre réacteurs » tellement ils étaient bruyants. Les parois de la grotte résonnaient si fort à chaque explosion que nos oreilles semblaient éclater, une douleur qui persistait des heures durant. Dans la panique générale, les enfants criaient et plusieurs femmes ont fait une fausse couche. Les informations qui nous parvenaient étaient de plus en plus mauvaises. Les munitions manquaient, les prisonniers étaient nombreux et les combattants perdaient du terrain, comme le constataient ceux qui possédaient des jumelles. Les premiers temps, ma mère a essayé de cuire du pain, mais il était trop dangereux de faire du feu, aussi nous ne mangions que des fruits secs. L'hiver était rigoureux et les parois de la grotte humides. Nous avions froid, faim et peur pour nous, mais aussi pour tous les hommes de nos familles dont nous n'avions plus de nouvelles. Les Russes comptaient sur l'épuisement de la population pour obtenir une reddition massive. Un matin, un de mes oncles nous a prévenus que le danger se rapprochait. Il fallait partir. Quand la nuit est tombée, ma mère nous a ordonné de mettre nos chaussures et de prendre chacun quelque chose dans les mains. Les plus jeunes portaient un verre, un couteau ou un morceau de bois pour allumer le feu. Nous avons marché longtemps dans le noir et dans la neige avec l'angoisse au ventre. Brusquement, en plein milieu de la nuit, ma tante a craqué. Elle s'est arrêtée en criant : « J'en ai assez, assez, assez ! » Elle s'est assise en déballant toutes ses provisions autour d'elle. Le spectacle était incroyable. Elle a allumé un feu et cuisiné un grand *chola*, un plat de riz très nourrissant avec des légumes secs. Je dois dire que, malgré la peur de nous faire repérer, nous étions très heureux. Nous sommes repartis, le ventre plein et le moral en hausse, vers Andarab, de l'autre côté de la montagne.

Le chemin, étroit et escarpé, surplombait un précipice effrayant. À tout moment, on pouvait basculer au fond du ravin. Le seul endroit possible pour s'arrêter a été un plateau désertique, battu par des vents violents et glacés. Des moudjahidin hagards, épuisés, sales et complètement perdus sont arrivés en même temps que nous. Ils étaient pour la plupart blessés ou couverts du sang de leurs compagnons. En bas, nous ont-ils appris, c'était la débâcle et ils n'avaient même plus le courage d'aller récupérer les corps pour les enterrer ou les rendre à leurs familles. Couchés les uns contre les autres, nous les entendions échanger des propos désespérés. Personne ne savait où était

Amer Saheb. Je voyais les sommets s'aligner à perte de vue dans la lumière opaque déversée par la lune. Ici et là, des petites lumières clignotaient. Étaient-ce les nôtres ou celles de l'ennemi ? Reverrions-nous un jour papa ? J'implorais Dieu pour qu'il ne soit pas parmi tous ces cadavres. J'avais envie d'être près de maman dans cette nuit mauvaise, alors je me suis déplacée en transportant mon petit frère collé contre moi afin qu'il profite de ma chaleur. Elle avait les yeux fermés, mais je savais qu'elle ne dormait pas. Comment aurait-elle pu trouver le sommeil avec, autour d'elle, ses enfants affamés et griffés par le froid jusqu'à la blessure ? Tout à coup, le bruit a couru que le chef avait été joint par radio et qu'il approchait. Massoud est apparu, comme une étoile dans le ciel, souriant et décontracté, avec son *pakol* à peine plus enfoncé que d'ordinaire sur la tête. Comme toujours quand le moral de ses troupes était au plus bas, il affichait un visage rassurant. Mon père était à ses côtés et, à son habitude dans ces cas-là, il ne nous a même pas fait un signe. Rapidement, Massoud a rassemblé tous les combattants.

Il se doutait que les Russes avaient des hommes infiltrés dans ses troupes mais, cette fois, il en a eu la confirmation éclatante.

La plupart des moudjahidin voulaient retourner au combat pour reprendre Parende.

— Mais non, c'est fichu ! s'est alors écrié l'un d'entre eux, agent des communistes.

— Nos familles sont en danger, a continué un autre. La sagesse commande de nous rendre.

— Nous avons perdu beaucoup trop de camarades dont les corps sont en train de pourrir, a renchéri un troisième.

L'assistance était sérieusement déstabilisée.

— Qui a dit ça ? a crié Massoud.

Un des hommes s'est levé.

— Viens ici, lui a dit Amer Saheb en se dressant.

Je me souviens de son ombre gigantesque projetée sur le sol par le feu. Il l'a giflé avec une telle violence que l'homme a tourné sur lui-même avant de s'écrouler à terre. Le silence est tombé et, brusquement, tous les hommes ont crié :

— Nous sommes prêts !

— De toute façon, a expliqué Massoud, ne croyez pas que votre reddition épargnerait vos familles. Elles subiront le même sort que les gens de la vallée, mais votre honte s'ajoutera aux viols et aux assassinats.

Les moudjahidin, galvanisés par ces paroles, sont retournés au combat. Ils n'avaient plus rien à perdre. Les affrontements ont été terribles, on a parlé à l'époque de six mille morts chez l'ennemi. Sans compter les hélicoptères abattus et les tanks détruits. Des camions-citernes furent dynamités dans le tunnel de Salang, tuant des centaines de Russes.

Le passage de notre groupe avait ouvert une route dans la montagne et bientôt la nourriture a pu arriver des autres vallées. Très vite, Parende fut repris. Mais l'ennemi ne se contentait pas de bombarder, de brûler et de gazer, il semait des mines partout. Aussi, avant de rentrer, il fallait laisser aux moudjahidin le temps de les enlever. Peu à peu, la plupart des familles ont regagné leur village et reconstruit leurs maisons. Sauf nous. Traumatisés par les bombardements, nous avons refusé de redescendre et nous nous sommes arrêtés au Puits du cerf. Mon grand-père a été obligé de nous rejoindre et mon père de nous faire porter des provisions. Les jours passaient et nous ne voulions toujours pas bouger. Jusqu'à ce qu'un événement nous force à changer d'avis. Une nuit, alors que mon grand-père faisait sa prière à l'extérieur, un cri étrange dans la grotte nous a réveillés – à mi-chemin entre un râle humain et un halètement animal. Des voix ont commencé à gémir et à murmurer. Nous avons appelé mon grand-père qui ne nous a pas répondu. Avec toutes les histoires de fantômes que nous avions entendues dans notre enfance, vous pouvez imaginer notre terreur. Un long moment s'est écoulé avant que mon grand-père ne rentre. « Dormez maintenant, a-t-il dit en s'allongeant. Tout ira bien cette nuit. » Dès le lendemain matin, ma mère a décidé de rentrer. Avions-nous dérangé les esprits du Puits ? Je crois plutôt que mon grand-père les avait convoqués à la rescousse !

L'ennemi avait subi beaucoup de pertes, et la vallée, exsangue, se relevait difficilement. Moscou, par l'intermédiaire d'émissaires, a contacté Amer Saheb pour lui proposer un cessez-le-feu. Les Russes s'engageaient à se retirer à Hanaba, au début de la vallée, à autoriser la circulation des camions de ravitaillement venant de Kaboul et à cesser les attaques contre le Panjshir. En échange, Massoud devait renoncer à toute offensive. Si certains, le voyant accepter cette proposition, n'ont pas hésité à parler de traîtrise, ses proches lui ont fait confiance, d'autant qu'il s'agissait d'une reconnaissance directe et officielle d'Amer Saheb comme chef de la résistance. Mais chacun pensait : « Et si tout cela était un piège ? » La suite a prouvé que non.

Pendant que les Russes attaquaient le sud-est du pays, le cessez-le-feu a été respecté dans la vallée durant toute l'année 1983, que Massoud a mise à profit, parcourant le nord et le nord-est du pays, pour unifier le commandement militaire de la résistance.

Les mois ont passé très vite. La plupart des jeunes moudjahidin qui se battaient depuis des années étaient encore célibataires. Ils se sont mariés pendant cette période de répit. Dans nos campagnes, les jeunes filles sont très utiles à la maison, aussi les parents demandent une compensation financière quand elles les quittent. Pour favoriser les unions, Massoud a modifié cette coutume en rendant la dot symbolique, et même en l'annulant quand un soldat épousait une veuve de guerre.

Ainsi, nous allions de mariage en mariage. Rien que dans ma famille, nous en avons célébré deux : celui de mon oncle qui avait perdu sa femme dans l'incendie de Salang, et celui de mon cousin qui s'était caché sous la pierre lors de l'entrée des Russes dans la vallée. Malgré mes treize ans, j'accompagnais encore les enfants auxquels on jette des bonbons pendant les cérémonies et je m'amusais beaucoup. Je n'étais promise à personne et l'on ne parlait pas encore de mariage pour moi.

Au printemps, une consigne a circulé : les récoltes devaient être avancées. Massoud a réuni les responsables des villages et les a prévenus : « Une guerre plus dure encore que la précédente est annoncée. Vous allez devoir partir sans rien laisser derrière vous. Même pas un animal ! Si vous avez de la famille à Andarab, Khost, Fereng ou Taloqan, mettez-vous à l'abri pendant quelques mois. »

Tareq avait cinq ans et ma petite sœur Khaleda à peine quelques mois. Nous n'avions pratiquement pas vu papa de l'année. Devenu chef de camp de Massoud, il le suivait partout. Il transmettait ses ordres, lui rapportait des informations, réceptionnait et redistribuait le matériel, préparait ses affaires et chauffait même l'eau pour sa toilette.

Un matin, un brouhaha s'est fait entendre devant notre maison. C'était mon père, avec plusieurs chevaux qu'il avait loués. « Au boulot, nous a-t-il lancé. Vous allez rassembler vos affaires et vous mettre en route. » Nous avons chargé les montures de denrées non périssables, d'instruments de cuisine, de couvertures, de vêtements, etc. La nuit grouillait d'une foule excitée et joyeuse comme si ces mois de paix nous avaient fait oublier les bombes, les soufs, les blessés et les morts. Pour moi, qui n'était qu'une enfant, ce voyage prenait des allures de fête. Les chevaux bien sanglés, nous nous sommes rendus à Bozarak où nous avons passé la nuit avant de partir tôt le lendemain matin.

Khenj, Safed Shir, Dasht-e Riwat, Khawak... les villages se sont mis à défiler et les mauvais souvenirs sont revenus. J'ai vite compris que ce n'étaient pas des vacances qui commençaient en ce printemps 1984, mais un terrible exode. Mon père nous a accompagnés jusqu'à la vallée d'Andarab. « Je confie ma famille à Dieu et à toi », a-t-il dit, très ému, à mon oncle Nassreddin. Habitués à ses absences, nous ne vivions plus les séparations avec le déchirement des débuts, mais la solennité de ses adieux nous a impressionnés. Ma mère, courageuse comme des milliers de femmes afghanes, s'est alors mise en route avec ses enfants vers Shiva, la destination indiquée par mon père.

L'hiver était loin et pourtant, dès que nous sommes parvenus dans les hautes montagnes du Panjshir, la neige nous attendait. Pour passer les cols, nous faisions confiance aux chevaux, plus sûrs que nos pieds. Ils avançaient sans dommage, habitués aux chemins étroits et aux pentes abruptes. Je montais le plus grand d'entre eux avec deux enfants, parfois trois, à califourchon devant moi. C'était moins dangereux que de les porter dans les bras. Une de mes tantes n'arrivait pas à tenir en selle. Elle s'est quasiment cassé tous les membres les uns après les autres mais, aujourd'hui, elle est vivante, alors que chaque jour, des gens tombaient dans le ravin sans que l'on sache ce qu'ils devenaient. Lorsque notre groupe atteignait un endroit plat, on en profitait pour monter les tentes, faire de la cuisine et se reposer. Mais invariablement, et cela a été une constante pendant la guerre contre les Soviétiques et plus tard contre les talibans, dès que nous étions installés quelques jours à la même place, nous étions repérés et bombardés. L'ennemi a toujours eu des informateurs infiltrés chez nous.

Quand nous sommes parvenus à Khost Wa Fereng, nous n'avions plus rien à manger. La population, solidaire, nous a donné du lait, du riz et des légumes secs. Nous avons pu rester un mois entier. Les informations qui arrivaient jusqu'à notre campement étaient alors notre sujet de conversation préféré.

Les Russes avaient débarqué avec leur plus lourde artillerie. Pendant que la population se cachait dans les montagnes, les chasseurs avaient tapissé le Panjshir de bombes, des milliers de soldats l'avaient envahi et les blindés l'avaient martelé. Mais il n'y avait plus personne ! Massoud et mon père avaient quitté la vallée les derniers. Quelques années plus tard, mon mari m'a raconté combien la préparation de cette opération avait été délicate. Pendant toute la période du cessez-le-feu, les espions ont été patiemment identifiés puis enfermés. Le secret a été bien gardé puisque l'ennemi n'a bombardé que des pierres. Mon mari a intercepté au talkie-walkie une conversation entre un commandant russe et Moscou. En apprenant que la vallée était vide, l'homme qui avait préparé l'attaque s'est jeté du haut de l'immeuble d'où il téléphonait.

Malheureusement, tous les combats n'ont pu être évités. Dans la vallée d'Andarab, on peut encore voir les tombes d'un groupe de jeunes gens, appelés les « lumières », qui ont été massacrés après avoir résisté vaillamment. À Parende, le commandant Abdel

Wahed s'est battu avec un tel courage qu'on en parle encore aujourd'hui. Quelques mois auparavant, il avait perdu une jambe en sautant sur une mine et il a refusé de fuir avec ses compagnons quand les Russes sont entrés dans Parende : « Ce n'est pas la peine. Je me ferais tirer comme un lapin. » Ce qui lui est arrivé ensuite est horrible. Arrêté et torturé sauvagement à Pol-e Tcharkhi, la prison de Kaboul, il a été obligé de dénoncer ses camarades à la télévision avant d'être exécuté.

À Khost Wa Fereng, nous écoutions ces récits avec passion, nous régalant d'imaginer la tête déconfite de l'envahisseur. Nous jouions aussi avec les enfants du coin et la vie était plutôt agréable. Jusqu'au jour où les avions ont à nouveau surgi. Maman nous a rassemblés et nous sommes partis en courant nous cacher sous des rochers dans la montagne. La chaleur était étouffante et le soleil a tapé toute la journée sur notre abri, au point qu'on aurait pu y faire cuire du pain. Les enfants ont rapidement été déshydratés et les plus petits n'arrêtaient pas de crier. Quand la nuit est enfin tombée, ma petite sœur Khaleda respirait à peine. Les hommes ont décidé de redescendre préparer les chevaux et de quitter Khost Wa Fereng. Cela ne finirait donc jamais ! Nous avons dévalé les pentes pour nous jeter dans la rivière et boire. Cette bonne eau ! J'en ai encore le goût dans la bouche. Mais où aller à présent ? À Shiva, comme mon père nous l'avait demandé ? Impossible, des commandos russes venaient d'y arriver. Certains de mes oncles ont choisi de se diriger vers Nahrine et nous de suivre quand même les instructions de papa en essayant de contourner les soldats russes. La famille s'est séparée. Comme nous n'avions plus que la moitié des chevaux, nous avancions une heure à pied et une heure en selle, en nous passant les petits enfants. À la tombée de la nuit, une rivière, aussi tumultueuse que peut l'être parfois celle du Panjshir, nous a barré le chemin. Des garçons qui partaient rejoindre les moudjahidin nous ont vus. « Chut ! sont-ils venus nous dire. Ne faites pas de bruit car les Russes ont des projecteurs et ils risquent de vous trouver. » Les chevaux étaient affolés par le vacarme des flots qui, heureusement, couvrait leurs piaffements et le bruit de leurs sabots sur les rochers. Nous sommes passés lentement les uns après les autres, avec la peur au ventre car seuls les garçons savaient nager. Brusquement, maman, qui portait ma petite sœur dans le dos, a glissé sur une pierre humide. Comme elle avait les mains pleines de paquets, elle n'a pas pu se retenir. Sans un cri, elle a été emportée par les flots. Ma plus grande angoisse a toujours été de perdre ma mère. C'était même le pire de mes cauchemars, et il m'arrivait de me réveiller en pleurant après en avoir rêvé. Sa tête a disparu, puis réapparu dans l'eau noire tandis que celle de Khaleda ballottait de tous les côtés. Quand, enfin, elles ont été immobilisées par un gros rocher, Ghulam Rassoul, un de mes cousins qui sera tué peu de temps après, l'a rattrapée. Pour ne pas nous paniquer, elle s'est relevée tranquillement, comme si de rien n'était, son bébé toujours accroché dans le dos.

Et nous sommes repartis. Deuxième rivière et deuxième traversée tout aussi dangereuse. De temps en temps, des faisceaux de lumière nous balayaient et c'est un miracle que nous n'ayons pas été repérés. Tout le long du chemin, nous avons vu des commandos ennemis. Je me souviens en particulier d'un groupe à moitié nu qui se faisait sécher autour d'un feu. Dormir était notre obsession mais nous n'en avions pas le droit. À un moment de la nuit, lorsque ce fut mon tour de marcher, je suis descendue de cheval et je l'ai attrapé par la queue. Avec mes frères, nous avons appris pendant cette marche à dormir debout.

Le lendemain matin, quand nous sommes arrivés à Shastdara, le soleil était déjà levé. Dans ce village contrôlé par Massoud, les adultes nous ont enfin autorisés à nous allonger. Mais quelques minutes plus tard, des résistants nous ont secoués pour nous demander de nous enfoncer dans la forêt où nous serions plus en sécurité. Nous y sommes restés deux mois.

Papa venait nous voir de temps en temps avec Amer Saheb, qui s'installait alors dans une de nos tentes. J'aimais bien le regarder. C'était un spectacle à lui tout seul. Il marchait de long en large, avec de grandes enjambées, plongé dans ses pensées. Soudain, sans qu'on s'y attende, il prenait conscience de la présence des enfants et venait nous parler ou s'amuser avec nous. Parfois, il organisait un match de foot pour ses hommes. Ou bien il s'asseyait contre un arbre, le front posé sur deux de ses doigts, les yeux fermés. Personne n'aurait alors osé le déranger.

Ne vous demandez pas à quoi je songeais en le regardant. J'étais une enfant qui était loin d'imaginer ce qui allait se passer.

Le premier jour de ramadan, tout a recommencé. Une fois de plus, apprenant par des espions que la famille de mon père vivait dans cette forêt, les Russes ont décidé de bombarder, sachant que Massoud n'était jamais très loin de nous. L'attaque était programmée pour le soir ou le lendemain matin. À peine les chevaux sellés, nous avons rebroussé chemin dans une grande précipitation. Tous ceux qui ont préféré rester ont été massacrés. L'histoire se répétait, mais à la fuite s'ajoutait maintenant la tristesse de quitter les gens formidables qui nous accueillaient, et les enfants avec lesquels nous retrouvions le goût de jouer...

4.

Mon père avait disparu avec Massoud sans nous laisser aucune instruction. Ne sachant plus où aller, nous avons décidé de revenir chez nous par Paryan, le haut de la vallée du Panjshir. La traversée de Tcharkh Falaq, l'« endroit qui tourne », reste un de mes plus sombres souvenirs. Dans ce col très difficile, maman est tombée malade. Elle vomissait, respirait difficilement et s'évanouissait à chaque instant. Pour la première fois, je l'ai vue perdre le contrôle d'elle-même. Nous avons d'abord cru qu'elle souffrait du mal de l'altitude que nous attrapions tous, les uns après les autres, mais les symptômes n'étaient pas les mêmes. Sa pâleur était mortelle. Mon frère et moi, nous ne savions plus quoi faire. Nous étions si jeunes ! Quand elle trébuchait, on essayait de la soulever, de la tirer par la main et même de la porter. Peu à peu, la distance se creusait entre le groupe et nous. « Partez, allez rejoindre les autres, nous disait-elle. Laissez-moi. Je veux que vous restiez vivants. » Finalement, nous l'avons attachée, inconsciente, sur le cheval. J'ai accroché ma petite sœur dans son dos et, en tirant mes petits frères derrière moi, nous avons atteint le sommet qui surplombe Paryan, dans un froid intense et un vent glacial. Les gens du coin nous ont accompagnés jusqu'à un abri, où nous nous sommes enfoncés dans un sommeil comateux, sans un toit ni même une couverture pour nous protéger. Au matin, maman allait mieux et les villageois nous ont apporté du pain et du *dogh*, une boisson que l'on trouve partout en Afghanistan, du yaourt coupé d'eau et mélangé avec de la menthe séchée ou du concombre. Après une journée de marche, nous avons atteint Paryan et, pour la première fois depuis des mois, nous avons pu nous installer dans une vraie maison avec un vrai toit. Mais, une fois encore, nous avons très vite servi de cible aux Russes. À nouveau, remonter dans la montagne, marcher, dresser des tentes, repartir. Et toujours pas de nouvelles de mon père, ni de Massoud. En l'absence de papa, c'est à mon frère Rasheddin qu'incombait la responsabilité de la famille. Il avait à peine trois ans de plus que moi, mais, en tant qu'aîné, il assumait beaucoup de tâches. Je me souviens de ses larmes de rage quand il devait arrimer notre matériel sur le dos des ânes, un travail difficile surtout quand on devait se dépêcher. « Pourquoi papa a-t-il choisi cette vie alors que je pourrais être à Kaboul et aller à l'école comme les garçons de mon âge ? » se lamentait-il parfois. Mais la plupart du temps, il assistait maman avec beaucoup de courage.

Bientôt, nous avons appris que les Russes avaient débarqué à Kowjan. Pas question de redescendre cette fois dans la vallée, nous devions nous enfuir très loin, au Nouristan.

Deux routes se présentaient. L'une nous exposait aux bombes. L'autre au précipice. Ce « chemin d'un pied » était si étroit qu'on ne pouvait y poser, comme son nom l'indique, qu'un pied. Le mieux était de faire confiance à nos montures. Ma grand-mère en croupe et un enfant dans les bras, j'étais terrifiée. À tout moment, nous manquions de nous fracasser le crâne dans le ravin. Heureusement, nous n'avons perdu que des chevaux chargés de provisions. Au Nouristan, nous nous sommes installés dans une plaine que les moudjahidin traversaient quand ils rapportaient des armes du Pakistan. À l'époque, beaucoup de résistants proches de Massoud avaient déjà mis leurs familles à l'abri dans ce pays. Et tôt ou tard, ils finissaient par les rejoindre. Quand ma famille a décidé de s'exiler, Amer Saheb l'a su et il nous a aussitôt envoyé mon père. Il ne voulait pas courir le risque de le perdre si nous passions au Pakistan.

Le matin de son arrivée, papa a réuni toute la famille sous une grande tente pour peser ensemble le « pour » et le « contre » de l'exil. Quelques jours auparavant, des nomades, établis un peu plus bas, avaient péri sous les bombes avec leurs animaux. Pour éviter que cela ne recommence, nous avions recouvert nos tentes de branchages et de feuilles séchées. Je prenais de l'eau à la source quand, tout à coup, j'ai vu de la fumée monter de la tente affectée à la cuisine. J'ai crié de toutes mes forces : « Au feu ! Au feu ! » Tout le monde est sorti en catastrophe. Très vite, les tentes se sont enflammées les unes après les autres jusqu'à faire un énorme incendie. « Qassem ! Qassem ! » a appelé ma mère. « Maman ! » a hurlé mon frère dans la fournaise. Croyant sentir la chaleur des bombes, il s'était caché sous un tas de couvertures. Rasheddin s'est précipité pour le récupérer. C'est alors mon père qui s'est mis à crier. Il avait oublié à l'intérieur le sac dans lequel il transportait l'argent de la résistance dont il avait la charge et la gestion. Ma mère, comprenant que sans argent la résistance était condamnée, a sauté dans la tente. Elle en est ressortie les cheveux et les sourcils brûlés, mais le sac à la main. Elle avait été plus rapide que les hommes ! Les armes et les munitions éclataient dans tous les coins. Dans ce feu d'artifice nous avons tout perdu, les selles des chevaux, les provisions, le matériel, les vêtements et même les foulards des femmes. Il ne nous restait plus que les habits que nous portions sur le dos. Qassem avait laissé ses chaussures dans la tente. Nous lui avons ficelé aux pieds celles de mon oncle qui faisait au moins dix pointures de plus que lui. Avec ses « petits skis », il a réussi à nous faire rire. Dans cet état de dénuement complet, nous n'avions plus le choix. L'exil était inenvisageable, il fallait retourner au Panjshir. Mais comment monter nos chevaux sans selle ? Deux jeunes gens qui partaient rallier la résistance nous ont donné des parachutes avec lesquels les Russes envoyaient leurs bombes. Quand ces engins de mort n'atteignaient pas leur cible, les gens les récupéraient au péril de leur vie. Ils utilisaient les tissus de couleurs vives pour faire chauffer les fruits secs sur le sandali, et les cordages pour attacher les marchandises sur les ânes. Ainsi équipés, nous avons pu rejoindre Paryan où, pendant quelques jours, mon père nous a installés. Il était sur le point de nous quitter quand Massoud lui a fait savoir qu'il devait encore nous évacuer !

Après un nouveau voyage, long et éprouvant, nous avons enfin atteint Piu, un village perdu de la province de Takhar.

Partout, sur la route, nous avons été accueillis et nourris avec beaucoup de générosité, en particulier dans le Badakhchan où nous avons bu de ce fameux *chorjai*, thé salé, qui nous faisait horreur avant de le goûter. Tous ces périples présentaient au moins l'avantage de nous faire approcher la complexité et la richesse de notre pays, jusque dans sa cuisine. Nous étions tous afghans et la notion d'ethnie, qui a déchiré plus tard mon peuple, n'existait pas encore. Mon mari répétait souvent qu'il ferait voyager nos enfants pour qu'ils comprennent que l'être humain est une créature de Dieu sans distinction de couleur, d'origine ou de religion.

À Piu, sur un petit plateau à plus de deux mille cinq cents mètres d'altitude, nous nous sommes installés chez une connaissance de mon père qui nous a hébergés dans sa cuisine. Cette pièce sans fenêtre ni aération était toujours remplie d'une fumée âcre et épaisse. Les yeux en feu, les enfants pleuraient toute la nuit. Malgré la gentillesse de notre hôte, nos conditions de vie étaient déplorables. Aussi, quand mon père est arrivé, il nous a tous emmenés un peu plus bas, à Ebru, où on nous a de nouveau prêté une maison de deux pièces.

C'est là, au bout du monde, dans ce paradis vert habité par des troupeaux sauvages de yaks et traversé par une rivière claire, que ma vie va se transformer en destin.

Cette région magnifique était totalement perdue, pauvre et archaïque. Pas d'école, ni mosquée ni structures administratives. Les habitants pouvaient passer une vie entière sans voir un médecin et ici, plus encore que dans le reste du pays, l'âge moyen de la mortalité était très bas. Je me souviens de ma mère expliquant à une vieille femme qui n'avait plus ses règles qu'elle n'attendait pas un enfant mais que son corps avait simplement dépassé l'âge d'en avoir. Aucune femme autour d'elle n'avait jamais atteint cette limite-là. Les paysans travaillaient des terres appartenant à de riches propriétaires de Versadj qui venaient une fois par an prélever les trois quarts des récoltes. Plus tard, Amer Saheb a repris tout de zéro, instaurant un système de répartition plus équitable, construisant des écoles primaires, un centre médical et une mairie. Les habitants, des ismaéliens, deviendront ses amis et le soutiendront jusqu'au bout. Mais en attendant, ils n'étaient même pas au courant des événements qui se déroulaient dans le reste du pays.

Mon père a passé plusieurs jours avec nous et nous avons alors mené une vie de famille normale et heureuse. Pendant que ma mère cuisinait des plats dont nous avions perdu le goût, nous aidions papa à retaper la maison. Quand il est reparti, je l'ai regardé s'éloigner par la fenêtre en pleurant à chaudes larmes. Nous avions oublié la guerre.

La résistance s'étendait désormais dans tout le Nord, de Khost-Fereng à Nahrine, en passant par Eshkameche, Takhar... Quand la ville de Taloqan a été reprise, Massoud a commencé à venir régulièrement à Piu, au nord-est du pays, passage obligé entre le Pakistan et l'Afghanistan. Il habitait alors dans une des deux pièces de notre maison.

Les moudjahidin arrivaient par groupes d'une centaine d'hommes et campaient plusieurs nuits avant de repartir. J'étais maintenant une jeune fille discrète, qui portait un foulard sur la tête et n'allait plus assister à l'entraînement des soldats. Je participais aux travaux ménagers avec maman, je lavais le linge dans la rivière ou je restais avec mon grand-père qui m'enseignait le Coran, l'histoire et la littérature qu'il connaissait. J'acceptais la vie que ma mère avait menée avant moi sans me poser de questions. Les premiers mois, nous n'avons subi aucun bombardement. Quand ils ont débuté, ils étaient d'une intensité moindre que dans les vallées du Panjshir et de Parende, à notre grand soulagement. De plus, les informateurs, désormais nombreux dans les rangs ennemis, nous prévenaient à l'avance et nous avions le temps de nous cacher dans les montagnes.

À Kaboul, le gouvernement avait changé et Nadjibollah remplaçait maintenant le président Babrak

Karmal. On racontait des horreurs sur lui et, même s'il s'appliquait à se faire passer pour un bon musulman, personne ne lui faisait confiance. Toutes ces informations nous parvenaient sans peine. Piu était devenu la plaque tournante de la résistance et l'une de ses plus importantes réserves d'armes. Amer Saheb y recevait régulièrement des gens en provenance ou en partance pour le Pakistan. À cette époque, comme il était de plus en plus présent, il avait fait construire deux petites pièces supplémentaires dans notre maison : sa chambre et une salle d'eau en terre battue. Pour aller chez lui, il devait traverser notre partie de la maison et on pourrait penser que nous nous croisions souvent. Mais non, quand il arrivait chez lui, et donc chez nous, ses gens le précédaient pour l'annoncer. Ou alors il frappait à la porte pour nous laisser le temps de nous éclipser. Ainsi, nous habitions côte à côte sans jamais nous rencontrer. Je sais que cela peut paraître incroyable pour des Occidentaux. Mais, dans notre société, les femmes et les hommes qui n'appartiennent pas à la même famille s'évitent pour ne pas se gêner. En outre, il est inconvenant d'évoquer en public son épouse ou ses filles et plus encore celles des autres. On parle plutôt de « la famille » en général, sans entrer dans les détails. Vous aurez sans doute remarqué que je ne parle jamais de mon mari en utilisant son prénom. C'est la pratique chez nous. Quand je devais le désigner à une tierce personne, je disais « le père d'Ahmad », le prénom de mon fils. Ou Amer Saheb. Quant à la façon dont je l'appelais quand nous étions en tête à tête, c'est mon secret. Laissez-moi le garder et continuer à le nommer ainsi dans l'intimité de mon cœur.

Ne m'ayant pas vue grandir et n'entendant jamais parler de moi, Amer Saheb avait oublié jusqu'à mon existence. Moi, comme toutes les jeunes filles de mon âge, je l'admirais passionnément. Et, comme elles, je me cachais de temps à autre pour le regarder lire, marcher ou parler avec ses soldats. Parfois, je suppliais mon oncle, qui lui apportait ses repas : « S'il te plaît, laisse-moi me dissimuler au moins une fois derrière ton dos pour que je le voie de plus près. » Comme c'était le rêve de chacun, ma curiosité ne paraissait ni malsaine ni déplacée.

Depuis longtemps, les « barbes blanches » lui conseillaient de se marier. Ils estimaient qu'à plus de trente ans il était largement temps pour lui d'avoir une famille et des enfants. « Un musulman non marié n'est pas un musulman accompli », lui disaient-ils. Mais il refusait : « Attendez que les Russes partent. Pour le moment, je ne peux pas penser à moi. » Dans ce contexte de guerre, il pensait n'avoir rien à offrir à une femme.

De nombreuses familles lui proposaient en vain leur fille, jusqu'au jour où il s'est enfin décidé pour l'une d'entre elles qui habitait Khost-Fereng et dont on lui avait parlé.

En Afghanistan, ce sont les femmes de la famille du jeune homme qui font la demande en mariage. Or, sa mère étant décédée et ses sœurs réfugiées au Pakistan, ce sont mes parents qui sont partis à Khost-Fereng, pour effectuer toutes les démarches. Les fiançailles ont été célébrées à distance, mais le mariage a échoué car les exigences de la famille de la fiancée étaient trop importantes.

J'avais seize ans et mes parents commençaient à recevoir pour moi des demandes en mariage. Ils les refusaient sans même m'en parler, estimant que j'étais trop jeune et que, exilés comme nous l'étions dans notre propre pays, ce n'était « ni le moment ni l'endroit ». Quant à moi, je n'avais qu'une ambition :

retourner à l'école. Rasheddin et Shaeddin étudiaient maintenant dans un lycée au Pakistan et j'aurais aimé être avec eux. Mais il était impossible d'envoyer une jeune fille aussi loin de sa famille. Pourtant, depuis mon enfance, j'avais une telle envie de devenir professeur que j'en rêvais régulièrement. Une nuit, j'ai fait un autre rêve. Dans un très beau paysage, Amer Saheb s'approchait de moi et m'offrait un livre ancien. Un livre d'histoire. Au matin, je n'ai rien dit à mes parents, alors que je leur racontais toujours tout.

Souvent, pour récupérer de ses nuits blanches, Amer Saheb se reposait quelques minutes à l'ombre d'un arbre, le bras replié sur le visage afin de se protéger de la lumière. Un après-midi, des jeunes moudjahidin, le croyant ainsi endormi, se sont mis à parler entre eux.

— Il paraît que Kôkô Tadjeddin a une fille très jolie, a dit l'un.

— Comment tu le sais ? a lancé un autre.

— Je l'ai aperçue !

— Eh bien, demande sa main ! Sinon, je te préviens, c'est moi qui le fais !

— Bon courage ! a raillé le premier. Je paierais cher pour voir la tête de Kôkô Tadjeddin.

Mon père était un homme autoritaire, un peu froid, et par conséquent aucun de ces garçons ne se sentait le courage de faire une telle démarche.

— Mais Amer Saheb peut le faire à ta place, a conseillé un avisé. C'est quand même lui le mieux placé. Oncle Tadjeddin écoute tout ce qu'il dit.

Massoud s'est alors souvenu de mon existence et il n'a pas réfléchi longtemps. Connaissant ma famille, il concevait très bien l'éducation que j'avais reçue. Et puisqu'on lui demandait de se marier, autant que cela soit avec moi ! Mais qui allait être son porte-parole ?

Pendant quinze jours, m'a-t-il raconté, ses rapports avec mon père ont été faussés. Comment faire sa demande ? À quel moment ? À quel endroit ? Il imaginait la scène. Il emmènerait mon père au bord de la rivière et lui dirait : « Pouvez-vous me rendre un grand service ? Demander pour moi une jeune fille en mariage ? » Mon père serait tellement content de le voir enfin se décider qu'il accepterait immédiatement. Ensuite seulement, il poserait des questions : « Où habite sa famille ? Comment s'appelle-t-elle ? » Et là, il ne resterait plus qu'à lui annoncer la vérité. Le scénario était prêt.

Pourtant, il n'arrivait pas à se lancer. Il a alors décidé de me voir, pensant que, si je lui plaisais, il aurait l'audace de se déclarer.

À plusieurs reprises, pour se rendre dans les pièces qui lui étaient réservées, il est entré chez nous sans frapper. Il a dû me trouver charmante puisque, un soir, il a pris son courage à deux mains. Il a réuni mes parents et, sans préambule, il leur a présenté sa requête. Mon père, stupéfait, est d'abord resté silencieux pendant de longues minutes. Il ne savait pas quoi dire et, par conséquent, Amer Saheb ne savait plus quoi faire. Et puis papa s'est mis à parler :

— C'est impossible ! Elle est trop jeune. Il vous faut une femme plus mûre qui pourra vous épauler dans la vie.

— Pas du tout, a répondu Amer Saheb. La meilleure façon de m'aider, c'est d'accepter la vie que je mène. Or le grand avantage avec votre fille, c'est qu'elle la connaît déjà. Elle ne sera pas surprise.

— Plus instruite aussi, a insisté mon père. Pari Ghol n'est quasiment pas allée à l'école !

— Ce n'est pas grave. Je comblerai moi-même ses lacunes et je lui apprendrai tout ce que je sais.

Ma mère, catastrophée, ne pouvait pas prononcer un mot.

— Et les gens ? a poursuivi mon père. Qu'est-ce qu'ils vont dire ? Ils n'ignorent pas que vous habitez chez nous depuis longtemps. On n'épouse pas une jeune fille quand on a dormi sous le même toit qu'elle !

Je crois surtout qu'il craignait que les gens ne médisent et ne prétendent qu'il avait profité de sa position auprès du chef pour lui imposer sa fille. Ce qui s'est d'ailleurs raconté plus tard.

— Mais on s'en fiche des gens ! s'est exclamé Massoud. De toute façon, vous savez très bien qu'ils trouveront toujours à critiquer !

Mon père a bataillé longtemps. Finalement, à bout d'arguments, Massoud lui a lancé :

— En fait, j'ai compris. Vous refusez parce que vous pensez que je vais mourir un jour ou l'autre et que vous n'avez pas envie de subvenir aux besoins de votre fille jusqu'à la fin de votre vie.

Mon père s'est troublé, bouleversé :

— Comment pouvez-vous dire ça ! C'est un immense honneur pour moi que de vous donner ma fille, je redoute seulement qu'elle ne soit pas à la hauteur d'un grand homme comme vous. Elle est si jeune !

Pour rassurer mes parents, Amer Saheb leur a proposé de longues fiançailles et promis de me laisser auprès d'eux après le mariage. Mon père a déclaré alors que rien ne pouvait se faire sans l'avis des deux familles.

— En ce qui concerne la mienne, a répondu mon futur mari, pas de problème. Mon père respectera ma décision. Quant à mes frères, je ne suis pas intervenu dans leur choix, ils n'interviendront pas dans le mien.

— Laissez-moi un mois pour réfléchir, a conclu mon père.

Bien entendu, j'avais été tenue à l'écart de toutes ces discussions. En revanche, mon père tenait absolument à consulter mon oncle Nasreddin, qui s'était toujours occupé de nous. Réfugié dans le Badakhchan, ce dernier lui a donné un avis très négatif sur ce mariage, sans doute par peur du qu'en-dira-t-on.

Sur le plan de la résistance, cette période a été très dure. Alors que l'Union soviétique annonçait au monde entier qu'elle allait évacuer l'Afghanistan et retirer ses premiers régiments, sur le terrain, les combats s'amplifiaient. Nous étions en 1986, juste avant l'hiver pendant lequel s'est déroulée l'une des opérations les plus difficiles : l'attaque de Keran-o Monjan. Cette zone ismaélienne située dans le Badakhchan, au nord-est du pays, était une voie très importante de ravitaillement. Il était donc vital de la reprendre aux mains de la garnison soviétique qui en contrôlait l'accès.

Massoud alignait les victoires et, au fond de lui, papa avait déjà pris sa décision.

Quelque temps après, j'étais dans le jardin quand j'ai vu Amer Saheb sortir de la maison. Mes parents m'ont appelée et leur air sérieux m'a effrayée. À peine étais-je entrée que mon père, gêné, a quitté la pièce.

— Voilà, a dit maman sans préambule. Amer Saheb nous a demandé ta main.

Personne au monde ne peut imaginer ce qui s'est alors passé en moi. Le vide s'est fait dans mon esprit comme si j'étais évanouie. Je tremblais, j'avais chaud, froid, envie de rire, de pleurer, de battre des mains, de m'enfuir... Amer Saheb, mon mari ! Ma mère a répété sa phrase et elle a ajouté :

— Qu'en penses-tu ? Papa m'a prié d'en discuter avec toi.

Que pouvais-je en penser ! J'étais une jeune fille de rien du tout, dans une maison perdue au cœur d'une région encore plus perdue, et, en pleine guerre, le héros absolu, l'homme mythique et magnifique dont tout le monde parlait, demandait ma main !

Alors que des questions et des mots se bousculaient en moi, j'ai dit :

— Votre choix sera le mien.

Amer Saheb allait et venait, au gré des combats. Je l'entendais arriver, parler dans son talkie-walkie et repartir. Je n'osais plus bouger de peur de le croiser. Un jour, il a interrogé mon père : quel était le résultat de ses réflexions, m'avait-il consultée ? Mon père lui a répondu :

— Elle s'inquiète beaucoup du fait que votre famille ne la connaisse pas.

— Dites-lui qu'elle ne se marie pas avec ma famille mais avec moi.

Il a alors voulu me parler directement. Cela peut paraître anodin pour des Occidentaux, mais pas en Afghanistan où l'on ne requiert jamais l'avis des jeunes filles. Même si elles refusent ou pleurent, on les marie de force. Et, d'ailleurs, les drames et les suicides sont fréquents.

Depuis ma conversation avec mes parents, j'étais très heureuse, mais j'avais perdu beaucoup de poids, mille questions me trottant dans la tête. Serais-je à la hauteur de la situation ? Qu'est-ce qu'il attendait de moi ? Où irais-je vivre ? Comment un chef de guerre se conduisait-il dans l'intimité ? Il était si impressionnant ! Dans le temps, quand je le regardais à la dérobée, j'avais souvent pensé : « Comme il a l'air sérieux et triste. » Je n'avais même pas une grande sœur ou une amie de mon âge pour en parler. Et quand bien même, tout cela devait rester secret.

Quand ma mère m'a annoncé qu'il voulait me rencontrer, j'ai été terrifiée et je n'ai pas dormi de la nuit.

Habillée tout en vert et collée à maman, je suis entrée en tremblant dans sa pièce. « Bonjour », ai-je dit d'une toute petite voix, tellement j'étais intimidée. Il a commencé par m'annoncer avec beaucoup de douceur et de gentillesse combien il serait heureux de m'épouser. Il a continué en m'expliquant que le mariage ne devait pas être imposé à une jeune fille et qu'il tenait à me demander mon avis sur notre union et sur d'autres points précis. La tête enfouie contre l'épaule de ma mère, je ne disais pas un mot.

— D'abord, es-tu d'accord pour me prendre, moi et le fardeau que je porte ?

Je ne pouvais pas le regarder en face ni m'adresser directement à lui. Pour moi, et sans blasphémer, c'était Dieu sur terre qui me parlait. C'est donc à maman que j'ai répondu :

— Oui.

— Je voudrais aussi savoir, a-t-il continué, si tu acceptes un mariage simple. Je ne peux pas t'offrir la cérémonie que tu mérites et tu sais pourquoi. Si l'ennemi apprend ce mariage, il nous bombardera et, en plus, tu deviendras ma faiblesse car, pour me toucher, il cherchera à t'atteindre. Si nous voulons vivre quelques jours tranquilles dans la maison et pas dans un souf, sous les bombes, il vaut mieux rester discret.

Tout doucement, en serrant le bras de maman, j'ai murmuré que j'étais d'accord pour un mariage secret.

Je pense que ce qu'il a dit ensuite va faire couler beaucoup d'encre :

— Je souhaite, a-t-il poursuivi, que ma femme ne soit vue par aucun homme inconnu. J'aimerais être le seul à contempler ton visage. On en reparlera plus tard, mais je suis tellement fier de t'épouser que je voudrais te garder rien que pour moi. Acceptes-tu ?

Plus tard, je sais que l'on a dit et écrit que Massoud tenait sa femme recluse. Ce qui est faux. Que ce soit en Afghanistan ou au Tadjikistan, j'ai toujours été libre de mes mouvements. Mais il est vrai que je n'ai jamais vu d'hommes en dehors de ceux de ma propre famille – même pas les frères de mon mari. À ce stade de mon récit, je dois apporter quelques explications. D'abord, nous avons toujours vécu en temps de guerre et, je le répète, dès que nous arrivions quelque part, les bombardements survenaient, causant d'immenses dommages dans la population. Je circulais donc incognito pour assurer notre sécurité, mais surtout celle des habitants. D'autre part, je peux témoigner du nombre de fois où mon mari m'a dit : « Notre pays doit respecter les femmes. Il faut qu'elles occupent des postes importants. L'islam ne demande pas de les cacher. Au contraire, il faut les libérer des chaînes de la tradition. » La meilleure preuve que l'histoire peut apporter dans ce domaine, c'est son attitude quand, en 1992, il a pénétré dans Kaboul libérée des communistes. Contre l'avis de certains de ses proches, il a maintenu à leurs postes toutes les femmes qui travaillaient dans les hôpitaux et les administrations, à la télévision et à la radio. Mais il est vrai aussi qu'il me répétait souvent : « Je veux être le seul à avoir le privilège de te regarder ! »

Pourtant, je suis absolument sûre que ce jour-là, dans notre petite maison familiale, si j'avais refusé de me cacher, il aurait respecté ma décision. Mais j'avoue que j'ai adoré entendre ses paroles.

Pas un seul instant de ma vie, je n'ai regretté d'avoir répondu : « Oui, j'accepte. »

5.

Un matin, Amer Saheb est arrivé et, événement inhabituel, il a ordonné que tous les moudjahidin partent dans la vallée d'Ostoy. L'après-midi, j'étais dans la cuisine en train de préparer du *qaimaq-tchaï*, sa boisson préférée composée de thé vert et de crème de lait, quand maman est entrée. « Pari Ghol, m'a-t-elle dit émue, finis ce que tu es en train de faire et va dans la salle de bains. » Un bien grand mot pour désigner notre petite pièce en terre battue avec un trou dans le sol pour évacuer les eaux usées. Devant mon air interrogatif, elle a poursuivi : « Je t'ai fait chauffer de l'eau. Il faut que tu ailles te préparer. Ce soir, tu te maries. »

Chez nous, le mariage est l'événement majeur de la vie d'une jeune fille. Pendant plusieurs jours, parée de robes plus belles les unes que les autres, elle est le centre d'une succession de réunions, de repas et de fêtes. La veille, pendant la cérémonie du henné, toutes les femmes de la famille, les voisines, les amies l'entourent en bavardant et en mangeant. Au jour dit, on l'habille, on la coiffe et on la maquille comme une vedette de cinéma. Et, le soir, elle trône comme une reine aux côtés de son mari au milieu de la musique, des chants et des danses. Même en ces temps de guerre, tout était fait pour que cette cérémonie reste un souvenir inoubliable que la mariée racontera plus tard à ses enfants.

Je suis entrée comme une somnambule dans la pièce sans lumière. Quand j'ai vu les seaux d'eau chaude et froide sur la terre battue, j'ai eu un choc et je me suis assise en pleurant sur le petit tabouret en bois. La plus pauvre des nomades était choyée, entourée, et moi, j'étais seule devant un baquet d'eau qui refroidissait !

Je pleurais aussi sur lui qui, dans la pièce à côté, se préparait dans le dénuement et la clandestinité, alors que des chefs d'État auraient dû se presser à son mariage. Je pleurais sur cette cérémonie à la sauvette qui me remplissait de bonheur mais qui me terrifiait. Je pleurais sur la guerre, mon enfance sacrifiée et le monde inconnu qui m'attendait. Tout en me frottant doucement le corps avec un gant de crin pour le polir, ma mère me consolait : « Ne t'inquiète pas, ma chérie, dès que le pays sera libéré, tu auras une grande fête. Ne pleure pas, Pari Ghol, tu ne peux pas à la fois épouser un homme exceptionnel et avoir un mariage normal. »

Dans les provinces, les jeunes filles gardent leurs cheveux longs jusqu'au mariage. Ce jour-là, on les leur coupe et on leur épile aussi les sourcils. Amer Saheb, qui connaissait ces coutumes, avait demandé à ma mère de ne pas les respecter. Il voulait que je reste naturelle pour la cérémonie. Maman avait fait venir de la ville du maquillage et des vêtements. Ma tante a commencé à m'étaler du fond de teint, puis à me mettre de la poudre, du mascara, de l'ombre à paupières, du rouge à lèvres... Peu à peu, mon visage s'est transformé. Puis elles m'ont habillée : pantalon en mousseline blanche, robe blanche à paillettes, voilette blanche sur mes cheveux et châle vert, couleur de l'espoir et du bonheur, sur mes épaules. Maintenant, j'avais l'air d'une vraie mariée.

Pendant ce temps, Amer Saheb se préparait avec papa puisque son père et ses frères n'étaient pas là pour le faire. De la même façon, contrairement aux usages, il avait lui-même veillé à sa tenue : longue chemise blanche brodée, pantalon blanc et *tchapan* en soie verte. Aujourd'hui, ce manteau est un des souvenirs les plus précieux que je garde de l'amour de ma vie.

Dans l'après-midi, maman avait secrètement aménagé la pièce où je vivrais ensuite, puisqu'il avait promis à mes parents de ne pas m'emmener avec lui. Pour rendre l'endroit plus gai, elle avait tendu un grand tissu vert sur le mur en terre devant lequel nous allions demeurer assis pendant la cérémonie. Elle m'a installée, maquillée et habillée, sur un matelas recouvert d'un *susani* coloré, un grand tapis brodé, pendant que dans l'autre pièce, un mollah, mon grand-père, mon père et un de ses cousins partageaient avec Amer Saheb un repas très simple. Mon oncle, opposé à ce mariage, n'avait pas voulu se déplacer.

Entre l'arrivée de Massoud, le départ des moudjahidin et nos préparatifs, la journée avait été très courte. Aussi, c'est à plus de minuit que la Neka, cérémonie pendant laquelle on demande aux époux s'ils acceptent de se marier, a commencé. À cette étape du mariage, les fiancés sont encore séparés et c'est une personne de la famille qui fait la démarche en allant de l'un à l'autre. Quand le cousin de papa s'est penché vers moi, je me suis remise à pleurer. « Pourquoi pleures-tu ? Les jeunes filles de la terre entière voudraient être à ta place, m'a-t-il dit doucement. Tu dois être fière que cet homme, qui se bat corps et âme pour notre peuple, t'ait choisie. Qu'est-ce qu'une fête à côté de tout ce que tu vas vivre à ses côtés ? Sur la terre comme au ciel. Il faut que tu saches qu'aujourd'hui tu es l'honneur et le bonheur de toute notre famille. » Ses paroles apaisantes m'ont calmée.

Soudain, Amer Saheb est entré dans la pièce. Terriblement intimidée, je n'ai pas osé le regarder et j'ai gardé la tête baissée. Quand je l'ai levée, mon cœur a cessé de battre. Tout en blanc avec son tchapan vert jeté sur les épaules, il était magnifique ! Quand il s'est assis à mes côtés, j'ai pensé m'évanouir. En principe, à ce moment-là, les mariés boivent une boisson sucrée, symbole de leur bonheur. Puis, cachés sous un châle, ils se regardent dans un miroir recouvert d'un voile pour que personne, avant eux, ne s'y soit reflété. Rien de tout cela ne s'est passé. Ma grand-mère, comme dans tous les mariages, a jeté des bonbons à la volée. D'habitude, des dizaines d'enfants se battent en riant pour les attraper. Là, seuls mes deux petits frères les ont ramassés sans comprendre ce qui se produisait puisque ce mariage ne ressemblait pas à un mariage. Personne n'a pensé à prendre de photos, car chacun n'avait qu'une idée en tête : que la cérémonie s'achève le plus vite possible avant que les Russes aient vent de quelque chose. Les hommes ont alors quitté la pièce, nous laissant, mon mari et moi, avec les femmes. D'habitude, de chaque côté, la fête commence avec de la musique et des danses. Là, rien. Bientôt, ma mère, ma tante et ma grand-mère sont à leur tour parties se coucher.

J'avais dix-sept ans et lui, trente-quatre. Nous étions mariés. Et pour la première fois de ma vie, je me retrouvais seule avec un homme étranger. C'était le 12 ou le 14 avril, et dans le ciel la lune était pleine.

Cette nuit-là, comme plusieurs autres ensuite, il ne s'est rien passé entre nous. Mon mari a attendu que nous apprenions à nous connaître et que je me sente à l'aise avec lui.

J'étais une toute jeune fille et j'avais grandi, en quelque sorte, les yeux fermés. Nous habitions une vallée isolée sans radio ni, bien sûr, télévision. Je n'avais pas d'amies et j'ignorais tout de la vie d'un couple.

Avant moi, mon mari n'avait jamais touché une femme. Depuis la fin de son adolescence, il vivait dans la clandestinité, et tous ceux qui, à cette époque, sont venus le voir dans les montagnes savent que, dans cet univers, les femmes étaient absentes ou cachées. À peine avait-il serré la main de quelques étrangères, médecins ou journalistes. Nous étions donc à égalité et nous avons tout découvert et appris ensemble.

Toutes les femmes mariées peuvent imaginer mes émotions, cette nuit-là. Mais ces moments magiques m'appartiennent. Aujourd'hui encore, ils me donnent la force de vivre sans lui.

Le matin, à l'aube, nous avons fait nos ablutions, notre prière, et nous avons bu le thé que l'on nous avait préparé. Il est parti ensuite à Ostoy rejoindre ses soldats.

Mes petits frères ont alors déboulé dans la chambre.

« Mais qu'est-ce que tu fais chez Amer Saheb ? S'il revient et qu'il te trouve chez lui, qu'est-ce qu'il va dire ? »

Pour que le secret soit bien gardé, personne ne leur avait expliqué que j'étais mariée. Ils ont mis des mois à le comprendre !

Des combats ont éclaté pas très loin de là, à Dasht-e Roba, dans la « vallée du renard ». Mon mari, très occupé, n'est revenu que le lendemain vers quatre heures du matin. Je dormais, car je n'étais pas encore habituée à ce qui allait devenir l'essence de mon existence : l'attente. Jamais, je ne saurais l'heure ou le jour de ses arrivées. Toute notre vie, je guetterais les bruits de moteur ou d'hélicoptère, le son de sa voix ou l'écho de ses pas. Nos retrouvailles n'en seront que plus extraordinaires.

Il a frappé à la porte et je me suis réveillée en sursaut. Nous avons fait nos ablutions, notre prière, et nous nous sommes assoupis car il n'avait pas dormi depuis deux jours. Une heure après, nous nous sommes installés pour manger. Notre premier tête-à-tête ! Assise sur le sol à côté de lui, devant une nappe en tissu couverte des bonnes choses que ma mère avait préparées – pain chaud, yaourt, fromage, fruits –, le miracle de la vie avec lui a commencé.

Dès ce matin-là, il n'a pas arrêté de bavarder avec moi comme il le ferait toujours en me retrouvant pour évacuer les tensions, les soucis et les angoisses avant d'être tout à fait disponible. Sa tendresse était infinie. Il avait besoin de m'avoir à côté de lui, même quand il lisait ou écrivait. Mais dès les premiers instants, j'ai pris conscience du fossé intellectuel qui nous séparait. Lui, avec l'élégance qui le caractérisait, ne me l'a jamais fait remarquer.

« Pari, je suis vraiment désolé, m'a-t-il dit en buvant son thé. Depuis deux mois, j'essaie de tout organiser pour être tranquille au moins quinze jours avec toi. Et les événements ne cessent de se bousculer ! »

Il m'a toujours appelé « Pari », un diminutif de mon prénom. J'entends encore ses « Pari ! Pari ! » résonner dans la maison quand il me cherchait. Parfois, je faisais exprès de ne pas répondre pour avoir le bonheur de l'entendre répéter : « Pari ! Pari ! Où es-tu ? »

Tout de suite après le déjeuner, il est parti à Taloqan. À présent, nos troupes se battaient non seulement contre les Russes, mais aussi contre les partisans du

Hezbe Islami, le parti islamiste d'Hekmatyar, un extrémiste soutenu par les Pakistanais qui voulaient, à travers lui, exercer leur influence en Afghanistan. Des années auparavant, Hekmatyar avait fait partie, avec Massoud, du mouvement du professeur Rabbani : le Djamiat-e Islami (Société islamique). C'était au début des années 1970, quand Amer Saheb était encore étudiant à l'Institut polytechnique. Son meilleur ami, Habibur Rahman, l'avait dès cette époque mis en garde contre Hekmatyar : « Méfie-toi de lui. Aujourd'hui, vous êtes du même bord mais, comme il est jaloux et prêt à tout, un jour, il te trahira. » La prédiction s'est malheureusement réalisée à plusieurs reprises. Habibur Rahman était plus qu'un frère pour lui, un véritable guide. D'ailleurs, Massoud l'appelait « le grand maître ».

Treize jours plus tard, mon mari est revenu avec des livres de mathématiques, de géographie, de persan, d'histoire, etc. Et mon apprentissage a débuté. Même si nous avions peu de temps ensemble, il trouvait toujours un moment à consacrer à mes études car il adorait faire partager ses connaissances. Déjà, à Parende, au début de la guerre, il essayait de réunir le plus souvent possible tous ces garçons et filles qui, comme moi, n'allaient plus à l'école.

Pourtant, enfant, il était mauvais élève et, plutôt que d'apprendre, il préférait jouer aux gendarmes et aux voleurs. Il passait des heures à s'amuser avec une bande de garnements dont il était le chef, et avec laquelle il partait dans des équipées interminables à Kart-e Parwan, un quartier de Kaboul situé dans les hauteurs. C'est à l'adolescence qu'il a commencé à se passionner pour certaines matières comme les mathématiques et l'algèbre. Sa mère, qui dans le temps se lamentait parce qu'il ne faisait rien en classe, était obligée d'intervenir en pleine nuit pour qu'il éteigne sa lumière. « Arrête de travailler, lui disait-elle. Il faut que tu dormes ! » Il était devenu tellement bon élève qu'il donnait des cours à ses camarades contre quelques afghanis avec lesquels il s'achetait des livres d'occasion. Son professeur n'en revenait pas : « Par quel miracle êtes-vous tous devenus excellents en maths ? Comme quoi, il ne faut jamais désespérer ! »

Ce soir-là, en arrivant de Taloqan, il m'a raconté qu'un vieux berger s'était présenté à lui, un peu bougon : « Alors, tu as oublié ta promesse ? » Comme il ne le reconnaissait pas, l'homme lui avait rafraîchi la mémoire. Leur rencontre datait de 1975 quand, après le coup d'État raté contre Daoud, mon mari s'était enfui dans la montagne avec ses amis. Alors qu'ils erraient, affamés, un berger leur avait fait cuire du pain sur une plaque au-dessus d'un feu de bois sans poser la moindre question. Pendant qu'ils le dévoraient, l'homme leur avait confié :

— Mon rêve serait d'avoir un pistolet de marque Makarov pour défendre mon troupeau et mon pays.

— Un jour, ce n'est pas un Makarov que je t'offrirai, mais quatre ! lui avait répondu mon mari.

Le vieux monsieur était venu chercher son bien et Amer Saheb, confus, s'était exécuté.

Pendant ses absences, je ne parvenais pas à réaliser ce qui m'arrivait. J'avais épousé Massoud ! Parfois, je me pinçais pour me réveiller tellement cette histoire tenait du rêve absolu. Les premiers temps, je ne réussissais pas à être à l'aise avec lui. Il faut dire qu'il était intimidant. Son autorité naturelle maintenait les gens à distance et même ses proches n'osaient pas le regarder vraiment en face. Moi, quand je lui parlais, je mettais ma main devant les yeux. Au début, il l'écartait doucement sans rien dire, pensant que cela allait cesser. Mais pas du tout. Alors, un soir, avec un air sérieux, il m'a dit : « Je sais très bien que tu me regardes derrière tes doigts. Aussi, j'ai bien peur de passer le reste de ma vie à côté d'une femme qui louche. Et d'ailleurs, fais voir ! » J'ai ôté ma main et il s'est exclamé : « Trop tard ! Tes yeux partent déjà de côté ! » Et nous avons éclaté de rire. Qu'est-ce qu'il aimait me taquiner ! Pourtant, j'avais vécu avec des frères qui, dans ce domaine, ne m'avaient pas ménagée. Mais avec lui, je me laissais toujours surprendre. Même dans les moments les plus difficiles, il me faisait des farces. Peut-être était-ce sa façon à lui de se déconnecter du monde réel ? Je me souviens particulièrement d'un épisode dans notre maison de Douchanbe au Tadjikistan. À côté de notre chambre, il y avait un sauna désaffecté. Un soir, pendant que je couchais les enfants, il me dit : « Pari, moi aussi je vais dormir. » Quelques minutes plus tard, je vais dans la chambre, il n'était pas là. Je le cherche partout, de la cuisine à la salle de bains en passant par le jardin et son bureau : personne. Enfin, j'ouvre machinalement la porte du sauna désaffecté. Il était caché dans le noir avec une serviette sur la tête ! Je suis partie en hurlant et en courant jusqu'à ce qu'il me rattrape et me prenne dans ses bras en riant. Parfois, pour me venger, j'essayais à mon tour de lui faire peur. « Ne te fatigue pas, ma pauvre chérie, me disait-il. Avec ce que je vis au quotidien, tu n'y parviendras jamais et, en plus, tu prends des risques. Va savoir si je ne vais pas t'assommer ! »

Nous avons vécu cinq années heureuses à Piu. Ma vie était rythmée par ses départs et ses arrivées. Et même quand j'étais folle d'inquiétude, jamais je ne le lui ai montré.

6.

Notre domaine se limitait à deux petites pièces dans la maison de mes parents. Notre chambre, dans laquelle nous prenions aussi nos repas et où mon mari travaillait, et une minuscule salle d'eau. L'équipement, comme aujourd'hui encore dans beaucoup de maisons, y était très rudimentaire. Sur un poêle à bois, on mettait de l'eau à bouillir et, au fur et à mesure qu'on y ajoutait de l'eau froide, la vapeur envahissait la pièce. J'aimais m'occuper de mon mari. Je frottais et massais longuement son dos douloureux à cause des journées passées à cheval, des nuits à dormir sur les pierres et du stress qui le quittait rarement. Notre maison donnait sur un grand terrain vide que mon mari a voulu acheter pour construire une salle de bains. Mais le propriétaire a refusé. N'importe quel commandant l'aurait purement et simplement réquisitionné sans demander l'avis de personne. Pas lui. « Si, un jour, il change d'avis, il sera toujours temps de s'agrandir », a-t-il dit avec philosophie. Et lui, qui était l'homme le plus soigné et le plus propre du monde, et pour qui se laver était un rituel et une vraie détente, a continué de se contenter d'un cabanon en terre.

Un soir, il est apparu avec une grande carte de l'Afghanistan à la main. « Maintenant, tu pourras me suivre des yeux quand je ne serai pas là », a-t-il dit en me la montrant. Une façon de m'apprendre la géographie de notre pays sans me faire la leçon.

Peu à peu, il m'a apprivoisée et encouragée à parler et à poser des questions.

Il m'a tellement insufflé de confiance en moi que, plus tard, il m'est arrivé de lui donner mon avis. Je ne suis pas assez naïve pour penser qu'il le suivait, mais il m'écoutait sérieusement, comme si j'étais importante et comme il le faisait toujours avec tout le monde, du plus grand au plus petit.

Très vite, il s'est passé un phénomène surprenant. Quand je savais qu'il allait venir, mon visage s'illuminait et je devenais plus belle. La jeune fille qui nous aidait à la maison me disait, en riant : « Fais vite brûler de l'*espand* – des petites graines qui dégagent la même odeur que l'encens et qui, en se consumant, éloignent le mauvais œil – car, en te voyant, c'est facile de comprendre qu'Amer Saheb approche ! »

Quand il était annoncé, je me préparais et je l'attendais sans oser m'absenter une seule seconde de peur de rater son arrivée. Combien de fois me suis-je endormie devant la table dressée ! Dans notre culture, au tout début du mariage, la famille du jeune homme ne laisse pas la mariée travailler. C'est le seul repos qu'elle prendra de toute sa vie et sa durée est variable : de quelques heures à quelques jours. Mon mari a demandé que je sois déchargée, complètement et définitivement, de toute activité ménagère pour me consacrer à lui. En cinq ans, je n'ai pas versé une seule fois de l'eau bouillante dans la théière. Quand maman frappait à la porte en criant : « Le repas est prêt ! », j'étalais la nappe et elle apportait la nourriture. Et nous restions seuls.

La première année, dès qu'il partait, je faisais venir mon petit frère car je n'avais jamais dormi seule, mais dès que j'entendais le moteur de la Jeep de l'autre côté du torrent, je le renvoyais chez maman.

Avant l'installation de mon mari à Piu, les voies d'accès étaient limitées à des petits chemins que les habitants pratiquaient à pied, à cheval ou en âne. Par la suite, une piste a été construite et les véhicules ont pu circuler, ce qui a simplifié la vie de chacun.

Quand il rentrait dans la maison, Amer Saheb saluait d'abord mon père et ma mère, et ensuite seulement il venait me retrouver. Ce qui me laissait un peu de temps pour m'arranger. Une fois dans notre chambre, personne ne nous dérangeait, ce qui était une grande nouveauté pour moi, habituée à voir défiler, depuis mon enfance, les invités de mon père et de mon grand-père, les voisines, les tantes, les cousines...

Quand un message ou une lettre arrivait pendant la nuit, un de mes frères frappait à la porte, j'allais chercher le document et je l'apportais à mon mari en le réveillant doucement. Son talkie-walkie était ouvert en permanence, grésillant à la tête de notre lit : « Ici, le front est défait... Là, il avance... Untel est blessé... Nous manquons de munitions... » Souvent, il se relevait en sursaut et arpentait la chambre des heures entières, le téléphone accroché à son oreille.

Parfois aussi, en me réveillant, je le retrouvais en train de faire sa prière. C'était un homme très croyant. Dans les conversations, il remerciait souvent ses parents de lui avoir donné une instruction religieuse éclairée. Quand il était enfant, pour compléter l'enseignement de l'école, des professeurs particuliers venaient à la maison, dont un mollah qui l'a initié au Coran dans le texte. Il le lisait beaucoup. Tout comme la poésie qu'il récitait ou méditait comme des textes religieux. C'était un admirateur inconditionnel de notre religion, qu'il voyait aussi comme une philosophie. Dans les premières années de la résistance, bien avant notre mariage, un *mawlawi*, un théologien, l'accompagnait partout, même pendant les combats. Ils discutaient des heures du Tafsir, un commentaire du Coran.

Dès le lever du jour, il faisait sa prière et méditait en marchant. Ensuite, il commençait sa gymnastique. Comme nous n'avions qu'une minuscule cour, il la débutait à l'intérieur et la continuait dehors, sous les fenêtres. « Allez, vas-y, toi aussi », m'encourageait-il en me montrant quelques exercices de base.

Plus tard, chaque fois que nous avons eu un jardin, il m'a fait courir en me prenant par la main.

Quand il avait terminé, et avant de prendre son petit déjeuner, il buvait un grand jus de pomme ou de carotte ou un mélange que je lui préparais. Je lavais soigneusement des amandes, des raisins, des figues, des dattes et des prunes, et je les faisais tremper jusqu'à ce que cela devienne une boisson très épaisse, bourrée de vitamines. Quand il partait loin de la maison, je confectionnais des petits sachets de fruits secs pour qu'on puisse lui préparer cette potion où qu'il se trouve.

Deux mois après notre mariage, je suis tombée enceinte.

Mon mari avait l'habitude de se rendre deux fois par an dans le Panjshir. Quand il est parti, j'entrais dans mon quatrième mois de grossesse. « Si les cols sont trop enneigés, m'a-t-il dit, je ne serai peut-être pas de retour à temps. Si c'est un garçon, j'aimerais qu'on l'appelle Ahmad et, si c'est une fille, Aicha. »

À part mon oncle et le cousin de mon père, personne n'était au courant de notre mariage. Quant aux gens de Piu qui le savaient, ils étaient d'une discrétion absolue. Ainsi, mes frères, qui étudiaient toujours au Pakistan, ne connaissaient pas les événements qui avaient bouleversé ma vie. Parfois, des visiteurs, venus saluer notre famille, leur racontaient au retour qu'on ne leur avait pas parlé de moi et que, certainement, j'étais mariée. « Impossible, protestaient mes frères. Nous serions allés à la fête ! »

Au printemps, quand la neige a fondu et que les cols ont été rouverts, Shaeddin est arrivé en vacances. J'étais enceinte de neuf mois. Quand il m'a vue, il a éclaté en sanglots : « Quoi ! Tu es mariée et personne ne nous a prévenus ! » Quand ma mère lui a expliqué la situation, il a été encore plus stupéfait : « Amer Saheb ! Mais c'est de la folie ! On va la perdre. Elle va partir. » Il était quatre heures de l'après-midi, et, à l'avant-dernière prière de la journée, il pleurait encore. Maman a fini par s'en mêler : « Elle est là, tu es là. Nous sommes tous réunis et pour le moment, si Dieu le veut, il n'est pas question que cela change. Alors arrête de te lamenter pour rien. »

Quelques jours plus tard, j'ai perdu les eaux. Branle-bas de combat dans la maison. J'avais le cœur gros que mon mari ne soit pas à mes côtés, mais tellement heureuse de donner la vie. J'étais très menue et le bébé très costaud. Un véritable cauchemar a alors commencé. Pendant quatre jours, les contractions se sont succédé sans que l'accouchement se déclenche. Ma mère, ma tante et la sage-femme ont fini par paniquer. Je hurlais, je pleurais et me roulais de douleur sur le sol. En désespoir de cause et après avoir tout essayé, elles ont appelé par radio mon père qui a débarqué, aussi désemparé qu'elles. Que faire ? Envoyer une voiture pour ramener un médecin ? Impossible, car c'était, au minimum, quarante-huit heures de trajet aller-retour. Me transporter ? Une véritable folie vu l'état des routes. Brusquement, je suis devenue aveugle. « Maman ! je criais. Je ne vois plus rien. Tout est noir ! » Ma mère se voulait rassurante, mais elle était désespérée. Amer Saheb était loin. Si je mourais, qu'est-ce qu'il dirait ? Que mes parents, sous la protection desquels il m'avait laissée, n'avaient pas été à la hauteur ? Mon père faisait les cent pas à l'extérieur, n'arrivant pas à établir de communication avec mon mari. Je l'entendais marmonner derrière la porte : « Qu'est-ce que je peux faire ? Il doit bien y avoir une solution ? »

Finalement, on ne sait par quel miracle, mon fils Ahmad est né. C'était l'été 1367, ou 1988. Il était tout bleu, mais en parfaite santé. À peine le temps de le regarder que je sombrais, épuisée, dans le sommeil. Quand je me suis réveillée, mon père est venu me voir. Ce qui est tout à fait exceptionnel. Chez nous, la grossesse et l'accouchement sont l'affaire des femmes au point que la future maman dissimule son ventre ou se cache carrément. Dans ce cas, on l'excuse en disant : « Elle a un petit problème en ce moment. » Et tout le monde comprend. Mais mon père avait eu tellement peur qu'il voulait se rassurer de visu. Pour nettoyer mon corps, ma mère m'a fait manger du *liti*, une préparation à base d'huile animale, de farine et de sucre de canne.

En Afghanistan, quand un bébé naît, par superstition on ne lui donne pas tout de suite de prénom. Au bout de six jours, les personnes âgées du village et surtout de la famille se réunissent et décident. Cette fois, la coutume n'a pas été appliquée. Moi, je savais que notre fils s'appelait Ahmad, mais, par correction, je n'ai rien dit.

À présent, comment prévenir mon mari ? Personne ne savait qu'il était marié, il n'était donc pas question de lui annoncer la naissance de son enfant au cours

Massoud et ses enfants. Dans les bras du Lion du Panjshir, Nasrine, sa dernière fille dont il était fou au point qu'il a reçu bon nombre de visiteurs importants avec le bébé sur les genoux. Ahmad, son fils unique, avec lequel il partageait jeux et amour de la poésie. Et, de la plus jeune à la plus âgée : Zora, Aïcha, Mariam et Fatima.

Août 2001, vallée du Panjshir. Massoud reçoit Chékéba Hachemi et Marie-Françoise Colombani. C'est au cours de cet entretien qu'il leur donne son accord pour rencontrer son épouse. Il souhaitait qu'à travers elle, les femmes du monde entier comprennent qu'il était urgent de venir en aide aux Afghanes. Trois semaines plus tard, le 9 septembre 2001, Massoud sera assassiné par deux faux journalistes.

Les parents de Massoud. Le commandant Massoud a passionnément aimé sa mère, ici devant la porte de la maison familiale à Kart-e-Parwan. On raconte que son inquiétude permanente pour son fils, entré dans la clandestinité en 1975, aurait provoqué le cancer qui l'a emportée. En médaillon, son père Dost Mohammad.

Photo de famille. Ahmad Shah Massoud (à droite sur la photo) avant qu'il ne prenne le nom de Massoud (Le Chanceux) au début des années 80. À gauche de son père, colonel dans l'armée du roi, son frère aîné Yahya aujourd'hui diplomate à l'ambassade à Bruxelles. Devant : sa jeune sœur Sohaila et son frère Ahmad Zia, vice-président de l'Afghanistan.

Les parents de Sediqa Massoud en 2004 devant leur maison de Bozarak dans la vallée du Panjshir. Son père, aide de camp de Massoud, s'est dans un premier temps opposé au mariage de sa fille, trop jeune à ses yeux et pas assez éduquée pour le Lion du Panjshir.

À gauche, la maison d'État de Jabol Saraj où Massoud, sa femme et ses enfants ont habité avant que les talibans ne s'emparent de Kaboul. Il y avait fait installer des balançoires et des barres pour que toute la famille fasse de la gymnastique. Au-dessus, la maison de Jangalac qu'il a dessinée lui-même avec un abri pour les bombes lâchées en permanence par les talibans. Dans le fond, la petite colline au sommet de laquelle il souhaitait être enterré.

Malgré la guerre, Ahmad Shah Massoud n'a jamais voulu mettre ses enfants à l'abri dans un pays étranger. Quelle que soit l'ampleur des combats qu'il essuyait dans la journée, il prenait le temps de jouer avec eux. À droite, ci-dessus, avec son fils Ahmad dans un de ses hélicoptères appelés cercueils volants tant leur état était critique.

Massoud, homme d'écrit : chaque jour ou presque, dans la solitude retrouvée après les journées de combat, le commandant écrit dans un journal. Des dépenses à prévoir aux poèmes qu'il affectionne, c'est un Massoud intime qu'on y découvre.

© Hiromi Nagakura

Massoud, homme de communication. C'est l'image la plus familière à ses proches : le commandant marchant de long en large des heures durant avec un téléphone-satellite vissé à l'oreille pour diriger les combats. Au début de leur mariage, Sediqa Massoud se souvient qu'un talkie-walkie était ouvert en permanence à la tête de leur lit, grésillant toute la nuit: « Ici, le front avance. Nous manquons de munitions… »

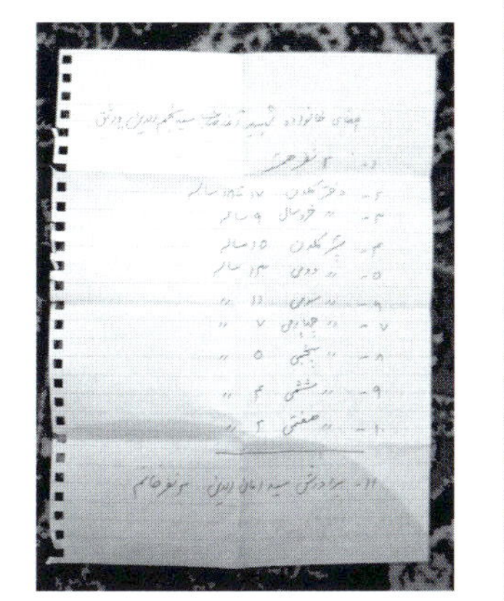

Une page du journal du commandant où il énumère les membres de la famille d'un de ses soldats tués au combat, Said Najmuddin Agha, pour assurer leur subsistance.

Massoud et ses moudjahidins, tous coiffés du pakol, une sorte de béret en feutre qui protège de la pluie comme du soleil. Grand stratège, le commandant leur explique ici (à gauche) un prochain combat. Mais il savait aussi diriger leur entraînement ou jouer avec eux au football, son sport favori.

Ahmad, le fils unique de Massoud, vit aujourd'hui en Iran avec sa mère et ses sœurs. Il se souvient du jour où il a cherché le mot « Afghan » dans un dictionnaire occidental. « C'est le nom d'un chien ! », s'est-il exclamé outré. « C'est vrai, a répondu son père. Mais lis la suite. C'est le plus rapide de tous. »

Massoud et les échecs. Passionné depuis toujours par ce jeu, il en a lui-même appris les règles à son fils Ahmad. Il n'a pas eu le temps d'y initier ses filles comme il l'avait projeté.

Mariam, Nasrine, Aïcha et Fatima, les filles du commandant avec Chékéba et Marie-Françoise. Toute la famille vit aujourd'hui en Iran où la langue, le persan, est la même qu'en Afghanistan.

Les arts martiaux sont pratiqués par tous les enfants Massoud, suivant le souhait de leur père. Il avait aussi tenu à ce que ses filles, comme leur frère, apprennent à nager, ce qui est tout à fait atypique en Afghanistan.

Le commandant Massoud et Nicole Fontaine en avril 2001 à Strasbourg. La présidente du Parlement européen sera la seule responsable politique à le recevoir officiellement. Pourtant, il n'a eu de cesse de prévenir la communauté internationale que l'Afghanistan ne pourrait pas servir longtemps de rempart humain au terrorisme. « Mais, disait-il, seul le silence est mon interlocuteur. »

Là où repose Massoud : C'est à Saritcha, à quelques kilomètres de sa maison, qu'est enterré le commandant Massoud. Sa tombe domine deux versants de la vallée du Panjshir. Un lieu de recueillement et de pèlerinage pour tous, Afghans et étrangers..

Ses enfants aujourd'hui. La ressemblance de Ahmad avec son père frappe tous les visiteurs. Pour le soustraire à la pression des partisans de Massoud qui souhaitent voir en lui le successeur politique du commandant, sa mère préfère qu'il suive, comme ses cinq sœurs, ses études en Iran.

d'une conversation radio qui pouvait être captée par n'importe qui.

Depuis quelques mois, Massoud avait organisé des écoles à Piu en faisant venir des professeurs d'un peu partout. L'un d'entre eux avait fini sa mission et repartait ces jours-ci à Gulbahar. Comme il devait passer par le Panjshir, mon père a eu l'idée de lui confier une lettre pour Amer Saheb en lui faisant promettre de la lui remettre en main propre. Quand l'homme est arrivé, mon mari était en réunion avec des moudjahidin.

— Je veux voir Amer Saheb, a dit le professeur aux gardes postés à l'entrée de la maison. J'ai un mot pour lui.

— Si c'est pour lui réclamer de l'argent, donne-le-nous car c'est nous qui gérons ce genre de demande.

— Je veux absolument le voir seul. C'est très important. La lettre vient de Kôkô Tadjeddin.

Ils l'ont laissé entrer. Mon mari a pris la lettre et a attendu d'être seul pour la lire. À partir de cet instant, un grand sourire n'a plus quitté son visage. « Qu'est-ce qui s'est passé pour qu'Amer Saheb soit comme ça ? » est devenu le jeu du moment. Et les paris se sont ouverts entre ses soldats les plus proches. Vingt jours se sont encore écoulés avant que j'apprenne qu'il était sur le point de revenir. Mon cœur s'est emballé. Quand il est apparu, je l'ai trouvé très fatigué, car il avait voyagé sans faire de halte depuis le Panjshir, mais magnifique. Je suis allée chercher Ahmad, emmailloté très serré comme on le fait pendant les quarante premiers jours du bébé. Je me suis assise pour lui enlever ses langes et je l'ai posé, tout nu, dans les bras de son père afin qu'il juge combien il était beau et en bonne santé. Quelle émotion ! Et pas seulement parce que c'était un garçon. Par la suite, à chaque naissance de nos filles, il a exprimé le même sentiment de joie. Il a distribué aux pauvres de l'argent et la viande d'un bœuf qu'il a fait tuer comme c'est la tradition chaque fois que survient un événement heureux ou malheureux. Sa famille, pas plus que la mienne, n'a été avertie. Il a fallu qu'Ahmad tombe très malade vers l'âge de un an et qu'on envoie chercher un pédiatre à la ville pour que la nouvelle leur soit annoncée. Un des grands amis de mon mari, Mohammad Zafar, a alors pris une photo de notre fils et l'a apportée dans la famille de mon mari, réfugiée au Pakistan. Mon beau-père l'a gardée sur lui jusqu'à la fin de sa vie, la montrant à chaque visiteur : « Regardez le fils de mon fils comme il est beau et comme il lui ressemble ! » Malheureusement, il ne l'a jamais connu.

Depuis des mois, nous n'avions plus subi de bombardements. Quinze jours après l'arrivée de mon mari, ils ont repris avec une telle violence et une telle soudaineté que nous avons été obligés de courir nous cacher dans le souf sans rien emporter. Nous avons compris que les Russes avaient été informés. Maintenant qu'ils connaissaient notre existence, au bébé et à moi, ils n'allaient plus nous lâcher.

Je n'avais pas vu mon frère Rasheddin depuis très longtemps car, après le Pakistan, il était parti continuer ses études au Koweït. Une fin d'après-midi, il est arrivé à Piu. Quand je l'ai entendu parler dans la pièce à côté, j'ai demandé à mon mari de surveiller Ahmad pour aller le saluer. Nous étions très heureux de nous retrouver et il m'a embrassée avec beaucoup d'affection avant de me regarder. En voyant mes cheveux coupés, il a compris que j'étais mariée, mais il n'a pas osé me demander qui était l'heureux élu – en Afghanistan on n'aborde pas ce genre de sujet intime avec sa sœur. Le temps passait et nous parlions, gênés, de choses et d'autres quand, brusquement, mon mari est entré avec Ahmad endormi calmement dans ses bras. « Pari, viens t'occuper de ton fils qui n'arrête pas de pleurer. » Une manière à lui de mettre fin à cette situation floue. Mon frère a d'abord été tétanisé de voir Amer Saheb en personne surgir dans la pièce avec un enfant, et, quand il a entendu sa phrase, j'ai cru qu'il allait s'évanouir. Malgré mon grand embarras, j'avais envie de rire. Il m'a dit d'une voix nouée : « Écoute ton mari et va prendre soin de ton fils. » Massoud est parti rejoindre des invités qui l'attendaient un peu plus bas dans la vallée et moi, je suis rentrée dans ma chambre. Quelques minutes plus tard, Rasheddin est venu me retrouver. Contrairement à mon autre frère, plus jeune, qui avait reproché à mes parents de m'avoir laissée faire ce mariage dangereux, il m'a déclaré qu'il était très fier et heureux de cette union.

Depuis son retour du Panjshir, Massoud était très occupé dans la province du Takhar où les combats étaient devenus intenses. Il rentrait à la maison quelques heures, parfois une nuit, mais, quel que soit le moment de la journée, il prenait le temps de jouer avec son fils. Il le promenait dans ses bras en lui apprenant le nom des objets et des animaux. Un jour où nous étions à table, il lui a montré le kebab que nous étions en train de manger. L'enfant a fait « Bêêêê ». La tête de mon mari ! Ahmad aurait récité quelques vers du célèbre poète Hafez qu'il n'aurait pas été plus étonné et plus fier. Et le Lion du Panjshir, l'immense tacticien qui a déjoué les plans de ses plus habiles ennemis, s'est exclamé, sans aucun recul : « Cet enfant est un véritable génie ! »

Si la résistance traversait une période faste, elle la payait d'un lourd tribut. Mon mari perdait, un à un, ses plus grands commandants : Pana Khan, Said Yahya, Gulzar Khan... La mort des hommes l'affectait toujours profondément. Et pas seulement quand elle frappait dans nos rangs. Je me souviens d'un jour où l'on était venu nous annoncer l'exécution d'un commandant communiste très cruel. « Ce n'est pas trop tôt ! » nous étions-nous exclamés avec mes frères. Il nous avait fait taire et, quand nous nous étions retrouvés tous les deux seuls, il m'avait sermonnée : « Pari, il ne faut jamais se réjouir de la mort de quelqu'un. Même ton pire ennemi reste un être humain. Nos enfants ne doivent jamais connaître ce sentiment de vengeance. »

Il privilégiait toujours les négociations et, avant d'attaquer une place, il passait beaucoup de temps à organiser des réseaux pour approcher les opposants. Il espérait par le biais des redditions gagner sans combattre et, donc, sans perdre de vies humaines. Ainsi, les soldats russes, d'abord, puis ceux de Nadjibollah et plus tard les talibans ont toujours su qu'ils auraient la vie sauve s'ils déposaient leurs armes. Ce qui n'était pas le cas avec les guerriers extrémistes d'Hekmatyar. Au printemps de notre deuxième année de mariage, un événement horrible est survenu à Djalalabad. Des soldats gouvernementaux, qui s'étaient rendus, ont été découpés vivants en morceaux et renvoyés dans des sacs à leur garnison. Ce n'est pas mon mari qui m'a raconté ce macabre événement – à l'époque, il me sentait trop fragile – mais une des jeunes filles qui travaillaient à la maison. Conséquence immédiate : les combats se sont durcis. Pour un soldat, plutôt se battre jusqu'au bout que de subir une mort aussi atroce.

Souvent, Massoud revenait abattu à la maison.

— Pari, penses-tu que j'aime faire la guerre ?

— Mais non, je vois bien dans quel état vous êtes quand vous rentrez des combats !

— Crois-tu que je sois un militaire dans l'âme ?

— Je connais votre âme et je sais que non.

— Je déteste la guerre ! Moi qui déteste maltraiter un animal, imagine ce que j'éprouve lorsqu'il s'agit d'un être humain ! Crois-tu qu'un jour nous aurons une vie normale ? Que nos enfants retourneront à l'école ? J'aimerais tant avoir une petite maison dans l'un de nos paysages magnifiques, partir travailler le matin et te retrouver le soir. Pari, dis-moi que tout cela sera possible un jour.

Je n'avais pas les moyens de le réconforter avec des arguments politiques, mais mon amour et ma confiance renforçaient son courage.

À cette époque, Massoud avait décidé de rassembler tous les membres du Shoray e Nezar. Ce conseil de surveillance, constitué à son initiative quelques années auparavant, regroupait la quasi-totalité des grands commandants, sans tenir compte de leur appartenance à un parti politique ou ethnique. Il disait : « Même si pour la protéger je mets la vallée sous cloche, je n'y arriverai pas tout seul. » Il voulait organiser une opération d'envergure pour récupérer les territoires de Kunduz, Mazar-e Sharif, Pol-e Khomri... et travailler ensuite à la reconstruction du pays. L'un de ses opposants locaux, Said Jamaluddin, du Hezb-e Islami, les a rejoints en jurant sur le Coran qu'il quittait définitivement Hekmatyar – les cassettes vidéo qui en témoignent sont encore à la maison. En fait, quand les commandants sont repartis vers leur base avec des instructions précises, ils sont tombés dans une embuscade montée par ce Said Jamaluddin et son chef Hekmatyar. L'étroite vallée de Namak Ab leur a été fatale. Trente-trois hommes sont morts ! Mon mari en a été démoli. La résistance s'est retrouvée en partie décapitée et, bien évidemment, l'opération militaire n'a pas eu lieu. Les intégristes n'ont pas voulu rendre les corps. La maman d'un de ces commandants, le docteur Hossain, a marché trois jours à travers le pays pour venir réclamer, en vain, la dépouille de son fils unique. Finalement, mon mari a attaqué et capturé ce traître de Said Jamaluddin, qui, avec ses hommes, a été ensuite jugé et pendu à Taloqan. Même si c'était un être humain, celui-là, je ne l'ai pas pleuré.

7.

L'armée soviétique avait quitté le pays. Nous n'avions pas la télévision, mais il paraît que le monde entier a vu les images symboliques des chars qui rebroussaient chemin. Pourtant, pendant que le conflit avec Nadjibulla, le président communiste, perdurait, un autre se profilait. Celui qui allait opposer Massoud et Gulbuddin Hekmatyar, chef du Parti islamiste. Les ambitions de ce dernier, soutenu par le Pakistan qui voyait en lui le moyen de soumettre l'Afghanistan, allaient plonger le pays dans une guerre civile sans merci.

J'étais enceinte pour la deuxième fois quand mon mari est parti au Pakistan rencontrer les chefs des partis politiques en exil et de hauts responsables pakistanais. Il n'y était plus retourné depuis 1975, après le coup d'État raté contre le président Daoud. Parmi ses gardes du corps, il y avait un Russe, Islameddin, converti à l'islam. Au cours de la guerre, un certain nombre de prisonniers étaient passés ainsi de notre côté. Ils avaient appris notre langue et embrassé notre religion. Parfois, mon mari leur disait : « Il faudra un jour rentrer chez vous et retrouver vos familles. » Mais ils refusaient. Amer Saheb était pour eux comme un père ou un frère. Ils auraient donné leur vie pour lui. Ainsi cet Islameddin, qui avait épousé une jeune fille du Panjshir avec laquelle il avait eu deux enfants. Les Pakistanais avaient demandé les noms des accompagnateurs de Massoud. Ils savaient qu'un Russe figurait parmi eux, et voulaient l'interroger et le fouiller. Ignorant qu'Islameddin parlait couramment le persan, ils ne l'ont pas remarqué et ont arrêté à sa place un Pansheri roux avec des yeux verts, qui s'est mis en colère : « Je suis afghan depuis dix générations, alors fichez-moi la paix ! »

J'adorais quand mon mari me racontait ces anecdotes, il en riait avec tellement de plaisir que ses yeux se plissaient comme un ricochet sur l'eau. C'était un formidable conteur avec un sens du détail qui rendait ses récits captivants. C'est comme ça qu'aujourd'hui je peux raconter des événements sans les avoir vécus.

Lors de ce séjour au Pakistan, il a reçu un certain nombre de propositions. Par exemple, sous prétexte de se débarrasser du pouvoir communiste, une aide conséquente pour détruire des centres importants, voire vitaux, comme des aéroports, des barrages, ou le palais présidentiel... S'il était besoin de preuves pour démontrer l'ingérence du Pakistan dans les affaires afghanes en voilà une : quand Hekmatyar essaiera de prendre le pouvoir entre 1992 et 1996, ce sont ces mêmes installations qui seront détruites.

Massoud a bien sûr refusé de s'allier avec ceux qui ont toujours voulu neutraliser le pays et qui, dix ans plus tard, armeront les talibans. Il ne m'a pas donné plus de précisions sur ces tractations – il avait des interlocuteurs plus qualifiés que moi pour ce genre de conversation. En revanche, il m'a beaucoup parlé de sa famille. Et ces confidences-là, il ne pouvait les faire qu'à moi.

Il avait rejoint Islamabad par la route difficile que les moudjahidin empruntaient quand ils allaient et venaient au Pakistan pour réceptionner les munitions. Tous les siens, qui ne l'avaient pas vu depuis des années, l'attendaient impatiemment. Son emploi du temps ne lui appartenant pas, ce n'est que le soir qu'il est allé les retrouver. Depuis la mort de son beau-frère Jagran Mohamad Ghauss et la blessure à l'œil de sa sœur Bibi-Shirine, un grand nombre d'événements heureux étaient advenus. Sa sœur Wahema s'était mariée et avait donné naissance à un fils ; ses frères et ses nièces avaient eu des enfants ; son frère, Ahmad Zia, avait épousé la fille de Rabbani, le fondateur du parti Djamiat, qui deviendra en 1992, après la chute du pouvoir communiste, le président du pays. Bref, la famille s'était agrandie et elle était là au grand complet pour l'accueillir. Son père, posté devant le pas de la porte, s'est mis à pleurer et à trembler de la tête aux pieds en serrant contre lui son fils chéri et préféré. « J'avais moi-même du mal à contrôler mes larmes, m'a raconté mon mari. Mais je n'allais quand même pas sangloter devant tout le monde ! » Quand ils se sont assis, une gêne s'est installée : « Vous ne félicitez pas Ahmad Shah pour son mariage et la naissance de son fils ? » a dit mon beau-père. Mon mari, mal à l'aise, a changé de sujet : « Père, êtes-vous au courant des derniers combats ? » La conversation a roulé un moment sur la guerre, puis son père a repris : « Bravo, mon fils, pour ton mariage et ton enfant ! » Et mon mari de répondre : « Toutes ces visites officielles sont très importantes, mais je ne sais pas vraiment à quoi elles vont aboutir. » Ainsi, tout au long de la soirée, mon beau-père n'a pas cessé d'aborder ce sujet que mon mari esquivait. Un véritable sketch comique qui en dit long sur notre gêne à parler de la vie privée, même en famille.

Ses rendez-vous se sont succédé pendant quelques jours au cours desquels il n'a fait que des visites éclairs dans la maison familiale. Un jour où, très fatigué, il était venu s'y reposer, ses sœurs Bibi-Shirine et Sohaila l'ont rejoint et, gentiment, ont commencé à lui masser les pieds. « J'ai tout de suite pensé à toi, m'a raconté mon mari, quand tu veux m'annoncer ou me demander quelque chose. » Effectivement, mandatée par la famille, Bibi-Shirine, dont il était le petit frère, lui a posé toutes sortes de questions sur moi. D'habitude, puisque ce sont les femmes de la famille du garçon qui lui cherchent une épouse, elles sont au courant bien avant lui de tout ce qui la concerne.

— Est-ce que tu t'entends bien avec ta femme ? L'as-tu choisie ?

— Bien sûr que je l'aime. Et personne ne me l'a imposée.

— Est-elle belle ? a-t-elle poursuivi.

— Elle est belle, douce, gentille, et elle me rend très heureux.

— Et ton fils ?

— Il est en bonne santé et, en plus, il va avoir très bientôt un frère ou une sœur.

Elle a voulu ensuite savoir ma taille, mon poids, ma pointure et toutes choses que mon mari ignorait. Comme j'avais la silhouette d'une de ses sœurs, elle m'a préparé des tenues ainsi qu'aux enfants. Au fin fond de la vallée de Piu, on ne trouvait ni vêtements ni layette. Le dernier jour, les adieux ont été déchirants. Mon beau-père, les jambes fauchées par l'émotion, l'a suivi jusque sur le palier. « Je ne pourrai jamais oublier ce magnifique vieux monsieur, respecté et admiré par tous, qui s'agrippait de toutes ses forces à la rampe pour ne pas tomber. Cette image, comme la dernière que j'ai de ma mère, me hantera toute ma vie. Comme je regrette de leur avoir apporté tant d'inquiétudes ! » me confiera-t-il, la gorge nouée.

Il avait pour sa mère une affection particulière. « Quand j'étais enfant, se rappelait-il, j'adorais tellement la voir sourire que je cherchais toujours une fleur ou une pomme à lui rapporter de mes équipées. » Dès le début de ses activités politiques, il avait été obligé de se cacher, car les mouvements d'opposition s'organisaient et les rebelles étaient recherchés par la police. De temps en temps, il revenait chez lui pendant la nuit et frappait pour qu'on lui ouvre. Un jour, en plein après-midi, il est entré directement dans le jardin. Sa mère, qui recevait des invités, est immédiatement sortie pour courir vers lui. Puis elle s'est immobilisée, avant de rebrousser chemin, puis de repartir vers lui et de reculer à nouveau. Elle craignait que les visiteurs ne dénoncent son fils et elle était déchirée entre l'envie de le prendre dans ses bras et celle de le protéger en l'ignorant. Quand il racontait cette scène, les yeux de mon mari se remplissaient de larmes. Pour lui, elle était le symbole de cet amour maternel qu'il avait tant reçu et tant malmené. Il ne faut pas oublier que certains attribuaient la maladie de sa mère au mauvais sang qu'elle s'était fait pour lui. Il ne l'a jamais revue. Elle est morte alors qu'il était réfugié au Pakistan, à la fin des années 1970. Il ne l'a su que lorsqu'il est revenu au Panjshir. Dans leur maison de Jangalac l'attendaient la seconde épouse de son père, ses sœurs et son beau-frère. Comme il cherchait sa mère des yeux, Jagran Mohammad Ghauss s'est approché : « Je vais t'accompagner au cimetière. C'est là maintenant que tu dois aller la voir. » Jusqu'à son dernier souffle, elle a prié Dieu pour le revoir. « Laissez-moi une fois encore admirer ses beaux yeux », suppliait-elle. La résistance a tout exigé de Massoud, y compris les larmes de sa mère.

L'avais-je attendu inconsciemment ? En tout cas, le soir de son retour du Pakistan, après quarante jours d'absence, les contractions ont commencé. Ce que mon mari avait entendu sur la naissance d'Ahmad ne pouvait que l'inquiéter et, aujourd'hui encore, je revois ses yeux soucieux. Comme tous les hommes il ne connaissait rien au déroulement d'un accouchement. En plus, il faut bien comprendre que ces années de guerre n'étaient guère propices à la fréquentation du monde des femmes. Une des explications de l'oppression meurtrière et obscurantiste exercée par les talibans sur les Afghanes vient du fait que, dès l'enfance, ils ont été sortis de leur famille, enlevés à leur mère et élevés dans des madrasa, des écoles coraniques, à l'écart de toute présence féminine.

Je lui ai demandé d'appeler maman, qui, tout de suite, a constaté que l'accouchement se déroulerait normalement. Elle l'a envoyé attendre dans la maison des invités. Quand, le matin très tôt, j'ai été délivrée, il est venu, a pris sa fille dans ses bras et l'a appelée Fatima.

Nous n'avions toujours que cette petite pièce à nous partager. Aussi, quand il était là, je confiais les enfants à ma mère et à ma sœur pour le laisser lire, écrire et téléphoner dans le calme. Je dois avouer aussi que j'aimais rester seule avec lui. C'était un père très attentif et un mari attentionné, amoureux et gai. Nous nous amusions beaucoup ensemble. Pour que je tombe dans le panneau de sa blague favorite, il imaginait toutes les variantes possibles : « Pari, je voudrais me remarier. C'est toi ou c'est moi qui choisis ma nouvelle femme ? », ou : « Ma chérie, ma seconde épouse va bientôt arriver, tu vas être gentille avec elle ? », ou encore : « Pari, mon ange, tu vas être contente, tu vas avoir une nouvelle sœur. Je me suis marié pour la seconde fois. » Je connaissais pourtant sa position radicale sur la polygamie et cependant, chaque fois, je le croyais et je faisais la tête. Cette institution officielle de la polygamie est en fait une angoisse permanente et pernicieuse pour toutes les femmes de mon pays. Ma jalousie le faisait éclater de rire et ne lui déplaisait pas car elle était l'expression de tout mon amour pour lui. Comme je l'ai dit, je ne faisais rien d'autre dans la maison que de m'occuper de lui. Ainsi, j'avais la responsabilité de tous ses vêtements civils et militaires, qu'il ne voulait qu'en coton. Je lui faisais confectionner les tenues afghanes qu'il aimait particulièrement et le reste, bottes, chemises, pulls et blousons, était des cadeaux venus de l'étranger, en particulier d'Angleterre où vivait son frère Ahmad Wali. Tous ceux qui l'ont rencontré ont été frappés par son élégance sobre et soignée. Quand il partait, je préparais sa valise, dont s'occupait son aide de camp. Comme il se changeait souvent, il me rapportait beaucoup de linge sale. Quand l'un de ses moudjahidin venait lui annoncer son mariage, il en était toujours très heureux – il disait que cet événement rendait les hommes responsables. Il lui donnait de l'argent, plusieurs jours de vacances et le plus beau de ses vêtements. En Afghanistan, nous ne rangeons pas nos affaires dans des armoires. On les plie dans des valises et, chaque jour, on passe beaucoup de temps à les défaire et à les refaire. Je me souviens d'un soir où il m'en a fait ouvrir plusieurs avant de trouver une tenue pour un jeune résistant.

— Pas celle-là, ai-je protesté en le voyant choisir un pantalon et une chemise. Elle vous va tellement bien !

— Justement, elle sera parfaite pour lui.

— Mais vous l'aimez beaucoup !

— Raison supplémentaire pour la lui offrir. Je ne vais quand même pas me débarrasser de ce qui ne me plaît pas !

Et, en plus, il lui a fait cadeau de sa plus belle paire de chaussures !

Une fois par an, il distribuait tous ses vêtements à ses gardes du corps. Plus tard, leurs femmes m'ont raconté qu'ils ne les mettaient jamais. C'était un précieux souvenir d'Amer Saheb.

Après la naissance de Fatima, Piu a été le théâtre d'une activité militaire sans précédent grâce à laquelle mon mari a été très présent parmi nous. Nous avons ainsi mené une vie de famille presque normale. Puis il est parti s'installer dans le Panjshir pour préparer la prise de Kaboul sans savoir que j'étais enceinte pour la troisième fois.

Notre plus longue période de séparation a alors commencé sans que je puisse avoir de ses nouvelles. La situation était exceptionnelle. Après quatorze ans de guerre, la résistance avait vaincu la plus grande armée du monde. Les chars soviétiques avaient quitté le pays et seule la capitale était encore aux mains des communistes afghans. Après tant d'espoirs déçus, la population commençait à penser qu'un retour à la normale était peut-être possible. Aujourd'hui, je regrette de ne pas avoir partagé ces moments avec mon mari. Mais à l'époque, en aurais-je été capable ? Je n'avais jamais quitté le cocon familial et j'étais à peine au courant de ce qui se passait dans le pays. Plus tard, il m'a raconté qu'il n'avait pas beaucoup dormi durant ces mois-là, mais qu'il était heureux et excité, persuadé qu'après la libération de Kaboul le pays retrouverait la sérénité et que des élections libres seraient organisées. Quand il se projetait dans l'avenir, il ne se voyait pas occuper de hautes responsabilités politiques mais reprendre des études d'architecture pour participer à la reconstruction de notre pays, qui en avait bien besoin. La vie était figée depuis des années. Pas une route en bon état. Les ponts et les barrages avaient sauté. L'électricité et l'eau potable n'arrivaient plus dans les provinces. Seule Kaboul avait été relativement épargnée. Malheureusement, pas pour longtemps.

Je l'attendais. Chaque jour et chaque nuit, j'espérais apprendre qu'il était en route vers nous. Et mon ventre s'arrondissait. Depuis mon mariage, mon père, en accord avec mon mari, ne suivait plus la résistance pour s'occuper de nous qui étions complètement à sa charge. Chez mes parents, trois garçons étaient nés, petits compagnons de jeu pour Ahmad à qui son père manquait beaucoup. Un matin que je parlais avec maman de l'autre côté de la maison, nous avons entendu des cris. Mon fils avait décroché le grand portrait de son père dans notre chambre et s'était couché dessus. « Papa, pleurait-il, pourquoi tu ne viens pas jouer avec moi ? » Un autre jour, il a crié devant la photo : « Que ton père soit maudit puisque tu ne viens plus jamais me voir. » Il n'avait certainement pas appris cette insulte typiquement afghane de la bouche de mon mari qui ne jurait jamais, même au plus fort de sa colère. Le pire que je lui aie entendu dire, c'est : « Que ta maison soit détruite ! » Voir ce petit bonhomme de trois ans menacer son papa nous a bouleversées.

À cette époque, les intégristes, soutenus par le Pakistan, ont compris que Massoud ne voulait pas instaurer un État fondamentaliste et ont essayé, à plusieurs reprises, de le tuer. Bientôt, le président Nadjibollah a été lâché par les Russes et de grands commandants, comme celui de Mazar-e Sharif, le communiste Dostom, se sont ralliés à Amer Saheb. Tous ces détails, je les ai connus par la suite quand mon mari me les a racontés. Nadjibollah, déchu dans la nuit du 16 au 17 mars 1992, s'est réfugié dans le bâtiment des Nations unies et le lendemain, mon père, tenu au courant par radio, nous annonçait que les moudjahidin d'Amer Saheb rentraient triomphalement dans Kaboul.

Vingt jours plus tard, notre deuxième fille naissait.

Mon accouchement s'était bien passé, mes enfants étaient entourés d'affection et grandissaient en bonne santé, mais mon mari me manquait. Je ne l'avais pas vu ni même entendu depuis plus de neuf mois. Le bébé avait quelques jours quand un soir, au loin, des bruits de moteur ont résonné. En un tour de main, j'étais coiffée, maquillée, et, le cœur battant, je me suis littéralement accrochée à la fenêtre pour ne pas courir dehors. La voiture s'est arrêtée, j'ai crié de joie et le docteur Abdullah, un des proches de mon mari, en est sorti. Seul. Chaque fois qu'il était dans les provinces du Takhar et Mazar, il s'arrêtait à Piu. Je suis allée me coucher en pleurant.

Il a dîné avec mon père, qui lui a dit en le raccompagnant : « Préviens Amer Saheb qu'il a eu une fille. » Et le docteur Abdullah est rentré à Kaboul.

Les réunions dans la capitale n'en finissaient pas. Les chefs de guerre de tout le pays discutaient inlassablement de l'avenir du pays, mais les luttes de pouvoir et d'influence, larvées et sournoises, bloquaient les prises de décision. Quelques jours plus tard, après un de ces interminables rassemblements, Abdullah a attendu que tout le monde soit sorti pour parler en tête à tête avec Massoud et le féliciter de la naissance de sa fille.

— Quoi ? Un nouvel enfant ? s'est exclamé mon mari. Mais je ne savais même pas que nous en attendions un !

Consterné, il s'est alors aperçu qu'il n'était plus rentré à la maison depuis bien longtemps et qu'il n'était plus au courant de rien. Comment lui en vouloir? D'habitude, même au plus fort des combats, nous ne sortions jamais de son esprit. Même quand le danger nous menaçait directement, il n'avait jamais voulu nous envoyer à l'étranger pour rester près de nous. Parfois, il me demandait : « Pari, laisse les enfants à ta mère et viens quelque temps avec moi. Tu resterais à mes côtés, dans une tente à part de la base militaire, et nous pourrions nous voir tous les jours. » Si lui, qui aimait tellement la vie de famille et s'occuper de ses enfants, avait à ce point perdu le contact avec la réalité, c'est que la situation était vraiment très difficile. Vous pouvez imaginer la solitude de centaines de milliers de femmes afghanes moins favorisées que moi.

Dès que le docteur Abdullah lui a appris la nouvelle, il a tenté de nous joindre par radio. En vain. Alors, malgré toutes les difficultés du moment, il a quitté Kaboul. Il a d'abord pris un hélicoptère pour Khost-Fereng et il a poursuivi sa route en voiture jusqu'à Piu où atterrir était impossible. Quand la nouvelle de son arrivée nous est parvenue, mon père est allé à sa rencontre avec des dizaines d'hommes. C'était la liesse générale. Les enfants du village couraient partout. Les gens sortaient devant leur porte. Ils accueillaient le chef qu'ils connaissaient et respectaient, mais aussi le libérateur de Kaboul. Moi, je l'attendais à la maison. Si vous aimez ou avez aimé, si vous avez espéré ou attendu un être cher, vous savez ce que l'on ressent quand il apparaît. Chez nous, les effusions entre époux ne sont pas admises en public, mais ce qui s'est passé à travers nos regards est indescriptible. Alors que nos cœurs s'emballaient, nous nous sommes calmement et mutuellement félicités. Lui, pour la bonne santé de notre enfant. Moi, pour la prise de Kaboul. Fatima sur ses genoux, Ahmad suspendu à son cou, il a pris le bébé dans ses bras.

— Maintenant que vous êtes là, il faut lui donner un prénom, ai-je dit.

— Comment, cela n'est pas encore fait ?

— Pour les deux autres, nous avions choisi ensemble. Je ne voulais pas que plus tard cette enfant pense que son père ne lui a pas donné de prénom.

— On va appeler cette jolie petite fille Mariam !

Contrairement à beaucoup d'hommes, il n'a jamais été déçu par la naissance de ses filles. Et je peux jurer qu'il ne faisait pas semblant. Son bonheur était profond et sincère.

Il ne tenait pas spécialement à avoir beaucoup d'enfants. C'est plutôt moi qui voulais une famille nombreuse. À chaque naissance, mon mari me taquinait : « C'est parce que ton enfant est magnifique que tu en mets tout de suite un autre en route ? » En fait, je rêvais d'avoir un deuxième garçon avec lequel Ahmad pourrait jouer. En plus, comme, à Piu, il n'y avait aucun moyen d'obtenir une contraception, mes grossesses s'étaient enchaînées : trois en trois ans de mariage. À l'exception des fondamentalistes, la tendance dans la population était à la limitation des naissances. Même certains mollahs commençaient à y être favorables. Massoud souhaitait que des centres de planning familial soient installés dans toutes les provinces, car il connaissait la situation dramatique des femmes qui mouraient des suites d'un avortement ou d'accouchements répétés.

Je pense que l'un de ses premiers gestes d'homme libre a été de m'acheter un bijou. Quand, juste après notre mariage, il était entré dans la ville de Taloqan, il avait essayé de me choisir un cadeau. Mais il m'a raconté que, sitôt qu'il s'arrêtait devant un magasin, les gens s'attroupaient pour l'acclamer : « Amer Saheb est là ! Amer Saheb est là ! » Quand il arrivait enfin à pénétrer dans une boutique, il suffisait que ses yeux se posent sur quelque chose pour qu'aussitôt le propriétaire se précipite : « Prenez, je vous l'offre. » Il n'avait rien pu me rapporter. Avant de quitter Kaboul, il a demandé à sa demi-sœur Mâgol de choisir pour moi une parure en or fin – il avait horreur de tout ce qui était voyant. Le soir de son retour, il a glissé le collier et la bague autour de mon cou et de mon doigt. C'était le cadeau de mariage qu'il n'avait pas pu me faire en son temps et que toute jeune fille reçoit au moment de s'unir à un homme et à sa famille.

Deux jours plus tard, il m'a annoncé qu'il ne voulait plus être séparé de sa famille et qu'il était temps que je quitte Piu avec nos enfants pour nous installer dans le Panjshir. Ce soir-là, en l'écoutant raconter ce que serait bientôt notre vie dans un pays libre et en paix, notre pièce m'a semblé encore plus petite que d'habitude et même étouffante. Je me suis promis de reprendre des études et j'ai cru à ses projets de voyage. Le lendemain, mon père était mis au courant. Mes parents, qui avaient perdu leur maison de Bozarak lors des premières attaques soviétiques, décidèrent de ne pas nous suivre et de nous faire accompagner par mes frères, Shaeddin et Tareq. Notre départ s'est organisé rapidement. Ce qui se passait à Kaboul inquiétait Amer Saheb. Pendant qu'il était occupé au téléphone, deux hélicoptères sont arrivés et maman m'a aidée à préparer nos valises. Je n'avais jamais quitté mes parents, mes frères et ma sœur. Ma mère était décomposée par l'émotion, comme mon père, qui essayait pourtant de ne pas le montrer. Comme d'habitude, il accumulait les blagues, mais elles étaient tellement mauvaises que seuls les enfants en riaient. Mes parents voyaient partir leur fille, leurs fils et leurs trois petits-enfants.

Quand le moment de nous séparer est venu, tout le monde s'est mis à pleurer. Même mon père ! Avant de quitter la maison, il m'a prise à part :

— Cela fait des années que tu vis à l'écart de tout. Maintenant, c'est terminé. Tu es l'épouse d'Amer Saheb et c'est une grande responsabilité. Tu dois être à la hauteur de cette position. Tu vas être sollicitée, harcelée parfois, mais tu devras toujours te montrer patiente et généreuse.

Il était tellement ému en parlant que j'en ai eu le cœur serré. Tous les habitants étaient rassemblés devant la maison. Comme pour un enterrement ! Pour eux, notre déménagement était vraiment une perte. Nous partis, ils savaient qu'ils ne reverraient plus Amer Saheb. Or il avait fait beaucoup pour eux pendant ces années. Écoles, dispensaires, routes... Grâce à lui, Piu s'était désenclavée et tous lui gardaient une grande reconnaissance. Sur le chemin, les petites filles pleuraient et les garçons couraient avec un visage fermé. Les adieux ont été déchirants. Mon père a donné l'accolade à mon mari, ce que je ne lui avais jamais vu faire auparavant. Pour la première fois, après cinq ans de mariage passés dans le giron de maman, je me suis sentie adulte. L'hélicoptère a décollé et, à travers mes larmes, j'ai vu s'amenuiser les silhouettes de tous ceux que j'aimais. Quand elles ont disparu, nous avions la tête dans les nuages. Peu de temps après, toutes ces montagnes que j'avais franchies les unes après les autres à flanc de coteau me sont apparues dans leur ensemble. Leurs sommets ocre s'accrochaient dans le ciel bleu foncé comme des pendentifs en or dans le collier de turquoises d'une femme hazara. Un véritable enchantement jusqu'à ce que nous arrivions au-dessus du Panjshir. Le paysage que j'ai alors découvert à travers le hublot était une désolation. Là où, dix ans auparavant, se déployait une vallée verte parsemée de petites habitations en terre, ce n'étaient plus que ruines, champs calcinés et carcasses de chars renversées. Mon mari s'est penché vers moi. « Si tu savais le nombre de combats qui se sont déroulés et la quantité de bombes qui sont tombées, tu serais heureuse qu'aujourd'hui il reste encore quelque chose. » J'ai compris que la vie qui m'attendait ne serait pas exactement le champ de roses que j'avais imaginé.

8.

Des cris d'enfants résonnaient au loin et, devant nous, dans l'ombre, un âne avançait péniblement, zigzaguant sous les coups de baguette d'un adolescent. Je retrouvais ce paysage coupé en deux par le soleil qui, à un moment précis de la journée, n'éclairait qu'un seul versant de la vallée. Tout m'était familier et, en même temps, bizarrement étranger. En arrivant à Jangalac, le village de mon mari, j'ai pensé au mien, Bozarak, à quelques centaines de mètres de là. Qui reverrais-je de nos voisins ? Mes anciennes camarades de classe étaient-elles vivantes, mariées, exilées ? Et notre maison ? Serait-elle rasée, ou en ruine comme celles qui jonchaient les bords de la route ? Ma belle-sœur, Mâgol, nous attendait avec du thé et une collation. C'était la sœur la plus proche de mon mari et ils plaisantaient beaucoup entre eux. Quand elle est rentrée chez elle avec Qoudous, son mari, Amer Saheb m'a prise par la main pour me faire visiter la maison. « Bienvenue chez toi ! » m'a-t il dit avec un grand sourire. Le moine soldat, comme on le décrivait autrefois, n'imaginait sans doute pas s'installer un jour ici avec femme et enfants. Il avait demandé quelques aménagements pour que cette maison afghane classique, bâtie dans un jardin entouré d'un haut mur en terre, soit plus confortable. La première pièce était la chambre des enfants, la deuxième, un salon où l'on prendrait les repas, puis, après un couloir, venaient notre chambre, un peu à l'écart, un bureau-bibliothèque et une petite salle de bains bien aménagée.

Avant les travaux, la salle de bains n'était qu'une simple pièce dans laquelle on se lavait avec des seaux d'eau. Cet endroit humide et sombre avait permis à Amer Saheb d'éviter la prison après le coup d'État raté de 1975. Quand, à l'époque, la nouvelle avait circulé qu'il faisait partie des insurgés, ses oncles avaient été arrêtés à Kaboul, puis relâchés. Aussi étaient-ils bien résolus à le livrer à la police s'il rentrait chez lui. Heureusement, à cette période de l'année, la maison de Jangalac était vide, et mon mari avait donc décidé de s'y rendre pour obtenir de quoi manger. Quand le jardinier, Farad, et sa femme avaient entendu du bruit, ils avaient envoyé le chien. Amer Saheb, qui dévorait des mûres tombées à terre, n'avait eu que le temps de grimper dans l'arbre pour ne pas se faire déchiqueter. « C'est moi », avait-il murmuré. Immédiatement, Farad s'était mis à hurler : « Toi ! Mais je donnerais ma vie pour toi. J'arrêterais de respirer pour toi ! Je me ferais couper en morceaux pour toi. » Des expressions afghanes pour dire tout simplement qu'on est l'ami de quelqu'un. « D'accord, d'accord, avait répondu mon mari. Mais d'abord arrête de crier, tu vas me faire repérer ! » Quelques jours plus tard, le groupe de résistants se séparait : les uns étaient partis vers Parende, tandis que Massoud et son ami Aref s'installaient à Jangalac pour préparer l'avenir. Mais, très vite, toute sa famille était arrivée à l'improviste pour enterrer une cousine et ils n'avaient eu que le temps de se réfugier en catastrophe dans cette petite pièce qui servait de salle de bains. Les gens, très nombreux, ne savaient plus où s'installer, au point que l'un des oncles avait essayé d'ouvrir la porte. Il avait interpellé Farad :

— Pourquoi cette pièce est-elle fermée à clé ? Viens ouvrir. On a besoin de place.

— Dost Mohammad me l'a interdit. Toute la récolte d'amandes est là.

— Tu es bien sûr, avait répliqué l'oncle en plaisantant, que tu n'y as pas caché Ahmad Shah ?

Tout le monde avait ri de bon cœur pendant que l'intéressé et son cousin tremblaient de peur !

— De toute façon, avait conclu l'oncle, je ne dors que d'un œil.

La deuxième nuit, ils s'étaient enfuis et mon mari m'avait fait pleurer de rire en me racontant comment ils avaient enjambé les corps endormis, y compris celui de l'oncle qui ronflait à tue-tête.

Comme partout à la campagne, la cuisine était au fond du jardin. Après la naissance de mes frères, je m'étais consacrée à la garde des enfants pendant que ma mère préparait les repas. Si bien que, Mâgol partie en nous souhaitant « Bon appétit », je me suis tournée complètement affolée vers mon mari : « Mais qu'est-ce que je vais faire à manger ? » Lui s'est mis à rire. Il savait très bien cuisiner. Pendant son exil au Pakistan avec ses camarades de la résistance, ils faisaient les repas à tour de rôle. Ce soir-là, nous avons épluché ensemble les oignons, coupé la viande, et il m'a enseigné l'art de la *shorwa*, une soupe dans laquelle on trempe du pain. Pendant plusieurs jours, à tout moment, je venais lui demander : « Comment je fais le riz ? Et la sauce ? Et les aubergines ? » Et avec une patience infinie, il m'expliquait. Les premiers soirs, dès qu'on se couchait, je commençais à me lamenter en pensant à ma famille. Il me taquinait : « Et ta petite sœur, tu te souviens comme elle pleurait ? Et les larmes de ton petit frère, tu te rappelles ? Et le grand, oh ! comme il pleurait aussi ! Tu t'en souviens bien, j'espère. Tu n'as pas oublié comment ils pleuraient tous ? » Je sanglotais et il riait en me berçant comme un bébé : « Mais je fais exprès de t'embêter ! C'est pour voir si tu es toujours aussi jolie quand tu pleures et avoir le plaisir de te consoler. » Il m'aidait ainsi à prendre du recul.

Pendant trois jours, et malgré les événements qui se bousculaient à Kaboul, il nous a installés, terminant lui-même les peintures. Le matin du quatrième jour, il m'a dit : « Pari, je vous laisse entre les mains de Dieu. Je vais aller à Kaboul et j'essaierai de rentrer régulièrement en hélicoptère. Et dans quelques mois, je vous installerai définitivement là-bas. » Quand il est parti, je me suis retrouvée pour la première fois de ma vie responsable d'une maison. J'étais directement passée du stade de la petite fille anonyme à celui de l'épouse d'Amer Saheb que tout le monde visitait et félicitait pour ses beaux enfants. Le premier mois, Mâgol est venue habiter chez nous pour m'aider. À longueur de journée, je recevais du monde sans jamais savoir qui resterait pour le repas, d'autant que mon mari revenait toujours accompagné de dix, quinze ou vingt personnes ! La maison était pleine en permanence et, quand Mâgol s'est installée à Kaboul, j'ai dû tout prendre en main. La nuit, quand mon mari ne rentrait pas, j'en profitais pour laver son linge. J'allumais le samovar pour faire chauffer de l'eau et je faisais la lessive avec des petits morceaux de charbon de bois. Peu à peu, j'ai appris à tout préparer, sauf le pain dans le tandour – un four creusé dans la terre que l'on trouve dans les provinces. À l'intérieur, on allume un feu de bois et, quand le four est bien chaud, on colle sur ses parois brûlantes les galettes de pâte. Les pains sortent croustillants en dégageant une odeur délicieuse. Mais, à force d'enfoncer la moitié du corps dans la fournaise, la cuisinière, même si elle fait attention et porte des gants, finit par avoir le visage et les mains brûlés, idée qui ne me plaisait pas du tout. La femme de mon oncle Nadjmuddin nous apportait donc le pain de Bozarak très tôt le matin.

Amer Saheb essayait de tenir sa promesse, quitte à rentrer pour quelques heures seulement. Quand l'hélicoptère ne pouvait pas décoller à cause du mauvais temps, il faisait trois heures de route en voiture pour atteindre Jangalac. Le reste du temps, mon oncle dormait chez nous pour nous tenir compagnie.

À Kaboul, les dirigeants n'arrivaient pas à s'entendre. Une présidence tournante s'est alors instaurée. Toutes ces « barbes blanches », de Moddjaddedi à Rabbani ou Sayyaf, s'asseyaient tous les jours autour d'une grande table, et rien ne sortait de ces réunions interminables. Chaque soir, mon mari me disait – et je l'ai lu ensuite dans ses notes : « Seul leur pouvoir personnel les intéresse. Jamais ils ne parlent du peuple. Jamais ils ne parlent de notre pays. » Il voyait les erreurs s'accumuler et une catastrophe s'annoncer. « Mais, a-t-il écrit dans son journal, je ne peux pas agir. J'ai l'impression d'avoir les mains liées. »

Au terme des quatre mois de présidence de Moddjaddedi, Rabbani lui a succédé en août 1992 et s'est fait nommer président par une assemblée.

Pendant la guerre contre les Soviétiques, aussi violents qu'aient été les combats, Amer Saheb arrivait toujours à se détendre. À présent, même quand il jouait avec ses enfants, je le voyais sombre et perdu dans ses pensées. Le bel enthousiasme qu'il affichait quand il était venu me chercher à Piu était bien loin maintenant.

Mon mari, devenu ministre de la Défense, a laissé Rabbani nommer, l'année suivante, Hekmatyar au poste de Premier ministre. Pourquoi cette alliance contre nature avec son ennemi de toujours, armé par les Pakistanais, coupable des pires crimes et ouvertement extrémiste ? Il m'a expliqué bien plus tard, quand j'ai mieux connu la vie politique de mon pays, que son but était de reconstruire l'unité nationale, quel qu'en soit le prix, après l'agression étrangère de l'Union soviétique. Une unité si chère à ses yeux qu'il a toujours refusé de reconnaître les différentes ethnies, tadjik, pashtoun, hazara, ouzbek..., au profit d'un peuple afghan, uni et indivisible.

Hekmatyar faisait partie du gouvernement mais n'y participait pas. Au contraire, prenant prétexte de l'alliance de Massoud et de Rabbani avec l'ancien communiste, le général Rachid Dostom, il a lancé l'attaque contre la capitale afin de s'emparer du pouvoir, seul.

Les roquettes ont commencé à tomber sur Kaboul, et ce que mon mari redoutait le plus est survenu : les Afghans se battaient entre eux !

Avant d'entrer dans la ville, après la chute du pouvoir communiste, il avait réuni ses soldats pour leur faire jurer sur le Coran de ne pas commettre d'exactions. Il avait peur de lâcher ces jeunes gens qui luttaient depuis l'âge de quinze ans au fin fond des montagnes avec le ventre vide. « Méfiez-vous des faux plaisirs et des fausses richesses que vous allez rencontrer, les avait-il prévenus. Protégez chaque enfant comme si c'était le vôtre, chaque femme comme si elle était votre propre sœur, et comportez-vous toujours en bon musulman. » Pourtant, une terreur sans nom s'était propagée dans la ville. On reproche beaucoup à mon mari les pillages, les crimes et même les viols qui ont été commis. Mais il est important de resituer ces événements dans leur contexte et de les rapprocher de ceux qui se sont passés en Irak, tout de suite après la chute de Saddam Hussein. Brusquement, les prisons ont été ouvertes et vidées sans discernement, jetant toutes sortes d'individus dans les rues. Voleurs, voyous, pillards, criminels se sont alors mélangés aux moudjahidin qui, je ne suis pas naïve, n'étaient pas tous des saints. D'ailleurs, quand certains d'entre eux étaient pris la main dans le sac, mon mari les faisait punir sévèrement. Il devenait alors encore plus sombre que d'habitude. La plus grande confusion régnait et personne n'obéissait à personne. Je suis révoltée aujourd'hui de voir que tout a été mis sur le dos de Massoud. Nous avions un président à l'époque, et un gouvernement. Pourquoi ne sont-il pas intervenus, alors que le Pakistan fournissait des armes à Hekmatyar ? Je refuse que mon mari, qui a tout sacrifié pour son pays, y compris sa vie, et qui n'était que le ministre de la Défense, porte seul la responsabilité du drame. C'est trop injuste pour lui et pour nos enfants !

La corruption s'est bientôt propagée comme un feu dans un champ d'herbes desséchées. Même parmi ses proches. « Ils sont comme des petites taches sur du coton blanc, me disait-il. On ne voit qu'eux ! »

Le siège de Kaboul est devenu meurtrier. Les roquettes d'Hekmatyar pleuvaient sur la ville qui comptait ses morts par centaines, alors qu'en arrivant Massoud avait interdit toute répression envers les communistes afghans et protégé la vie de Nadjibollah, l'ancien président installé par les Russes. Certains, autour de lui, ne l'avaient d'ailleurs pas compris, tout comme ils avaient mal pris qu'il maintienne les femmes dans leurs fonctions et que le port du voile ne redevienne pas obligatoire. L'ambition de mon mari était de reconstruire l'unité nationale, mais, entre les commandants, (les « seigneurs de la guerre » comme malheureusement on continue parfois à les appeler à l'étranger) qui, aux quatre coins du pays, défendaient leur propre territoire, les Pachtouns qui se sentaient menacés par les Tadjiks et les Hazara retranchés dans un quartier de la ville, son objectif était loin d'être atteint.

Il n'était plus question pour nous de partir habiter Kaboul. Ma famille est rentrée de Piu et s'est établie à Parende, chez mon oncle Abdel Rahman, le temps que mon père fasse construire une grande maison à Bozarak sur l'emplacement de l'ancienne. Avec elle avaient disparu toutes nos photos de famille et de notre enfance. C'est aussi cela la guerre : les images et les souvenirs s'effacent.

Je ne voyais pas beaucoup ma famille, j'étais très occupée, mais je savais que nous étions à trois heures de marche les uns des autres, et c'était un grand réconfort.

À Kaboul, le frère aîné de mon mari, Yahya, avait entrepris de faire réparer la maison familiale des Massoud, très endommagée par les Russes qui l'avaient transformée en école. Mon mari recevait régulièrement des lettres de son père qui voulait quitter le Pakistan. « Mon cher fils, organise mon retour, lui écrivait-il. J'ai envie de revenir à Kaboul et d'être à tes côtés. » Trop occupé, Massoud lui répondait : « Attendez un peu. Avec les tirs de roquette, ce n'est pas encore le moment. » Quelques mois plus tard, il s'est enfin décidé. Mais un matin, de très bonne heure, quelqu'un a frappé à notre porte. C'était mon père.

— Va prévenir Amer Saheb que son père est blessé, m'a-t-il dit avec une voix nouée.

À son air, j'ai compris que c'était plus grave. J'ai réveillé tout doucement mon mari, et mon père lui a annoncé que Dost Mohammad était mort après avoir été renversé dans la rue à Islamabad.

Il a encaissé la nouvelle sans dire un mot. Il a mis son tchapan sur les épaules et il est parti, un peu voûté, dans son bureau pour joindre ses frères par radio. Au début de la conversation, ils voulaient l'enterrer dans le Panjshir. Mais il pleuvait depuis des jours et des jours, et la route était très mauvaise. Comme, chez nous, nous n'avons pas les moyens de conserver les morts, ils ont décidé que mon beau-père serait transporté à Peshawar où il serait inhumé. Au bout d'un long moment, mon mari est revenu et j'ai vu qu'il avait pleuré. Par la suite, il s'est toujours reproché de ne pas avoir fait revenir son père comme il le lui avait demandé à plusieurs reprises. Nous avons organisé une cérémonie religieuse, sacrifié des moutons pour les pauvres et préparé de grands repas pour tous les gens qui allaient nous rendre visite.

Après la mort de mon beau-père, une partie de la famille est retournée à Kaboul. À part Mâgol, je n'en connaissais pratiquement aucun. Quand nous étions à Piu, son frère Yahya était passé, mais je ne l'avais pas rencontré puisque je ne voyais pas les hommes. Un matin, Sohaila, une de ses sœurs, est arrivée chez nous. Nous avons bavardé joyeusement. L'après-midi, alors que je préparais du chorjai, le thé préféré de mon mari, il est entré dans la cuisine, très heureux : « Ma sœur Bibi-Shirine est là avec son fils. Attends qu'il parte et viens la voir. » C'était très émouvant, après plusieurs années de mariage, de rencontrer mes belles-sœurs et de leur présenter mes enfants. Bibi-Shirine patientait maintenant seule sur la terrasse.

Nous nous sommes embrassées avec beaucoup de tendresse. Après une longue conversation, elle s'est étonnée : pourquoi ne m'avait-on pas appelée plus tôt ? Elle a été stupéfaite d'apprendre que son frère ne souhaitait pas que je sois vue par son fils. Dans leur famille, ce n'était pas du tout l'habitude.

Amer Saheb essayait de revenir le plus souvent possible, mais il perdait beaucoup de temps dans les déplacements. Nous avons alors déménagé à Jabol Saraj, à mi-chemin entre le Panjshir et Kaboul. Pour la première fois de ma vie, je m'installais dans une ville avec des magasins, un lycée et un hôpital. Nous habitions sur les hauteurs, dans l'une des maisons très confortables destinées aux cadres d'une usine de textile qui donnait du travail à un grand nombre d'hommes et de femmes. Dans ce quartier résidentiel, la plupart des villas possédaient une piscine. Pas la nôtre, mais elle était immense par rapport à celle de Jangalac avec deux salles de bains, des chambres pour les enfants, une bibliothèque, un salon et une véranda qui se terminait par une bande de terre où poussaient deux petits arbres qui sortaient par le toit. Dans le jardin rempli de fleurs, mon mari avait fait installer des balançoires et une tonnelle qui, dès le printemps suivant, s'est couverte de vigne. Un bâtiment spécial était réservé à nos invités et aux hommes de la famille que je ne croisais jamais, notre aile étant située en contrebas du jardin. L'été, des vents chauds balayaient le paysage en soulevant des nuages de poussière. Nous n'avions plus la rivière, comme dans le Panjshir, pour rafraîchir l'atmosphère, aussi, quand la chaleur devenait trop intense, nous dormions sur un lit dressé à l'ombre des arbres fruitiers.

À deux cents mètres de là, dans une maison de l'État, Amer Saheb avait organisé sa base et son bureau où il travaillait quand il restait plus d'une nuit.

De cet endroit de la ville, on voyait la plaine à perte de vue jusqu'à celle de Chamali, qui devait connaître plus tard, sous les talibans, les pires atrocités.

Pour la première fois, je me suis intéressée à la décoration. Mon mari, malgré les années passées à dormir dehors et à manger n'importe où, appréciait la qualité d'un cadre de vie. Il avait apporté tous ses livres et les souvenirs auxquels il tenait particulièrement. Il venait presque tous les jours, partant le matin de bonne heure et rentrant tard le soir. Quand il recevait des visiteurs, il m'envoyait un message pour me prévenir de leur nombre. « Si tu pouvais t'en sortir toute seule, je préférerais que tu fasses toi-même la cuisine, m'avait-il demandé. Je détesterais être servi par une cuisinière et entendre dire que nous profitons de notre situation. » Je préparais donc en permanence de grands repas, mais, dès qu'il le pouvait, il me rejoignait dans la cuisine pour m'aider. Heureusement, pour s'occuper des enfants, j'avais une jeune fille, Rogul, qui nous avait suivis du Panjshir. Ma vie était heureuse, même si j'étais séparée des miens et malgré les événements qui se bousculaient à Kaboul. Nous étions presque une famille normale avec un papa, une maman et des enfants. Presque seulement !

Cela faisait six mois que nous étions à Jabol Saraj quand, un soir, mon mari m'a donné, très fier, cinquante mille afghanis, soit une poignée d'euros. Ses premiers salaires ! Ceux qu'il avait touchés en tant que ministre. J'ai éclaté de rire tellement la somme était dérisoire et je l'ai rangée en souvenir dans la valise où je gardais toujours nos documents officiels pour les avoir sous la main si nous devions partir précipitamment. Quelque temps plus tard, une femme en grande difficulté est venue me voir. Je n'avais rien à lui offrir, car Amer Saheb n'était pas rentré la veille au soir. J'ai ouvert la malle et je lui ai donné cet argent en lui expliquant d'où il venait. Elle a été encore plus contente d'apprendre qu'on l'aidait avec le fruit du travail de mon mari.

Pendant toutes les années de la résistance, Massoud avait été très proche des gens, les soutenant autant qu'il le pouvait. Aussi continuaient-ils à le solliciter en toutes circonstances : « Mon fils est un très bon élève, il lui faudrait une bourse pour faire ses études à l'étranger... Ma voiture est en panne et, sans elle, je ne peux plus travailler, donc nourrir ma famille... Ma maison a été pillée et je voudrais récupérer mes affaires... Je suis veuve et je n'ai plus rien... Mon enfant est très malade, il faut l'envoyer au Pakistan pour le faire opérer... » Il se faisait un point d'honneur à recevoir tout le monde. Un soir, en se couchant, il m'a raconté : « Aujourd'hui, et je n'invente rien, j'ai vu trois cents personnes et j'ai réglé trois cents problèmes. » En même temps, il devait faire face à toutes les horreurs qui se passaient à Kaboul et qui l'affectaient jusqu'au plus profond de son âme. Parfois, la nuit, il se réveillait en sursaut ou, alors, je le retrouvais assis sur son tapis de prière en train d'implorer le ciel pour que la guerre civile cesse. Une fois, je l'ai même entendu pleurer. Au pire moment des affrontements contre les Russes, il n'avait jamais été dans cet état. Le cœur brisé, je l'ai rejoint et je me suis assise tout doucement à côté de lui. Comme je le regardais, il m'a demandé : « Qu'est-ce que tu vois ? Des cheveux blancs ? Mais à force d'assister, impuissant, à la souffrance de mon peuple, même mes os ont blanchi. »

L'hiver 1994, le général Dostom a trahi Massoud pour s'allier, lui l'ancien communiste, avec l'extrémiste Gulbuddin Hekmatyar. Les bombardements sur Kaboul ont alors redoublé et notre maison de Jabol

Saraj est devenue une cible. Par deux fois, les troupes de mon mari ont descendu des avions qui lâchaient des bombes sur nous. Quand nous apprenions qu'ils arrivaient, nous partions en voiture nous cacher dans les environs de Gulbahar. Et l'angoisse a recommencé. À tout moment, je tremblais pour l'homme que j'aimais. Je le savais perpétuellement menacé. Une nuit où il est arrivé très tard, j'ai dû sentir qu'il n'était pas comme d'habitude car je me suis réveillée. Il s'est allongé à côté de moi avec un drôle de sourire sur les lèvres.

— Pari, m'a-t-il dit, aujourd'hui je suis vraiment passé à deux doigts de la mort.

C'est la première fois qu'il me parlait ainsi. Je ne lui montrais jamais mon inquiétude, aussi, malgré les battements affolés de mon cœur, j'ai entrepris calmement de lui masser les pieds pour le détendre. Et il m'a raconté.

Sur la route entre Jabol Saraj et Kaboul, il voyageait toujours avec trois voitures. Ce matin-là, exceptionnellement, il était monté dans la première, alors qu'il prenait toujours la deuxième. Quelques minutes plus tard, celle-ci avait explosé avec ses trois occupants en passant près de bidons remplis de dynamite. Mon mari avait essayé, en vain, de savoir qui avait commis cet acte criminel. Le soir, en rentrant de Kaboul, il avait trouvé un homme allongé sur la route à l'endroit même de l'attentat. C'était un de ses commandants. Il voulait que les voitures lui roulent sur le corps. Mon mari est descendu pour lui parler et, en le questionnant, il a appris qu'il avait été payé par Hekmatyar pour le supprimer. L'homme pleurait : « Dieu est avec toi puisque j'ai échoué. Tue-moi, tue-moi, je t'ai trahi, je ne mérite plus de vivre ! »

— Et qu'avez-vous fait ? lui ai-je demandé.

— Que voulais-tu que je fasse sinon lui pardonner.

Mes frères se relayaient auprès de moi, car je n'aimais pas rester seule. Une nuit où Shaeddin, mon deuxième frère, dormait chez nous, vers deux ou trois heures, Rogul m'a appelée.

— Shaeddin m'embête ! Il n'arrête pas de faire des drôles de bruits.

— Il ronfle ?

— Non, il siffle. Je ne comprends même pas comment il arrive à faire ça !

— Shaeddin, arrête ! ai-je crié à mon frère.

Il s'est défendu, à moitié endormi :

— Mais je ne fais rien.

Un moment plus tard, mon fils Ahmad s'est réveillé en pleurant. Il avait l'habitude de venir dans notre chambre quand il faisait un cauchemar, mais, là, la jeune fille lui a dit : « Ton papa dort, ne va pas le réveiller. Je vais t'accompagner, frapper à la porte, et ta maman sortira pour te chercher. » Elle a pris Ahmad par la main et s'est engagée dans le couloir. C'était une nuit étoilée, avec un peu de lumière. Je l'ai entendue hurler. À un mètre de notre porte, un énorme cobra, sa queue enroulée au sol, pointait sa tête vers la poignée. Elle a reculé en criant : « Amer Saheb ! Amer Saheb ! Au secours ! » Mon mari, qui avait le sommeil léger et toujours un fusil à portée de main, s'est levé d'un bond en m'ordonnant de ne pas bouger. Il s'est précipité vers la porte. À peine avait-il posé sa main sur la poignée que Rogul a hurlé de plus belle : « Non, non, n'ouvrez pas. Il y a un cobra dans le couloir. » S'il était sorti, le serpent lui aurait sauté à la gorge. Mon mari adorait les animaux. Dans toutes nos maisons, on a toujours eu des canaris et des poissons, et le matin, après sa prière, c'est lui qui leur donnait à manger. Une fois où il était resté absent deux jours, je lui ai avoué que j'avais oublié de nourrir les poissons. « C'est que tu ne m'aimes pas, m'a-t-il reproché. Sinon, en pensant à moi, tu aurais pensé à eux. » Il n'aurait pas tué une mouche!

« Ce n'est pas un serpent inoffensif qui va s'enfuir par la cave, m'a-t-il dit. Il est très dangereux. Il faut que je le tue. »

Il a ouvert la porte et pointé son fusil. Je revois encore la tête horrible du serpent qui sifflait et jetait du venin sur le fusil. « Les enfants! Ne bougez pas! Ne bougez surtout pas! » ai-je crié. Rogul hurlait, Ahmad et ses sœurs aussi. Une panique totale s'était emparée de la maison. Mon mari a visé la tête et, dans un grand nuage de poussière, le serpent est tombé. Au bout de ce couloir, une porte donnait sur le jardin. Il avait été facile d'entrer et de déposer l'animal juste devant notre chambre. Mais le ciel ne l'a pas laissé faire son travail de mort.

À cette époque, comme Dostom attaquait dans le Nord, un front s'est formé du côté de Salang. Amer Saheb marchait pendant des heures pour aller à la rencontre de ses soldats et, quand il rentrait, ses pieds étaient en sang et son dos douloureux. Je le soignais. Dans la mesure de mes moyens, j'essayais de lui faire une vie douce dès qu'il franchissait le seuil de notre maison. « Pari, me disait-il, quand je suis avec toi, je m'abandonne complètement et je me remets entre tes mains. » Les moudjahidin avaient constaté que, lorsqu'ils lui portaient des messages chez nous, il mettait plus de temps que d'habitude à leur répondre. En fait, c'est toujours moi qui les réceptionnais et les lisais pour en apprécier l'urgence. Même quand c'était grave, je ne me souviens pas de lui avoir dit : « Dépêchez-vous! » S'il dormait, je lui caressais les cheveux, le front ou le bras pour qu'il se réveille doucement.

— Ça va, Pari ? Tout va bien ? me disait-il en ouvrant les yeux.

— Oui. Il faut seulement que vous alliez téléphoner (ou que vous partiez).

S'il était en train de manger, je m'asseyais à côté de lui et lui effleurais la jambe avant de lui dire : « Vous avez un message. » Je voulais que sa maison soit un havre de paix et de tendresse, et j'essayais de le protéger du mieux possible.

Dès qu'il était là, il devenait ma priorité absolue.

Par exemple, je le suivais dans la salle de bains où il se lavait tous les jours de la tête aux pieds. Souvent, mon entourage me demandait : « Mais qu'est-ce que vous faites pendant tout ce temps ? » Je riais en répondant : « Ah, c'est notre secret ! » Nous y bavardions de tout et de rien, nous nous arrosions comme des enfants. Même dans l'adversité, il gardait son côté taquin. Un soir où il était particulièrement exténué, j'avais installé les enfants dans la pièce à côté pour qu'il puisse se reposer. Il en a profité pour se cacher derrière le rideau du couloir et, quand je suis revenue vers lui, il a brandi brusquement sa main devant moi. J'ai hurlé et il a éclaté de rire, ravi. Il me plaît de penser que ces moments privilégiés, qui n'appartenaient qu'à nous, lui donnaient la force d'affronter le reste.

J'étais enceinte pour la quatrième fois et j'espérais un petit garçon pour mon mari et mon fils Ahmad. Chaque naissance était une immense joie et un cadeau de Dieu pour cet homme qui a aimé passionnément tous ses enfants. Quand on pense au taux de mortalité enfantine tellement élevé chez nous, j'ai eu beaucoup de chance de n'en perdre aucun.

Aicha est née en 1995, à deux heures du matin, en plein mois de ramadan. Pendant cette période de l'année très importante pour les musulmans, les journées de jeûne se terminent par un repas familial. Tout au long de ces trente jours, Amer Saheb essayait plus particulièrement d'arriver à la maison en fin de journée. Ainsi, il était présent quand l'accouchement a commencé. Il a attendu dans la maison des invités, de l'autre côté du jardin, et, dès que sa petite fille est née, il a accouru. Il l'a prise dans ses bras et doucement lui a parlé en l'appelant pour la première fois Aicha.

Plusieurs jours plus tard, la sœur aînée de mon mari, Bibi-Shirine, est venue me rendre visite. « Encore une fille ! » Et elle s'est mise à pleurer en embrassant le bébé. Devant sa déception, je me suis mise à mon tour à sangloter. À ce moment-là, mon mari est entré dans la pièce. Quand il nous a vues en larmes, il nous a demandé, abasourdi :

— Mais qu'est-ce qui vous arrive ? Une mauvaise nouvelle ?

— Je suis triste pour vous, a répondu sa sœur. J'ai tellement prié pour que vous ayez un garçon.

Mon mari l'a regardée avec ces yeux qui vous touchaient au plus profond de l'âme quand ils se posaient sur vous.

— Est-elle handicapée ? Sourde ? Aveugle ? Boiteuse ? a-t-il lancé. Non. Alors pourquoi vous lamenter ? C'est une petite musulmane en pleine forme et une merveilleuse enfant qui fait la fierté de ses parents. Je préfère avoir vingt filles qu'un seul garçon qui tourne mal. Je ne veux plus jamais entendre ce genre de réflexions !

Il a définitivement mis fin à ces propos blessants pour une maman, et plus tard, quand nos deux autres filles naîtront, mes belles-sœurs seront heureuses de me féliciter.

Quelques semaines plus tard, Mariam est tombée malade. De diarrhées en vomissements, elle dépérissait sans qu'on puisse rien faire. Les médecins m'avaient conseillé de lui donner de l'eau fraîche à boire et des bains pour faire tomber la fièvre. J'étais folle d'inquiétude. Son père, Rogul et moi nous relayions pour la bercer. Je me souviens en particulier d'une nuit où mon mari l'a veillée tout seul pour que je me repose. Je le revois marcher de long en large avec son bébé dans les bras. Il lui parlait et chantonnait avec une douceur infinie. C'est une image très émouvante que je garde comme un des cadeaux de notre vie. Le matin, il devait aller à Kaboul d'où on l'avait appelé en urgence pendant la nuit. L'hélicoptère était prêt quand Mariam a commencé à avoir les ongles tout bleus. « On ne peut pas la laisser comme ça. Il faut la faire hospitaliser, a-t-il dit. Je vous emmène avec moi. » En une demi-heure, j'ai préparé les enfants et nous sommes partis à Kaboul. Avec la position qu'il occupait, nous aurions pu avoir un logement de fonction, mais il l'a toujours refusé, ne voulant pas de traitement de faveur. Aussi, nous sommes allés rejoindre sa famille, qui habitait une des maisons d'État réservées aux invités, en attendant que la leur soit terminée. Cette *guesthouse* était située à Shar e Naw, à côté de la maison du général Sohaila Sidiq, une femme médecin aujourd'hui ministre de la Santé. Elle y vivait avec sa sœur Sediqa, qui était professeur à l'École polytechnique où mon mari avait fait ses études. Je sais que l'on a raconté ensuite que s'il m'avait donné ce prénom en m'épousant, comme le veut la coutume de notre pays, c'était en souvenir d'elle. C'est faux. De la même génération que lui, elle n'aurait pu être son professeur. De plus, nous l'avons connue en même temps.

Dès que nous sommes arrivés, mon mari a demandé au général Sohaila de venir voir Mariam.

Directrice de l'Hôpital des quatre cents lits, elle l'a immédiatement fait hospitaliser. Perfusée et hydratée pendant trois jours, notre fille est revenue guérie à la maison où, par sécurité, nous sommes restés quelque temps. Les deux sœurs Sidiq ont été merveilleuses. Nous avons partagé quelques repas avec elles et, parfois jusqu'à minuit, elles discutaient avec mon mari, l'une de problèmes de santé, l'autre d'éducation. Il leur posait beaucoup de questions sur la vie des femmes, et je sais qu'il a énormément appris avec elles. C'était la première fois qu'il échangeait des idées en toute liberté avec des Afghanes éduquées. Enveloppée d'un grand voile, je sortais de temps en temps pour faire des courses, mais, la plupart du temps, ce sont nos chères voisines qui s'en chargeaient car, si les rues étaient dangereuses pour tout le monde, elles l'étaient encore plus pour la femme de Massoud.

Cette guesthouse n'était pas faite pour une famille, seulement pour des hôtes. Il n'y avait pas de cuisine et nos repas étaient apportés par un cuisinier qui nourrissait à travers la ville tous les invités du gouvernement. Un soir, alors que nous étions en train de dîner, mon mari me dit :

— Tu ne trouves pas qu'il y a trop de choses à manger ? Ce n'est pas normal. Je suis sûr qu'il nous en envoie encore plus parce qu'il sait que c'est nous. On est en train de gaspiller l'argent de l'État ! Tu ne voudrais pas te remettre à faire la cuisine ?

— Mais je croyais que moi aussi, j'étais une invitée ! ai-je répondu en riant.

Je l'ai taquiné un moment, mais, au fond, j'étais absolument d'accord avec lui. Le lendemain, il a demandé à l'homme qui préparait les repas de calculer combien les nôtres avaient coûté depuis le premier jour. Le cuisinier s'est plongé dans son cahier de comptes. Et mon mari l'a intégralement remboursé.

Si son salaire était faible, il possédait un peu d'argent personnel qu'il faisait fructifier – en même temps que celui de la résistance – par l'intermédiaire d'un certain Khaled. Cependant, il a toujours tenu à ce que les deux comptes soient bien séparés. Nous n'avons jamais été riches, mais nous n'avons jamais manqué de rien. Quand mon beau-père est mort, mon mari a hérité de la petite maison de Jangalac et du terrain sur lequel il a fait construire plus tard sa seule et unique maison. Il aimait beaucoup cet endroit qu'il avait habité un temps à la fin de son adolescence. Planté de pommiers, de pêchers et d'amandiers, ce terrain était à l'époque loué à des paysans par mon beau-père qui ne pouvait pas s'en occuper. Après son bac, Massoud voulait faire l'École polytechnique, il avait donc besoin d'argent. Grâce aux cours particuliers qu'il avait donnés au lycée, il avait économisé trente mille afghanis qu'il est allé proposer à son père pour la location de ce terrain. Il s'était dit : « Comme j'ai une année de prépa avant d'accéder à mon école, autant que j'aille m'enfermer au Panjshir pour bien travailler. » À cette époque, Farad, le jardinier, et sa femme habitaient la petite maison. Mon mari a donc planté une tente en plein milieu du terrain et il s'y est installé, lavant son linge dans la rivière et cuisinant sur un réchaud. Pendant qu'il était plongé dans ses cours, des gens travaillaient pour lui en suivant ses directives. La récolte a été excellente et il est revenu à Kaboul pour la vendre.

— Mon fils, tu as largement amorti le prix de ta location avec les pommes et les pêches, lui a dit son père. Donne-moi les amandes.

— Ce n'était pas du tout notre arrangement! a répliqué mon mari. Dans notre contrat, je louais le terrain contre toutes les récoltes. Je vais laisser des amandes pour la consommation familiale, mais je vous préviens que j'irai négocier le reste.

Comme il ne voulait pas lui manquer de respect, il a attendu qu'il dorme pour remplir des sacs avec sa mère et les porter à un grossiste. Et, ainsi, il a pu payer ses études à Polytechnique. Quand il m'a raconté cette histoire, il riait : « Tu vois, tu venais de naître, et moi, je m'intéressais déjà à l'organisation et à la gestion. »

Quand, après la trahison de Dostom, les bombardements se sont amplifiés, la famille de mon mari a quitté Kaboul et s'est réfugiée chez nous, à Jabol Saraj. Ils étaient pratiquement tous là, y compris la dernière femme de son père et ses deux enfants. Pendant une semaine, entre vingt et trente personnes se sont côtoyées, et ce n'était pas très simple à gérer. Même si la maison et le jardin étaient grands, tout le monde circulait dans tous les sens. C'est vrai que je ne me mêlais pas aux hommes, mais, s'il nous arrivait de nous croiser, nous n'en faisions pas une histoire ! On se saluait brièvement et l'on passait notre chemin. Eux faisaient tout pour m'éviter car à leurs yeux l'épouse d'Amer Saheb était l'incarnation même de la femme à respecter ! Je me souviens d'un épisode amusant avec mon beau-frère, alors âgé d'une petite vingtaine d'années. Quand il m'a rencontrée dans le salon, il a été tellement paniqué qu'il s'est cogné à toutes les tables et les chaises jusqu'à sa sortie de la pièce. J'ai eu du mal à ne pas éclater de rire en voyant l'état de choc dans lequel il était ! Et le soir, je me suis beaucoup amusée en le racontant à mon mari.

Tous ceux qui ont connu la guerre, ici ou ailleurs, savent que même sous les bombes la vie continue. Tous les matins, je me fixais un seul devoir et un seul objectif : rendre cette journée la plus banale possible.

9.

Kaboul était en état de siège. Le pire pour Massoud, je le répète, n'était pas que ses adversaires, Dostom, Hekmatyar et Mazari, soient soutenus par des pays étrangers comme l'Ouzbékistan, le Pakistan ou l'Iran, mais qu'ils soient afghans. Aucune marchandise et aucun médicament n'arrivait plus ni du Sud ni du Sud-Est d'où Hekmatyar envoyait ses roquettes. Le bazar était éventré et les quartiers détruits les uns après les autres. L'eau potable se raréfiait et la ville était privée d'électricité depuis que la centrale de Souroubi avait été sabotée. Les habitants fuyaient vers Djalalabad, où ils restaient bloqués, la frontière avec le Pakistan étant fermée. Seul le Nord demeurait ouvert, défendu par mon mari et ses troupes. Avec le temps, et grâce aux explications qu'il me donnait quand je lui posais des questions, j'ai pu mettre en place toutes ces informations. Mais, à l'époque, j'écoutais seulement.

Dès qu'il arrivait, je le quittais le moins possible, absorbant comme un buvard tout ce qu'il disait pendant ses communications radio. Il a toujours souhaité que notre chambre soit bien séparée de celle des enfants pour préserver nos moments d'intimité. Dans la journée, il me faisait passer ses consignes : « Ce soir, j'aimerais dîner avec les enfants », ou au contraire : « J'ai besoin de calme. Restons tous les deux. » Et je m'organisais.

Un an après la naissance d'Aicha, une quatrième petite fille, Zora, est venue au monde. Contrairement à beaucoup d'hommes qui ne s'intéressent aux enfants que lorsqu'ils grandissent, il était très attendri par les bébés. Il leur parlait et les faisait rire mieux que personne. Il s'occupait beaucoup de ses enfants et, même quand il rentrait tard, il essayait de passer un instant avec eux. Souvent, pendant ses rendez-vous, il les gardait auprès de lui. Le nombre de visiteurs influents qu'il a accueillis avec un bébé sur les genoux ! Ahmad et ses sœurs ont toujours entendu les secrets les plus importants et jamais aucun d'entre eux n'a répété quoi que ce soit. Parfois, pour travailler tranquillement, il n'allait pas dans son bureau, à une centaine de mètres de chez nous, et s'isolait dans notre chambre. Je recevais alors dans celle des enfants et, dès que je le pouvais, je venais le retrouver. Le matin, je m'installais sur la terrasse pour le regarder faire ses exercices dans le jardin où il avait demandé des barres. Parfois, il venait me prendre par la main pour me faire courir autour des arbres. Aujourd'hui encore, cette maison est la gardienne de nos moments heureux. J'aimerais qu'elle devienne plus tard un musée où la vie d'Amer Saheb serait retracée avec ses livres préférés, son journal, ses souvenirs et les cadeaux officiels qu'on lui a offerts.

Depuis quelques mois, on parlait de plus en plus de ces fameux groupes d'étudiants en théologie, les talibans, qui voulaient, disait-on, rétablir le calme dans le pays. On ne savait rien sur eux, à part qu'ils avaient été formés dans des madrasa, des écoles coraniques, au Pakistan. Comme ils arrivaient par le sud, ils jouaient la carte ethnique pachtoun. Je me souviens que dans toutes les communications d'Amer Saheb, les mêmes phrases revenaient : « Qui sont-ils ? Que veulent-ils ? »

À ce stade, il ne les considérait pas comme des ennemis puisque, d'après ses informations, ils étaient soutenus par les États-Unis et se battaient au nom de la paix et de l'islam. Ils faisaient des avancées spectaculaires et, peu à peu, Ghaznî, le Wardak, le Logar s'étaient ralliés à eux. Au début, ce fut une délivrance pour la population et les gens, même s'ils ne les soutenaient pas, ne résistaient pas comme ils l'avaient fait avec les Russes. Je me souviens d'un soir où, pendant le dîner, Amer Saheb a dit à ma belle-sœur : « Ils sont peut-être la solution à tous nos problèmes puisqu'ils ont l'air d'avoir le ciel avec eux et de bons alliés sur terre. » Les talibans envoyaient des messages au gouvernement de Kaboul : « Quittez la ville, vous n'avez plus rien à y faire, vous avez dévoyé les femmes et souillé notre religion... » En revanche, ils ne répondaient jamais à ceux de mon mari, qui voulait les connaître et discuter avec eux de l'avenir du pays.

Pourtant, un jour, ils lui ont demandé de venir à Maïdan Shar.

Le matin, quand il est parti, sans armes et accompagné seulement de trois personnes, il m'a dit, confiant : « S'ils veulent le pouvoir, je le leur laisse bien volontiers. » Quand il est revenu, il était atterré : « Il ne leur manque que des cornes ! » C'était une de ses expressions favorites pour dire : ils sont tellement sauvages qu'ils pourraient avoir des cornes sur la tête comme des animaux. Ils n'avaient pas de chef digne de ce nom, tenaient des propos aberrants, en particulier sur les femmes, et ne connaissaient absolument rien à l'islam. « Imagine qu'ils m'ont même appelé

Mollah Saheb! » m'a-t-il raconté, effaré. Une fois de plus, le Pakistan tirait les ficelles des ennemis de l'Afghanistan. Voyant que leur soutien à Hekmatyar ne donnait rien, les services secrets misaient maintenant à fond sur la carte des talibans fanatiques. Peu après, Massoud a appris qu'ils avaient compris trop tard le danger qu'il représentait pour eux. À peine les avait-il quittés qu'ils recevaient une communication radio qui leur ordonnait de le tuer.

À Kaboul comme ailleurs, la vie était devenue atroce. Quand le jour se levait, on découvrait que des familles entières étaient mortes, ensevelies sous les décombres pendant les bombardements de la nuit. On ramassait des morceaux de corps éparpillés partout. Ici, la tête. Là, les jambes et les bras. Et l'on enterrait les gens en paquets. On s'endormait sans jamais être sûr de se réveiller, et les femmes disaient au revoir à leur mari le matin sans savoir si elles le reverraient le soir. Ce drame se déroulait dans l'indifférence de la communauté internationale absente du pays.

Le pays était peu à peu grignoté par les talibans. Quand, après Kandahar, ils ont pris Herat, nous avons été extrêmement inquiets pour le docteur Abdullah, très proche de mon mari, qui a été fait prisonnier avec d'autres membres de la résistance. Heureusement, ils ont été relâchés. Amer Saheb savait maintenant de quoi ils étaient capables. Du pire. Exécutions, amputations, enfermement des femmes, fermeture des écoles, application stricte d'une charia fanatique avec son cortège d'interdictions plus folles les unes que les autres. Ils avançaient de ville en ville. Djalalabad, Souroubi... Bientôt, ils ont encerclé Kaboul par l'est et le sud où Hekmatyar avait établi son quartier général. Lâché par ses alliés pakistanais, ce dernier s'est alors replié et réconcilié avec Amer Saheb, mais trop tard pour changer le cours des événements.

Quelques mois plus tard, mon mari l'aidera à s'enfuir du pays.

Les talibans étaient maintenant aux portes de la ville. Les camions de ravitaillement ont commencé à rentrer et les habitants ont repris espoir. Ils pensaient que la guerre civile et les exactions allaient s'arrêter et que la paix pourrait revenir. Mais l'horreur n'a jamais de limites.

À cette époque, j'étais à Kaboul, avec mes enfants. Les fiançailles de mon frère Shaeddin se préparaient depuis quelques jours et il était hors de question que je n'y assiste pas. Maman était descendue à l'avance du Panjshir régler tous les détails et souhaitait, comme le veut la tradition, que ma tante et moi l'accompagnions pour faire les visites aux femmes de la future belle-famille de mon frère. Il faut dire que depuis presque vingt ans, nous n'avions connu que des années de guerre. Aussi, malgré les bombardements, les deuils et les privations, la vie continuait, rythmée par les événements familiaux : fiançailles, mariages, naissances...

J'avais longuement hésité avant d'entreprendre ce voyage, mais, finalement, j'étais depuis quelques jours à Shar e Naw.

Ce matin-là, mon mari semblait très préoccupé. Il ne voulait plus que je sorte de la guesthouse.

— Si les événements s'accélèrent, je mettrais trop de temps à vous retrouver pour vous évacuer, m'a-t-il expliqué.

— Mais si la famille et l'entourage ne me voient pas, ai-je répondu, ils vont penser que la situation est perdue puisque vous ne nous laissez pas circuler.

Mes arguments l'ont convaincu.

Pourtant, dans la soirée, alors que les enfants étaient déjà couchés, mon frère Rasheddin a surgi : « Prépare tes affaires. Il se passe des choses graves. Amer Saheb m'envoie pour vous raccompagner tout de suite à Jabol Saraj. »

Pas question pour moi de partir. Déjà, j'étais toujours malade en voiture, mais là, à cette heure-ci, avec l'insécurité qui régnait sur les routes, je ne me sentais pas le courage de quitter la ville. J'ai confié les enfants à maman et je suis allée retrouver mon frère : « Emmène-moi voir Amer Saheb. Il doit être dans sa famille. » Souvent, si je n'étais pas à Kaboul ou s'il avait besoin de se concentrer, il se réfugiait dans la maison de sa sœur.

Les rues, noires et sinistres, étaient jonchées de gravats et d'ordures, les ruines se succédaient sur notre chemin. De temps en temps, on apercevait une silhouette qui se faufilait comme si la mort elle-même cherchait où se poser. Quelle désolation !

Au moment même où j'arrivais devant la maison de ma belle-sœur, mon mari en est sorti. Il s'est approché de la voiture et, dans l'obscurité, il a regardé à travers la vitre. « C'est toi, Pari ! s'est-il exclamé. Mais qu'est-ce que tu fais là ? Tu devrais déjà être loin avec les enfants ! » J'ai répondu avec fermeté : « Je les ai laissés à ma mère. Je ne peux m'en aller tout de suite. J'ai encore des choses à faire. » Je voulais absolument assister aux fiançailles et rencontrer les femmes de la nouvelle famille de son frère, Ahmad Zia, qui avait épousé la fille du président Rabbani.

Pour que nous puissions parler tranquillement, mon frère est descendu de la voiture. Amer Saheb a pris sa place au volant. Il a démarré et nous sommes partis tous les deux. Au lieu d'aller à Shar e Naw, il m'a conduite dans une autre guesthouse, à Wazir Akbar Khan, où nous sommes restés seuls. Quand il plongeait ses yeux dans les miens, son âme se penchait sur la mienne. Au fil des années, il était devenu tout pour moi, un ami, un frère, un guide, un modèle et un maître... Toutes les femmes amoureuses savent ce que je ressentais dès qu'il était à côté de moi. Rien ne pouvait m'arriver.

— Je ne veux pas partir maintenant avec les enfants, ai-je expliqué. Nous allons mourir sur la route.

— Ne t'inquiète pas. Nous passerons la nuit ici et, demain matin, nous partirons très tôt tous ensemble... Pari, il faut bien que tu comprennes que la situation est très grave et très compliquée. Les talibans vont entrer dans Kaboul. Hekmatyar m'a fait savoir qu'il voudrait s'allier avec moi pour les combattre. Mais avec tout ce qu'il a fait subir aux gens, je crains des représailles. Il faut absolument que tu partes.

Je lui ai préparé sa soupe préférée, la shorwa, qu'il m'avait appris à faire – comme toute cette époque me semblait loin. Le lendemain matin, j'ai insisté pour qu'il me laisse encore ici une journée. « Soit, m'a-t-il dit. Fais ce que tu as à faire et retrouvons-nous ce soir. » N'ayant reçu aucune instruction venant de lui dans l'après-midi, je suis retournée à tout hasard à Wazir Akbar Khan. Il m'y a rejointe très tard dans la nuit. Toute la journée, il avait organisé la fuite de la population et le repli stratégique de ses hommes. Et c'est seulement maintenant qu'il pensait à nous. Il m'a expliqué ce qui allait se passer. Les enfants s'en iraient à l'aube en voiture avec Rasheddin et nous, plus tard, en hélicoptère. Il me raccompagnerait jusque chez nous et en profiterait pour prendre de nouveaux vêtements avant de repartir.

À l'aube, il s'est mis au volant et nous nous sommes dirigés vers l'aéroport. Une demi-heure après notre départ, une roquette s'est abattue sur la maison que nous venions de quitter, la détruisant complètement. Les talibans avaient su que nous l'habitions depuis deux jours. Sur la route de l'aéroport, les roquettes tombaient comme la pluie au début de l'hiver. Par rafales successives. De mes propres yeux, j'ai vu des choses que je ne souhaite pas de voir à mon pire ennemi. Des morceaux de corps éparpillés, du sang partout, des gens blessés qui hurlaient, le ventre ouvert ou la moitié du corps arrachée. Des femmes et des enfants qui couraient en pleurant. À terre, des mamans qui serraient leurs petits contre elles comme si leur ventre pouvait les protéger de la mort. Une roquette est tombée juste sur la voiture devant nous. Ses passagers ont été éjectés comme des pantins disloqués. Mon mari conduisait, les mains blanches à force de serrer le volant. Son visage était livide. Il m'a regardée comme s'il me voyait pour la dernière fois : « Pari, quand Dieu arrêtera-t-il de punir le peuple afghan ? Qu'avons-nous fait pour être châtiés ainsi ? Et je n'y peux rien ! Quand cela va-t-il s'arrêter ? » Sur la piste de l'aéroport gisaient des carcasses d'avions, pour la plupart soviétiques. Tout autour, les bâtiments étaient éventrés. Au loin, le soleil s'est levé au-dessus de nos montagnes ocre et notre hélicoptère a pu décoller en survolant des champs dévastés.

Une fois de plus, en pleine catastrophe, il s'est produit un épisode amusant. Quand nous sommes arrivés à Jabol Saraj, mon frère et les enfants nous attendaient devant la porte fermée et je me suis aperçue que j'avais oublié les clés à Kaboul ! Impossible d'entrer. « Mais qu'est-ce qu'on va faire ? s'est demandé mon mari. Il faut défoncer le portail ». Qui était en fer, avec une énorme et robuste serrure. En faisant le tour de la maison, j'ai vu qu'une des petites fenêtres de la salle de bains était restée ouverte. J'ai suffisamment crapahuté dans les montagnes pour pouvoir escalader un mur, fût-il très haut. J'ai retroussé ma grande jupe et, quelques minutes après, j'étais de l'autre côté. Quand je leur ai ouvert, malgré les circonstances, peut-être les plus dures de sa vie, mon mari m'a souri : « Tu m'étonneras toujours. » Pendant qu'il se lavait, je suis allée lui chercher l'une des pastèques que l'on maintenait au frais dans la cave, pour qu'il se désaltère. Je lui ai préparé ses affaires et il est reparti.

Depuis, je n'ai jamais revu Kaboul.

J'en garde le souvenir d'une ville qui part en fumée sur les décombres de ses immeubles, écoles, hôpitaux, cinémas et magasins. Sans compter les mines enterrées partout pour tuer ceux qui tentaient de récupérer au milieu des ruines des lambeaux de leur vie.

De notre maison, je voyais les routes se remplir de camions, de voitures et de gens à pied qui fuyaient la ville. Peu à peu, tout le long du chemin, des tentes se sont dressées. Un exode terrible a commencé.

Un après-midi, on m'a prévenue qu'il arrivait. J'ai couru dans le jardin pour l'accueillir. Mon cœur se serre encore en revoyant son visage livide et défait. « Où sont mes sœurs ? m'a-t-il demandé, aphone à force de crier des instructions à la radio. Je ne les vois pas. J'avais donné l'ordre qu'elles quittent Kaboul et qu'elles viennent ici avec leur famille pour partir au Panjshir. Pourquoi ne sont-elles pas encore là ? » Il était fou d'angoisse, comme tous les hommes à cette époque, à l'idée que leur famille, surtout les femmes, tombe entre les mains des ennemis. Sa pire crainte était qu'à cause de lui nous soyons faites prisonnières et qu'il soit obligé de choisir entre son peuple et nous. Pendant qu'il passait, affolé, des communications dans tous les sens, ses sœurs et leur famille sont arrivées. Amer Saheb leur a fait dire qu'il était inutile de défaire leurs bagages puisqu'elles allaient repartir immédiatement vers le Panjshir. Bibi-Shirine est venue lui parler :

— Mon frère, autrefois, on pouvait se déplacer facilement. Nous n'avions que nos enfants avec nous. Mais aujourd'hui, c'est différent, ils sont tous mariés. Chaque famille est composée d'au moins quinze personnes. Où allons-nous habiter, là-bas ? Nous n'avons même pas une tente ! Qu'est-ce que je vais faire avec tout ce monde ?

Mon mari a appelé un de ses hommes de confiance : « Quel est l'état des avions et combien en reste-t-il ? » Le dernier, à l'aéroport de Bagram, était sur le point de partir pour l'Inde. « Très bien, j'envoie toute ma famille, il faut absolument qu'elle prenne ce vol », a ordonné mon mari. Il détestait privilégier qui que ce soit, encore plus ses proches, mais là, il n'avait pas le choix. Ce fut le dernier départ de l'Afghanistan libre car, peu après, les talibans allaient s'emparer de l'aéroport. Dans cet avion, à l'exception de l'ambassadeur de l'Inde qui rentrait chez lui, tous les passagers laissaient des proches derrière eux et partaient en exil. En voyant les larmes de la famille de mon mari, l'ambassadeur pleurait lui aussi. Pendant le vol, il a sorti de son cartable les documents et le tampon pour établir leurs visas afin qu'ils puissent entrer facilement dans son pays.

J'avais préparé un repas, mais mon mari n'a rien voulu avaler. Il a attendu le départ de sa famille, puis il s'est lavé et a regagné la capitale où il a fait évacuer tous les membres du gouvernement, Sayyaf, Rabbani et Hekmatyar qui les avait rejoints. Par deux fois, il a envoyé ses gens auprès de Nadjibollah, réfugié dans les bureaux de l'ONU depuis 1992, pour le persuader de s'enfuir avec les autres. Mais l'ancien président lui a fait parvenir une lettre que j'ai toujours. « Je reste ici. Tu es quelqu'un de courageux qui s'est toujours battu. Tu as essayé de m'aider. Moi aussi, je t'aiderai et plus vite que tu ne le penses. » Nadjibollah ne connaissait pas les talibans. Il pensait naïvement qu'ils allaient lui demander de revenir à la tête du pays. Cet homme était un assassin et, du temps où il exerçait le pouvoir, les services secrets communistes, le Khad, avaient tué des milliers d'innocents. Mais c'était à la résistance de le juger et de le punir, pas aux talibans. Quand ils sont entrés dans Kaboul le 28 septembre, ils ont pénétré de force dans les bâtiments de l'ONU, lynché Nadjibollah et son frère, ancien responsable des forces de sécurité, les ont châtrés encore vivants, traînés derrière une voiture jusqu'à la mort et pendus sur la grand-place Ariana avec des cigarettes enfoncées dans la bouche et des liasses de dollars sortant de leurs poches. La population, battue à coups de câble métallique, a été obligée de défiler devant leurs corps mutilés.

Afin d'éviter un déluge de feu et une confrontation mortelle avec les troupes adverses, mon mari avait quitté Kaboul avant que les talibans investissent complètement la ville. Pour épargner le plus possible la population, il avait laissé aux derniers soldats les mêmes consignes qu'il leur criait maintenant au téléphone à partir de la maison : « Faites marche arrière. Ne vous battez plus. Partez. Ne tirez plus. Retirez-vous. Retirez-vous ! » Puis il a donné l'ordre de miner la route vers Jabol Saraj afin d'éviter que les talibans ne remontent vers le nord. Dans les heures qui suivaient, il apprenait que trois de ses plus proches moudjahidin, par manque de précaution, avaient sauté en les posant. Profondément touché par ces pertes, il a quand même organisé mon départ en voiture avec Gul Khan, le frère de Rogul. Trois de nos enfants étaient déjà chez mes parents dans le Panjshir. Il ne restait plus que Fatima, qui ne voulait jamais se séparer de moi, et le bébé Zora. Nous avons pris la direction de Gulbahar, mais les routes étaient bloquées par les camions et les voitures. Les gens avançaient, sans chaussures et les pieds en sang. Des enfants pleuraient parce qu'ils avaient perdu leurs parents. Des personnes âgées étaient portées par des adolescents, déjà chargés de paquets. Les soldats marchaient, épuisés, la peur au ventre. Ils n'avaient rien bu ni mangé depuis plusieurs jours et, comme ils avaient reçu l'ordre de ne pas se battre, ils craignaient de se faire rattraper et massacrer par les talibans qui égorgeaient leurs prisonniers. Au Nord, Dostom, jugeant sans doute qu'il n'avait pas assez fait le malheur de son peuple, avait fermé le tunnel de Salang. Désormais, le seul endroit où se réfugier était le Panjshir, par Gulbahar.

Nous étions coincés depuis des heures quand j'ai pris la décision de rebrousser chemin. Nous n'avancions pas et je redoutais des réactions violentes si les gens apprenaient que la famille d'Amer Saheb était dans cette voiture.

À peine étais-je revenue à la maison que mon mari m'appelait par radio :

— Où es-tu ?

— À Jabol Saraj.

— Mais que fais-tu là ? Tu devrais être sur la route !

— C'est impossible et trop dangereux.

— J'arrive.

De la maison, il a appelé la base aérienne – un bien grand mot pour un tout petit terrain, à quelques kilomètres de là :

— Que reste-t-il comme appareil ?

— Rien.

— Vraiment rien ?

— Il y en a bien un, mais il a été touché plusieurs fois et il est plein de trous. Il n'a plus de fenêtres, on a mis des bidons d'huile pour remplacer les hublots.

— Ce n'est pas grave. Préparez-le.

Je crains fort qu'en lisant le mot « hélicoptère » vous n'imaginiez un appareil comme on en voit chez vous. On appelait les nôtres des « cercueils volants », ce qui veut tout dire ! Mais celui-là devait être dans un état vraiment catastrophique pour que, malgré les circonstances, il soit resté sur le tarmac.

J'avais déjà fait partir avec les aînés la plupart des livres de mon mari et quelques-unes de nos affaires. J'ai été obligée de laisser tout le reste sur place. Nous avons quitté Jabol Saraj avec le docteur Abdullah, mon mari, Rogul, deux pilotes, Fatima, Zora et moi. Dès que l'hélicoptère a décollé de Poshte Sorkh, le vent s'est engouffré par tous les trous et les fentes. Au fur et à mesure qu'on prenait de l'altitude, on entendait le bing-bang des bidons qui s'entrechoquaient sur la carlingue. Il faisait un froid glacial. Une fois encore, j'ai trouvé un certain comique à la situation et je me suis mise à rire. Rogul s'est tournée vers moi en chuchotant.

— Mais pourquoi tu ris ?

— Quand je pense que je voyage avec cet homme tout en lisant sur les hublots le pays d'origine de l'huile, le nombre de litres et la quantité de matière grasse !

Au-dessous de nous, en colonnes de fourmis, les gens se dirigeaient vers la vallée. L'espoir d'une vie paisible s'envolait à jamais pour moi. Je n'avais plus d'autre repère que mon mari. Dans cet hélicoptère bringuebalant, je remerciais le ciel qu'il n'ait pas décidé de nous évacuer avec sa famille vers un pays étranger.

Quand nous sommes arrivés dans la vallée, des centaines d'hommes étaient rassemblés sur le terrain d'atterrissage. Ils avaient tous souffert, perdu un ou plusieurs membres de leur famille et, pour la plupart, tout abandonné derrière eux. J'étais très inquiète. Quelle allait être leur réaction quand l'hélicoptère se poserait ? J'ai toujours eu peur des mouvements de foule. Mais à peine mon mari avait-il posé son pied sur le sol que ces hommes, rudes et couverts de leur *patou*, un grand châle en laine marron, lui ont fait une ovation. « Amer Saheb est là, nous sommes sauvés ! » criaient-ils. L'apparition de mon mari, symbole de la résistance, était pour eux la preuve qu'il restait un espoir.

D'habitude, quand on voyageait ensemble, il nous conduisait jusqu'à la maison. Là, dans l'ambiance électrique et l'intense émotion qui étreignait la foule, il nous a complètement oubliés. Il a été happé par les hommes et nous a laissés seuls.

Avec Rogul et les enfants, nous avons commencé à marcher sur la route. Je l'ai déjà dit, je n'ai jamais porté de tchadri. Aussi, enveloppée dans mon grand foulard, j'ai croisé des hommes qui ne m'ayant jamais vue ne soupçonnaient même pas qui je pouvais être. Nous remontions à contre-courant quand la voiture d'un voisin s'est arrêtée. Nous y sommes montés et, de loin, j'ai vu mon mari qui tournait la tête vers nous. Rassuré, il s'est alors adressé à la foule : « Rendez-vous tous devant l'école de Bozarak. » Le message est passé à travers les villages.

10.

Une centaine d'hommes de tous âges se pressaient sous les arbres. Ils étaient graves et abattus. Leur pays était envahi et, à tout moment, les talibans pouvaient attaquer et massacrer la population. Massoud s'est adressé à eux dans un grand silence. Comment cet homme qui s'était battu pendant des années, et qui venait de perdre si près du but trouvait-il encore l'énergie pour défendre une cause désespérée ? Par quel miracle les trahisons ne lui laissaient-elles aucune amertume, aucune rancune ni aucune haine ? À moins d'y voir une volonté du ciel, c'est un de ces nombreux mystères qui ne seront jamais élucidés. Une fois encore, son charisme et sa force de conviction ont opéré. Face à la foule, il a trouvé des arguments et balayé les objections. « Même si le dernier morceau de terre libre n'est pas plus large que mon pakol, je me battrai jusqu'à mon dernier souffle pour le défendre. Et vous ? Laisserez-vous votre pays prisonnier ? Ou le défendrez-vous comme de bons musulmans ? » La foule était galvanisée par ses paroles. « Mieux vaut mourir debout, a-t-il martelé, que se traîner à genoux, sous le joug de l'envahisseur ! » Les hommes se sont tous levés, enthousiastes. On ne lisait plus ni tristesse ni découragement sur leur visage, mais une grande détermination. Ils avaient retrouvé leur chef. Mon mari leur a alors expliqué qui étaient exactement les talibans et pourquoi il fallait les combattre, comme les Russes auparavant. « Chacun va devoir reprendre son *tchonta* (barda), sa lampe à huile, et repartir au combat. Êtes-vous prêts ? » leur a-t-il encore demandé. Les anciens ont pris la parole : « Amer Saheb, nous sommes à tes côtés. Et pas seulement nous, les hommes, mais aussi nos femmes et nos enfants. »

Quand, plus tard, il nous a rejoints dans notre petite maison de Jangalac, il avait retrouvé son beau sourire : « Le peuple est à mes côtés, je vais y arriver. » Même dans les pires moments de sa vie, même quand il lui fallait prendre une décision rapide et même si son opinion était déjà faite, il avait besoin de sonder ses troupes pour se nourrir de leur adhésion.

Le soir même, dans la pièce réservée aux invités, il recevait tous ses commandants pour coordonner la résistance, organiser la vie des centaines de milliers de réfugiés qui campaient maintenant dans la vallée et répartir les combattants dans différents points stratégiques. Les jours suivants, nous n'avons même pas eu le temps de nous parler car la maison était pleine de gens. Je n'ai appris la pendaison de Nadjibollah qu'une semaine plus tard. Quand il me l'a racontée, il en était encore bouleversé.

Les événements se bousculaient à toute vitesse.

Les talibans remontaient à présent vers le tunnel de Salang, comptant attaquer le Panjshir. Massoud a fait sauter la route à Tangui. La vallée était désormais inaccessible car seule cette voie étroite la reliait à la plaine. Plus de vingt ans s'étaient écoulés depuis le coup d'État raté contre le président Daoud. Mon mari revenait aujourd'hui à son point de départ, dans cette vallée du Panjshir qu'il connaissait comme sa poche et où, plus que nulle part ailleurs, il était chez lui. Était-il découragé de voir l'histoire bégayer ? En tout cas, il ne le montrait pas. Au contraire, et c'était là l'un des traits constants de sa personnalité, plus la situation devenait grave et plus il affichait une confiance communicative.

Moi, je n'étais pas dupe.

Pendant toute une longue période, ses troupes n'ont pas attaqué. Il leur demandait seulement de résister aux assauts des talibans comme, dans le temps, elles avaient su repousser les sept offensives soviétiques. De violents combats se sont déroulés à Parwan et à Kapissa jusqu'à ce que les talibans soient obligés de rebrousser chemin vers Kaboul.

Bientôt, avec l'aide de Dostom et de Khalili, ses nouveaux alliés après avoir été ses adversaires, même Bagram a été repris.

Cinq mois plus tard, les talibans étaient de nouveau à Tangui.

Notre vie repartait de zéro. La plupart de nos affaires étant restées à Jabol Saraj, je n'avais pas assez de vêtements pour les enfants et aucune réserve de nourriture, comme on en trouve traditionnellement dans toutes les maisons afghanes. Pourtant, il fallait préparer des repas pour les proches, les militaires et les familles de réfugiés qui ne possédaient rien. Tous les grands chefs étant partis se mettre à l'abri, Amer Saheb était, une fois encore, seul à se battre. Pour la première fois, alors qu'il ne s'autorisait jamais un mot contre qui que ce soit, je l'ai entendu critiquer ceux qui l'avaient abandonné. Cette attitude inhabituelle a plongé mon cœur dans un immense désarroi. Plus tard, quand tous ces commandants, de Rabbani à Azrat Ali en passant par Sayyaf et Khalili, reviendront au pays, il les accueillera sans aucun reproche, mais, à moi, il dira : « C'est toujours la même histoire. Dès qu'il y a un problème, ils partent et, lorsqu'ils s'aperçoivent que leur avenir est ici, ils rentrent ! Et moi, à partir du moment où ils peuvent être utiles au pays, je leur ouvre les bras ! On ne se refait pas, vois-tu. »

Le Panjshir, si calme d'ordinaire, était à présent un lieu de circulation intense. Le seul moyen d'en sortir était l'hélicoptère. La résistance en possédait plusieurs, offerts, ironie du sort, par les Russes. À deux heures de vol, ou quatre jours par la route, Douchanbe, au Tadjikistan, est devenue sa base militaire arrière. À l'exception de l'Arabie Saoudite, des Émirats et du Pakistan, les seuls pays au monde à avoir reconnu officiellement le régime taliban, toutes les ambassades ont continué tant bien que mal à fonctionner au nom de l'État islamiste de l'Afghanistan, le nom officiel de notre pays libre. Leurs responsables étaient nommés par Amer Saheb et, souvent, ils l'aidaient à organiser l'exil de grands commandants dont la ville était assiégée par les talibans, comme à Dare Kayan, dans la région de Bamiyan, où ils ont exterminé sans états d'âme toute la population.

Nos petites routes en terre, parcourues d'habitude par des troupeaux de chèvres, quelques autobus et de rares voitures, étaient maintenant sillonnées par les soldats. Des étrangers, officiels ou journalistes, ont été étonnés que le tchadri ne disparaisse pas du paysage, et certains ont même accusé Massoud de l'imposer. Quelle erreur ! Si ces observateurs s'étaient enfoncés à l'intérieur des villages, ils auraient pu voir des femmes et des jeunes filles au visage découvert. Mais il est vrai que pour se déplacer à pied sur la route, c'était, de leur point de vue, la meilleure des protections. Mon mari rappelait souvent que le port du tchadri n'était pas obligatoire. « Cependant, disait-il, je ne veux pas l'interdire et faire, à l'envers, la même chose que les talibans. » Il reconnaissait que les Afghanes étaient opprimées depuis des siècles par des traditions et des spécificités culturelles pesantes, mais ne ratait jamais une occasion de répéter que dans le Coran, les hommes et les femmes étaient égaux. « Mais, alors que j'essaie de les libérer de leurs chaînes, expliquait-il, l'arrivée des fondamentalistes les a consolidées ! » Il était convaincu que seule l'éducation apporterait la liberté aux femmes. D'ailleurs, ce n'est pas un hasard si celles qui refusaient de porter cette prison de tissu étaient, dans leur grande majorité, éduquées. Je me souviens d'un soir où il a convoqué un homme qui voulait marier de force sa fille. Désespérée, elle avait envoyé une lettre à mon mari pour lui expliquer combien ce mariage lui faisait horreur. Amer Saheb a raisonné son père et quand il est parti, convaincu, il m'a dit en souriant : « Celle-là, si elle n'avait pas su écrire, elle aurait passé sa vie à le regretter. »

Les réfugiés arrivaient de tous les coins du pays. Chaque fois qu'un village était attaqué, ses habitants fuyaient vers la zone libre. Selon la route qu'ils empruntaient, le froid ou la chaleur tuait leurs enfants, les malades ou les personnes âgées. Les premiers jours, ce sont les Pansheris eux-mêmes qui les ont pris en charge. La sœur du docteur Abdullah a transformé son grand jardin empli de fleurs en un campement pour des centaines de familles. Pendant plus de vingt jours, et dès six heures du matin, elle a préparé dans une énorme marmite de la nourriture qu'elle distribuait dans des morceaux de plastique, le nombre d'assiettes n'étant pas suffisant. Les fuyards qui venaient de Chamali, par quarante degrés au soleil, avaient les pieds nus, ensanglantés. Ils avaient été surpris pendant la nuit par les bombardements et n'avaient pas eu le temps de mettre leurs chaussures, rangées à l'extérieur. Je me souviens particulièrement d'une jeune maman qui titubait en portant dans les bras son bébé, mort depuis des heures, qu'elle ne voulait pas lâcher. Deux camps de plusieurs milliers de réfugiés ont bientôt été établis à Hanaba et à Dashtaq. Des petits murets de séparation ont été construits et des tentes montées. Comme leur nombre était insuffisant, des bâches en plastique ont servi de toit sous lesquels la chaleur était intenable. Des autobus abandonnés abritaient des familles entières, des petits tas de pierres remplaçant leurs pneus crevés pour stabiliser l'engin. Les histoires que me rapportaient les femmes qui arrivaient de Kaboul me glaçaient le sang. Elles n'avaient plus le droit de rien faire et pouvaient être battues sous n'importe quel prétexte. Pour un ongle verni, certaines avaient même eu un doigt de pied tranché. Jour après jour, les viols et les disparitions se multipliaient, la charia revue et corrigée par les talibans était devenue la règle absolue et, à travers de nombreux articles, ils imposaient aux femmes des diktats invraisemblables.

— Interdiction de travailler en dehors de la maison, y compris pour les médecins, les enseignantes, les ingénieurs et la plupart des professions.

— Interdiction de sortir sans être accompagnées par un *mahram* (parent masculin).

— Interdiction de traiter avec des commerçants hommes.

— Interdiction de se faire soigner par un médecin homme.

— Interdiction d'aller à l'école, à l'université ou dans quelque autre organisme éducatif.

— Obligation de porter un tchadri les recouvrant de la tête aux pieds.

— Interdiction de parler ou de serrer la main d'hommes autres que les mahram. Interdiction de rire de manière audible.

— Interdiction de porter des chaussures à talons, pour ne pas faire de bruit en marchant.

— Interdiction de se déplacer en taxi sans un mahram.

— Interdiction de parler à la radio, à la télévision ou d'être présente lors d'événements publics.

— Interdiction de faire du sport ou d'entrer dans un club ou un centre sportif.

— Interdiction de faire de la bicyclette ou de la mobylette, même accompagnées d'un mahram.

— Interdiction de porter des habits de couleurs vives.

— Interdiction de se rassembler lors de fêtes populaires ou pour tout motif récréatif.

— Interdiction de laver du linge près des rivières ou en public.

— Interdiction d'apparaître au balcon des maisons ou appartements. Obligation de peindre toutes les fenêtres, pour éviter que les femmes ne soient vues de l'extérieur.

— Interdiction de porter un pantalon large, même sous le tchadri.

— Interdiction pour les tailleurs hommes de prendre les mensurations d'une femme ou de lui coudre des habits.

— Interdiction de monter dans les transports en commun.

La vie ne ressemblait plus à rien. La musique, la télévision, la radio, les chants et les fêtes étaient prohibés ainsi que la célébration du nouvel an traditionnel (Nowroz), le 21 mars. Une mort lente était programmée.

Tous les jours, du matin au soir, je recevais des dizaines de femmes et je me faisais la porte-parole de leurs doléances et de leurs demandes auprès de mon mari. Peu à peu, je l'ai sensibilisé à leur cause et, en retour, je pouvais lui donner des renseignements à propos de ce qui se produisait dans des provinces sur lesquelles il n'avait aucune information. Il était souvent étonné de s'apercevoir que je connaissais beaucoup de choses et, pour me taquiner, il citait sentencieusement un proverbe afghan : « L'aveugle qui ne quitte pas sa maison est au courant de ce qui se passe à Bagdad. »

Bientôt, un autre problème a surgi : l'augmentation du nombre des prisonniers. À la grande surprise de mon mari, toutes les nationalités étaient représentées chez les talibans. Des Afghans bien sûr, mais aussi des Pakistanais, des Chinois, des Arabes et même des Occidentaux. Il a interrogé les premiers captifs dans la petite pièce de notre maison réservée aux invités. « Pourquoi faites-vous cette guerre ? Pourquoi l'appelez-vous djihad ? Savez-vous que nous sommes des musulmans comme vous ? » En sortant de cet entretien, il était effondré. « Ce n'est même pas la peine de leur parler, ils ne comprennent rien. Ils ont subi un lavage de cerveau et sont complètement endoctrinés. » Chaque fois qu'il essayait d'obtenir des renseignements, il les questionnait avec beaucoup de calme, mais cela ne donnait jamais rien car ces hommes restaient incroyablement impassibles, psalmodiant mécaniquement des versets du Coran. Pourtant, comme les prisonniers russes autrefois, ils étaient très bien traités. Massoud exigeait qu'ils soient aussi bien nourris que les réfugiés. Ils étaient même mieux logés ! Jusque-là, il n'y avait pas de prisons dans la vallée, il a donc fallu très vite en construire quelques-unes. Je me souviens de celle de Borak où les prisonniers étaient autorisés à se laver et à faire leurs ablutions dans la rivière. Au début, certains, peu habitués à la nourriture et au climat, sont tombés malades. Et je dois reconnaître que j'ai été très étonnée quand mon mari a demandé des médecins pour les soigner.

Un soir, il est rentré le front plissé, comme on dit chez nous quand quelqu'un est en colère. D'habitude, dès qu'il franchissait le seuil de la maison, il me cachait tous ses soucis. Mais, là, il venait de sermonner un moudjahidin qui, croyant bien faire, avait ordonné à un groupe de prisonniers de réparer le chemin qui menait à notre maison. « Ce garçon est complètement idiot, fulminait mon mari. Que les prisonniers travaillent pour l'intérêt public, d'accord, mais pas pour mon compte personnel. C'est inadmissible. Pari, fais-leur à manger ! » Comme je me suis mise à la cuisine à contrecœur, il m'a réprimandée : « Ces pauvres garçons sont non seulement des êtres humains, mais en plus des victimes. Ils paient leur aveuglement et ce n'est pas la peine d'en rajouter. »

Notre maison était ouverte à tout le monde et, souvent, des vieilles dames traversaient le pays pour venir réclamer leur fils prisonnier. « Il a été endoctriné dans une madrasa, expliquaient-elles. On me l'a enlevé tout petit, c'est pour ça qu'il a mal tourné. » Dans ces moments-là, je trouvais mon mari encore plus extraordinaire que d'habitude. Moi, qui n'avais pas fait la guerre, pas vu les horreurs commises par les talibans ni ramassé de mes propres mains les cadavres de nos soldats, je pensais : « Celui-là, c'est impossible qu'il le libère. » Eh bien, si ! Incapable de céder à la vengeance, il se plongeait dans les registres pour chercher le taleb en question et le rendait à sa mère. De temps en temps, quand il s'apercevait que c'était la deuxième fois qu'il le relâchait, il riait en levant la tête du cahier : « Cette fois-ci, promets-moi de mieux surveiller ton fils ! » Une fois, une jeune femme de Pol-e Khomri, au nord du pays, est arrivée dans un état lamentable pour réclamer son mari. Elle portait un bébé de trois mois et nous a expliqué son histoire. « Nous étions très pauvres et, quand mon quatrième enfant est né, mon mari est entré chez les talibans car il avait besoin d'argent pour nourrir sa famille. Si vous le gardez, nous sommes tous perdus. » Non seulement il a remis l'homme en liberté, mais il m'a demandé de donner à la maman un peu de nos économies. Elle nous a rapporté que les talibans racontaient que la vallée était peuplée de sorcières et de sorciers, et que l'on n'en revenait jamais vivant. C'était déjà ce que disaient les Russes !

Si beaucoup d'hommes rejoignaient les talibans pour sauver leurs familles, d'autres, dans l'entourage même de Massoud, trahissaient pour de l'argent. Ainsi, le commandant Bassir Salangui. En charge de Salang, il s'était rendu avec tous ses hommes, livrant à l'ennemi cette région du Nord. Mon mari l'a cherché partout pour comprendre ce qui s'était passé. Quand il l'a enfin joint à la radio, Bassir lui a dit : « Amer Saheb, on s'est trompés sur les talibans. C'est pour ça que je me suis rendu. » Salang ayant toujours été un point stratégique, mon mari était catastrophé. À cette époque, la résistance regagnait les territoires au compte-gouttes. En perdre un aussi important que Salang était donc un échec retentissant. « Tu avais réussi, grâce à ton courage contre les Russes, à apporter à ta famille une immense renommée, lui a-t-il dit.

Aujourd'hui, tu la couvres de honte sur plusieurs générations ! »

Quelques mois plus tard, après son petit déjeuner, mon mari est sorti pour passer ses communications radio. Je me lavais les mains dans le petit ruisseau de notre jardin quand il est arrivé avec un immense sourire, celui qui illuminait ses yeux magnifiques et qui vous faisait fondre quand il vous regardait. « Pari, s'il te plaît, prépare ma tenue militaire », m'a-t-il dit. À la maison, il était toujours habillé avec des vêtements décontractés. « J'ai aujourd'hui un invité important. Fais-nous quelque chose de très bon. Des épinards par exemple. » Ces légumes, très recherchés, ne poussaient pas partout et il fallait envoyer des gens les cueillir dans une vallée voisine. En le voyant tellement heureux, je lui ai demandé avec curiosité :

— Et qui est cet invité particulier ?

— Je ne sais pas si tu vas l'apprécier beaucoup.

— Si vous l'aimez, je ne vois pas pourquoi je ne l'aimerais pas. Qui est-ce ?

— Le commandant Bassir.

— Quoi ! ai-je explosé. Alors ça, c'est la meilleure. Non seulement je ne lui préparerai rien à manger, mais en plus je vais lui faire avaler du poison.

— Eh bien, tu tueras aussi ton mari, car je vais manger exactement la même chose que lui !

Je me suis un peu excusée, mais j'étais ulcérée.

— Ne t'inquiète pas, m'a-t-il répondu. Si tu voyais comme il est mal. Il courbe la tête devant le plus simple des moudjahidin. Il est assez puni et ça ne vaut même pas la peine que tu lui en veuilles.

Aujourd'hui encore, je n'arrive pas à comprendre comment il pouvait être aussi peu rancunier. Selon lui, avant de juger quelqu'un, il fallait lui donner plusieurs chances. Et, d'ailleurs, quand une personne commettait une faute, il ne le disait jamais pour éviter qu'on ne porte sur lui un mauvais jugement.

Dans l'ensemble du pays, les écoles étaient désormais interdites aux filles. Quant aux garçons, ils étaient soumis à un véritable bourrage de crâne dans les madrasa. Aussi, dès qu'une jeune fille ou une femme un peu éduquée arrivait de Kaboul, elle devenait professeur par défaut. Sans livres, sans crayons, sans cahiers, elle communiquait au moins ce qu'elle savait. Le dénuement dans lequel vivaient les familles leur aurait été plus supportable si leurs enfants ne s'étaient peu à peu enfoncés dans l'ignorance. Le sacrifice d'une génération complète se profilait.

Cette situation inquiétait beaucoup Amer Saheb, qui avait nommé des responsables de l'éducation au niveau de la vallée et des camps où presque la moitié des réfugiés était des enfants. Il était obsédé par l'idée de faire fonctionner des écoles, quitte à réquisitionner des bâtiments, y compris les mosquées. Ainsi, sous des tentes ou dans des locaux sans fenêtres, des classes se sont peu à peu organisées. Au début, seuls les garçons se sont présentés, aussi chaque directeur a été obligé de faire le tour des camps pour persuader les parents de laisser leurs filles venir à l'école. Quand les avions arrivaient et que les bombardements commençaient, les enfants s'éparpillaient, puis ils revenaient reprendre la classe exactement là où elle avait été interrompue.

Une des parentes de mon mari avait pris en charge l'école de Jangalac qui, compte tenu du nombre d'élèves, se tenait sous une tente et à la mosquée. À Kaboul, elle était directrice d'un lycée de sept mille élèves. Ici, comme ses apprenties professeurs, elle ne recevait plus aucun salaire. Après avoir installé sa famille dans la vallée, elle était repartie chercher quelques affaires dans la capitale. Elle n'avait jamais porté de tchadri. Les talibans l'ont punie en frappant violemment ses jambes à coups de fil électrique, et elle a eu de la chance d'avoir la vie sauve. Bien entendu, cette femme courageuse faisait partie de celles qui, refusant de céder à la pression ambiante, ne portaient toujours pas de tchadri. Chaque jour, mes trois aînés, Ahmad, Fatima et Mariam, se rendaient dans son école et, parfois, j'assistais aux cours avec Aicha sur les genoux. Le soir, quand il en avait le temps, leur père les faisait travailler. Dès qu'il rentrait à la maison, ils étaient sa priorité absolue. Les plus grands se jetaient dans ses bras pendant que les plus jeunes s'agrippaient à ses jambes. Et c'était une succession de jeux et de poursuites. Il était d'une patience infinie et je ne l'ai jamais entendu élever la voix. Sauf une fois. Un commandant venait de sortir de son bureau et Ahmad, qui assistait souvent à ses rendez-vous, lui a demandé : « Papa, c'était un Ouzbek ? Il avait un drôle d'accent. » Mon mari, qui n'a jamais eu un geste impatient envers aucun de ses enfants, l'a pris par l'oreille et lui a dit avec colère : « C'est un Afghan ! Comme toi et moi. Je ne veux plus jamais t'entendre parler comme ça. » Mon fils s'en souvient encore.

Une fois de plus, malgré la guerre, les attaques et les privations, notre vie de famille était sauvée. Nous ne manquions de rien, même si nous vivions avec peu. Mon mari détestait les dépenses superflues. Dès notre arrivée à Jangalac, il avait voulu une vache laitière afin de ne plus acheter le lait, le fromage et le beurre. Plus tard, nous avons eu des poules, et il adorait voir tous ces animaux autour de lui. Chiffres à l'appui, il m'expliquait que, dans certains pays, les fermes étaient très importantes et il ajoutait : « Un jour, tu verras, chez nous aussi, il y en aura partout. » Depuis que nous avions quitté Piu, il subvenait complètement à nos besoins. Il n'était pas riche mais ne voulait jamais profiter, même indirectement, de l'argent de la résistance. C'est lui pourtant qui le gérait, en grande partie via le commerce des émeraudes. En Afghanistan, les mines n'appartiennent pas au gouvernement, elles sont exploitées par les habitants. Massoud achetait les pierres brutes et, grâce à des intermédiaires, les écoulait à l'étranger pour pouvoir acquérir des armes, des uniformes, et entretenir ses troupes. Pendant un temps, il avait autorisé ses hommes à fumer, et leur payait même des paquets de LM. Or trente afghanis (le prix d'un paquet) multipliés par cinq mille soldats, cela représentait une grosse dépense pour un budget serré. Aussi, en 1986, il a interdit le tabac. Mais auparavant, il avait réuni une assemblée de Barbes blanches pour leur demander si, à leur avis, le Coran autorisait ce genre de pratique. Ils ont réfléchi et se sont prononcés contre. Ainsi, sur les cent vingt kilomètres de la vallée du Panjshir, le tabac a été prohibé. Et quand Amer Saheb en trouvait, vendu clandestinement dans une échoppe, il le faisait brûler.

Il a toujours eu un sens inné de la gestion. Très jeune, il avait proposé à son père de l'aider à gérer son salaire. Il s'en était chargé pendant deux ans et, pour la première fois, sa famille avait réussi à faire des économies !

Dès qu'il recevait les bénéfices de la vente des émeraudes, il s'asseyait au milieu de la pièce pour faire des comptes, avec tous ses papiers autour : « Tant pour les munitions, tant pour les tentes des réfugiés, tant pour la nourriture des hommes... Je suis tranquille pour vingt jours. On va pouvoir commencer à attaquer. » Mais il était toujours à court d'argent ! Je le revois encore interrompre une communication radio pendant laquelle il organisait un assaut, réfléchir quelques secondes et reprendre : « Il n'y a pas de route à cet endroit pour qu'on avance et qu'ils reculent. Il faut d'abord rabattre un peu de terrain. » Et il se mettait à calculer : « Travaux, plus nourriture, plus containers pour entreposer l'eau potable... C'est bon, on peut y aller. » Des stocks de chaussettes des moudjahidin à l'état des tanks, en passant par la commande des tenues d'été, il gérait tout. Souvent, je l'entendais demander au téléphone : « Tu as bien pensé aux nouveaux uniformes ? Et aux chaussures ? » Il s'occupait de ses soldats comme de ses enfants. Parfois, en plein repas, il se figeait, la bouchée de nourriture à quelques centimètres de ses lèvres : « Et les moudjahidin dehors, ils ont de quoi manger ? » demandait-il. Il aimait particulièrement le *landi*, un plat de viande de mouton séchée au sel pendant l'automne et que l'on cuisine l'hiver avec du riz et des lentilles. Je ne peux même pas compter le nombre de fois où, en le mangeant, il a dit : « Et les garçons, ils ont aussi du landi ? » Il ne se passait pas un repas, surtout si nous le prenions avec les enfants qu'il voulait sensibiliser, où il ne disait pas : « Pensons à ceux qui n'ont pas la chance de manger en ce moment. » Quand il buvait ou se nettoyait le visage avec de l'eau fraîche, ses pensées allaient encore vers ses hommes : « En ce moment, ont-ils de l'eau aussi bonne que celle-ci ? »

Il traquait les dépenses inutiles ou le gaspillage. De temps à autre, quand des visiteurs ou des membres de sa famille ne savaient pas quoi lui offrir, ils lui donnaient de l'argent pour notre entretien. Tous les mois, il me versait une somme d'argent et je notais toutes mes dépenses dans un petit cahier. Quand j'envoyais un de mes frères ou un adolescent faire les courses – dans les provinces, ce sont les hommes qui font le marché –, je marquais tout scrupuleusement : un kilo de pommes de terre, d'oignons, de carottes...

Souvent, des veuves ou des pauvres venaient réclamer de l'argent pendant son absence et il m'arrivait d'oublier ce que je leur donnais. Je sais que ce n'est pas bien de parler de ça, mais je dois dire que nous distribuions beaucoup d'argent. Parfois jusqu'à la moitié de notre budget. Lui aussi, il l'oubliait et, ensuite, quand on regardait ensemble le cahier, il me demandait : « Pourquoi il y a un trou là ? Où est passé cet argent ? Fais attention, Pari, on ne roule pas sur l'or. » Quand je pense au niveau de vie de certains dirigeants entre 1992 et 1996 à Kaboul, je me dis que mon mari était trop honnête. Il ne voulait même pas que je prenne un peu de sucre ou de farine sur les provisions destinées aux moudjahidin ! Quand je n'avais plus rien, j'allais m'asseoir à côté de lui et chaque fois, avant même que j'ouvre la bouche, il me disait en riant :

— Je sens que tu vas me demander des afghanis.

— Et comment le savez-vous ?

— Je devine à vingt mètres ce que les gens ont dans la tête, s'ils sont honnêtes et s'ils comptent me réclamer de l'argent !

La maison que mon père faisait construire à Bozarak, au milieu des échoppes et des petites maisons de torchis, était presque terminée. Derrière son portail en fer, c'était une maison imposante en pierre avec, au rez-de-chaussée, un large salon et une salle à manger ; au premier étage, plusieurs chambres et une salle de bains ; et au dernier, l'appartement de mes parents avec salon, chambre, salle de bains et une vaste terrasse qui donnait sur la rivière et la vallée. Mon mari y recevait ses invités importants, des étrangers – très rares à l'époque – et les gens dont la présence devait passer inaperçue. Avec son grand sens de l'hospitalité, il voulait que ses hôtes, du plus grand au plus petit, soient toujours bien installés. Très vite, en revenant dans le Panjshir, il avait organisé une guesthouse à

Astana, en haut de la vallée. C'était une maison simple, mais confortable, avec trois chambres. Le problème, c'est qu'elle était située sur un terrain désert et qu'il était difficile d'y entrer sans se faire remarquer. Alors que chez mes parents, même en plein village, on pouvait passer discrètement sur le côté. Or, comme durant la guerre contre les Russes, Massoud avait maintenant des informateurs dans les rangs ennemis, et c'est en partie grâce à leurs informations qu'il arrivait à tenir face aux talibans qui gagnaient de plus en plus de terrain.

C'est toujours moi qui faisais la cuisine à ses hôtes et ce n'était pas simple à organiser. Surtout quand il me disait le matin même : « Aujourd'hui, je vais avoir des invités. » Dans la vallée, il n'y avait pas de boutiques comme dans les villes et je devais bricoler un bon repas avec les produits du jardin ou envoyer quelqu'un chercher des denrées ailleurs. Quand il partait ou qu'il n'avait aucun visiteur, je pouvais enfin m'occuper des enfants, du linge et de la maison. Mais sans eau courante et sans électricité, je n'avais pas une minute à moi.

En 1998, la situation s'est encore dégradée. Je venais de tomber enceinte quand les talibans ont pris Mazar-e Sharif, puis Charikar où ils ont brûlé des villages entiers en massacrant femmes et enfants. Ce soir-là, Massoud est revenu défait et s'est mis à pleurer, la tête entre ses mains : « Comment ces bêtes sauvages pourraient-ils être afghans ? Dis-moi que c'est impossible ! »

Je vivais dans un état d'angoisse permanente. Les bombardements violents se succédaient et je savais, sans que jamais mon mari me le dise, que nous étions une cible privilégiée. La maison de mes parents était particulièrement visée et, une fois, une bombe est tombée sur le camp de réfugiés d'à côté. Trente personnes ont été tuées, l'on a retrouvé des cheveux jusque dans les arbres. Mazar a été regagné. Et mon mari a attrapé la malaria. Malgré la fièvre, il n'a pas voulu s'arrêter. Une nuit, il est rentré complètement épuisé. Livide, il ne tenait plus sur ses jambes. Je l'ai aidé à se coucher et, avec mon père, nous nous sommes relayés pour mettre des linges humides sur son front afin de faire tomber la fièvre qui le dévorait. Il grelottait. Derrière la porte, ses commandants attendaient ses instructions. Il était inconscient. Pour moi, pendant plusieurs jours le temps s'est arrêté. Dans ses moments de lucidité, on l'aidait à s'asseoir pour passer ses communications radio ou faire sa prière car il n'arrivait pas à se lever. Il était vraiment très malade. Pour résister à la peur qui m'étreignait en voyant son visage couvert de gouttes de transpiration, je priais : « Mon Dieu, je ne veux pas le perdre, le peuple a besoin de lui, protégez-le. » Enfin, la fièvre a commencé à descendre. Un matin, après avoir mis en route le repas dans la cuisine au fond du jardin, je suis entrée dans la chambre pour voir comment il allait. Il était allongé sur le lit, les mains sur le visage. Je l'ai appelé doucement, mais il n'a pas bougé. Comme il respirait calmement, j'ai pensé qu'il méditait ou réfléchissait, et je suis ressortie pour donner à manger aux moudjahidin. Un peu plus tard, je suis revenue avec une soupe légère, sans matière grasse, et un peu de riz. Je me suis assise à côté de lui et j'ai entrepris de lui masser les pieds. Il pleurait. J'ai retiré ses mains et essuyé ses yeux.

— Ça ne va pas? lui ai-je demandé.

Il m'a regardé sans répondre.

— Vous vous sentez plus mal? ai-je insisté.

— Au contraire, je vais mieux, m'a-t-il répondu d'une voix sourde.

— Mais pourquoi pleurer alors ?

Il est resté un long moment en silence comme s'il poursuivait un dialogue muet qui ne pouvait pas s'interrompre. Quand il s'est remis à parler, ses paroles ont été terribles :

— J'étais en train de dire à Dieu : si c'est à cause de moi que mon peuple est détruit et que ses enfants sont massacrés, alors prenez ma vie. Et, en échange, donnez à mon pays la liberté qu'il mérite. Pari, si par ma mort le pays retrouve la paix, je suis prêt à partir.

À mon tour, je me suis mise à pleurer, prise d'une tristesse infinie. Ma grossesse se passait mal. Les nausées ne me quittaient pas et, souvent, j'étais obligée de m'allonger en cachette durant la journée pour calmer les contractions. Mais je m'accrochais à cette vie que je portais en moi. Il avait été question un temps de m'évacuer en Iran pour l'accouchement qui s'annonçait difficile, mais les événements en avaient décidé autrement. Et tant mieux, je ne voulais pas quitter mon mari. Jamais, même dans les pires moments, nous n'avions envisagé, lui ou moi, de nous séparer. Je mentirais si je disais que je ne pensais jamais à la mort. La sienne m'obsédait. Mais il avait échappé à tellement d'attentats, d'accidents, et essuyé tant et tant de tirs de roquette que je pensais qu'il était protégé de Dieu, invulnérable. Le seul souhait que je formulais était que nous partions ensemble.

Je ne l'avais jamais vu aussi fatigué, découragé et désespéré que dans ce moment-là.

— Comme si Dieu pouvait vous demander de mourir ! ai-je murmuré en me redressant et en ignorant les coups de poignard que je sentais dans mon ventre. Vous ne pouvez pas penser ça. Vous avez toujours été là. Je vous en supplie, ne nous abandonnez pas.

Je ne sais pas où j'ai trouvé les mots ni où j'ai puisé la force de parler. Dans l'amour sans doute. Il s'est ressaisi, a un peu mangé et s'est levé pour partir combattre.

Peu de temps après, Mazar était reperdu et le Panjshir encerclé.

Après trois attaques sans succès, les talibans essayaient maintenant de prendre la vallée en étau, d'Andarab à Tangui.

Le terme de ma grossesse arrivait et, même si je pensais à la naissance de mon fils durant laquelle j'avais failli mourir, j'essayais de me rassurer en me disant que c'était certainement une fille et qu'elle serait moins grosse que son frère.

Un couple de médecins de Kaboul travaillait à la clinique de Rokha. Les réfugiés continuaient à refluer en masse et le docteur Shkohmand et sa femme passaient leurs journées à circuler de camp en camp pour examiner les malades dans des petits postes de secours installés un peu partout. L'eau potable manquait, les médicaments aussi, et la dysenterie faisait des ravages parmi les enfants. Mme Shkohmand était la seule femme médecin de la vallée, aussi avait-elle énormément de travail. Quand le bébé est descendu, elle est venue me voir. « Votre enfant est très gros, m'a-t-elle prévenue. C'est pour ça que vous êtes aussi fatiguée. » Lorsque je lui ai raconté les circonstances de la naissance d'Ahmad, elle m'a rassurée : « L'accouchement sera peut-être un peu long, mais il ne se passera rien de grave. Je vous le promets. » Comme des centaines de femmes l'attendaient, elle n'a pas pu rester avec moi. La nuit même, j'ai perdu les eaux et j'ai accouché seule, avec maman à mes côtés. Mon mari, très inquiet, a entendu de l'autre bout de la maison le premier cri de notre sixième enfant : une adorable petite fille. Le lendemain matin, il a pris dans ses bras le bébé dodu et plein de fossettes, et l'a appelé Nasrine. Il n'a jamais fait aucune différence entre ses enfants et les aimait tous de la même façon, mais il était complètement attendri par la dernière aux yeux d'écureuil rieurs et coquins. Quand il arrivait pendant la nuit et qu'elle dormait avec moi, il la réveillait en l'embrassant. Dès qu'elle voyait le visage de son père, elle souriait aux anges. Ce qui faisait fondre le chef de guerre impressionnant qui, dans l'intimité, devenait le plus tendre des papas. Sans doute conscient qu'il ne verrait pas grandir cette enfant, il essayait de s'en séparer le moins possible, et il a terminé nombre de réunions importantes avec son pantalon mouillé par sa fille endormie contre lui. Aujourd'hui encore, quand on parle de son père devant elle, Nasrine s'enfonce dans un silence terrible. Et il n'y a pas si longtemps, quand je lui ai annoncé que bientôt elle ne dormirait plus avec moi, elle s'est écriée : « Papa va revenir ! » Elle n'a pas oublié les nuits où il la réveillait avec des baisers, avant de la porter dans la chambre à côté.

Andarab, Khawak, Versadj... tous les points stratégiques du Nord tombaient les uns après les autres aux mains des talibans. Les chemins les plus impraticables qui nous avaient menés vers Piu, des années auparavant, étaient désormais en leur possession. Mon mari ne dormait plus.

Ce matin-là, il était parti de très bonne heure pour inspecter toute la vallée depuis l'entrée où il avait fait sauter la route, jusqu'en haut, à Khawak. En fin d'après-midi, il est revenu décomposé. Il m'a appelée : « Qui est à la maison ? » Comme d'habitude, j'avais reçu toute la journée des femmes qui réclamaient de l'aide. Là, je parlais avec deux d'entre elles qui voulaient prévenir Amer Saheb que leurs fils étaient en route pour rejoindre ses troupes. « Il faut qu'elles s'en aillent tout de suite. Donne-leur quelque chose », m'a-t-il dit. Je n'avais aucun argent sur moi et j'ai essayé de lui expliquer qu'elles voulaient lui parler, mais il m'a interrompue : « Il faut absolument qu'elles partent. » Dans le jardin, je stockais dans des containers des réserves de riz, de farine et d'huile afin de pouvoir toujours cuisiner un repas. J'ai fait de gros sacs et je les ai donnés aux femmes avec beaucoup de calme, car je savais que, même dans les pires moments, je devais garder la tête froide pour ne pas paniquer les gens.

« Il faut que tu fasses venir ton père », m'a-t-il dit.

J'étais étonnée mais j'ai obéi sans poser de questions. Pendant ce temps, mon mari s'est enfermé dans notre chambre pour passer des communications radio. Je sentais bien qu'il se passait quelque chose de grave. Mais quoi ? Quand mon père est arrivé, je lui ai tenu compagnie en attendant qu'Amer Saheb finisse. Quand il nous a rejoints, il m'a demandé d'aller lui préparer des vêtements. À une heure du matin, j'ai trouvé ça tellement bizarre que je suis restée derrière la porte.

— L'ennemi monte une très grosse opération, a-t-il annoncé à mon père. Je vais faire comme avec les Russes, les laisser entrer et leur donner une leçon. Mais, aujourd'hui, la situation n'est plus la même pour moi. J'ai une famille et je ne suis pas tranquille. Il faut que vous vous occupiez d'elle.

— Pas de problème, a dit mon père. Je vais les emmener à Parende.

— Impossible. Maintenant qu'ils ont pris Andarab, Parende n'est qu'une question de jours pour eux. Or je vais me battre jusqu'à ma dernière goutte de sang. Je ne pourrai pas le faire en sachant que ma famille est en danger. Si ma femme et mes enfants sont pris en otages, comment pourrais-je continuer? Et si je meurs, qu'allez-vous faire d'eux? Non, l'heure est trop grave. Je les envoie dès demain matin au Tadjikistan. Le pilote est en train de se préparer et je veux que vous partiez avec eux.

Derrière la porte, mon cœur a cessé de battre. J'ai pris ce que j'avais à portée de main, une paire de chaussures, et je suis entrée, horrifiée, dans la pièce. Il voulait se séparer de nous ! Et en plus nous envoyer à l'étranger. J'étais prête, une fois encore, à fuir n'importe où dans mon pays, mais pas à l'extérieur. Les mots se bousculaient dans ma bouche et je ne maîtrisais plus mes émotions. Il m'a regardée avec tendresse et m'a dit : « Pari, ça ne sera pas long. Pense aux enfants. D'ici quelques jours, j'aurai trouvé une solution. En attendant, je dois vous mettre à l'abri. Va préparer les affaires. »

11.

Une nuit blanche a commencé. Mon mari est parti trier ses papiers afin que j'emporte les documents les plus importants. Je l'entendais parler dans son téléphone satellite et les mots, qui me parvenaient par bribes, allaient tous dans le même sens : « Assaut, encerclement, déploiement imminent, etc. » Pendant ce temps, je préparais nos affaires. Complètement perdue, j'allais d'une malle à l'autre, prenant ici et là des vêtements sans me souvenir ensuite de l'endroit où je les avais mis. J'agissais comme un automate, les yeux noyés de larmes. Personne ne m'avait jamais vue pleurer, je me cachais toujours pour le faire, aussi, la femme qui m'aidait pour les enfants a vite compris qu'un événement se préparait. Notre départ devait rester secret, aussi j'ai repoussé son aide. Si le bruit courait que nous partions, les gens imagineraient qu'Amer Saheb quittait aussi la vallée et un vent de panique se propagerait. J'ai fait trois valises et j'ai appelé Aslam, le jeune garçon de la maison, pour les lui donner. En les voyant, il est resté sans voix et s'est mis à trembler. Immédiatement, il a pensé que le chef s'en allait. J'ai dû prendre sur moi pour le rassurer.

Il me fallait maintenant réveiller les enfants. Je me suis rendue dans leur chambre et j'ai commencé tout doucement par le petit Ahmad en lui caressant les cheveux pour ne pas le faire sortir du sommeil trop brutalement. « Ahmad, mon chéri, réveille-toi, nous devons partir. » Je n'oublierai jamais son cri. L'empathie de cet enfant de huit ans avec son père était incroyable. Il vivait, avec une très grande intensité, toutes ses actions et décisions, et il a compris immédiatement ce qui se passait. Il s'est mis à hurler de toutes ses forces, réveillant ses sœurs. Pendant que je les préparais, Ahmad me questionnait : « Mais, maman, je ne comprends pas. On entend à la radio que papa repousse les talibans. Pourquoi il nous renvoie, alors ? Il perd ? Et les gens ? Qu'est-ce qu'ils vont devenir, les gens ? » Comment pouvais-je répondre à des questions dont je ne connaissais pas la réponse ! Tout en habillant les filles, je répétais : « Ne t'inquiète pas. Papa ne les abandonne pas et Dieu les protège. »

Quinze jours auparavant, à l'exception de ma mère et de mon frère Tareq qui ne m'avait jamais quitté depuis sa naissance, mon père avait envoyé ma famille au Pakistan. Tous, Rasheddin et Shaeddin et leur femme, mon petit frère de quatre ans, ma sœur... étaient maintenant à Islamabad en partance pour l'Iran. Il a été décidé que maman et Tareq partiraient avec nous et que mon père resterait dans la vallée.

Au petit matin, nous nous sommes mis en route vers l'hélicoptère. À part les deux gardes du corps de mon mari et le pilote, personne n'était au courant de notre départ. Malgré les attaques répétées des talibans, j'étais malade de quitter ma maison. Les carcasses des tanks de l'armée russe, à moitié immergées dans la rivière ou penchées sur le côté le long de la route, jalonnaient notre chemin vers l'exil. Reviendrions-nous un jour ? Il faisait beau, sans un souffle de vent. L'hélicoptère pourrait décoller sans problème. Le soleil inondait maintenant les sommets des montagnes. Mes montagnes ! Les cloches des bêtes carillonnaient comme pour se faire entendre une dernière fois. Je me retenais de voir un signe dans chaque chose. Et pourtant. Comme si j'avais le pressentiment que notre vie prenait un tournant définitif, je regardais avec un pincement au cœur les enfants sur le chemin de l'école. Avais-je vraiment cru que les nôtres pourraient faire partie un jour de leurs groupes joyeux ? Je ne crois pas. Si je veux être honnête avec moi-même, depuis l'instant où j'ai dit « Oui » à l'homme dont je voyais la nuque à l'avant de la voiture, j'ai toujours su que je serais emportée avec son destin.

Dans l'hélicoptère, mon mari s'est installé à côté du pilote, Nasrine sur ses genoux, afin de pouvoir, à tout moment, prendre le contrôle de l'engin. On était tous dans un état épouvantable, mais plus encore les enfants qui n'avaient jamais vu leur père aussi tendu et bouleversé. Je ne sais pas ce qui s'est alors passé dans la tête de mon mari mais, à peine avait-on décollé, qu'il a fait redescendre l'hélicoptère vers l'ennemi. Voulait-il en profiter pour repérer ses positions ? Le narguer ? Le défier ? En tout cas, nous volions tellement bas que j'avais l'impression que nous allions toucher la neige. La dernière image que je garde avant que nous remontions vers le ciel, c'est celle des talibans nous faisant de grands signes amicaux avec la main. Ils croyaient, à nous voir si proches, que nous étions des leurs !

Il nous a accompagnés jusqu'à Khoja Baodin, à mi-chemin entre le Panjshir et le Tadjikistan, dans la province de Takhar. Pendant le voyage, il a appelé chacun de ses enfants et il les a serrés passionnément, l'un après l'autre, contre lui. Il les embrassait partout sur le visage comme s'il voulait garder à jamais sur ses lèvres le goût et le parfum de leur peau. J'étais avec lui dans son cœur et je sais que, dans ce moment suspendu entre ciel et terre, il pensait qu'il ne les reverrait jamais. Si, comme moi, vous êtes une maman, vous pouvez partager l'émotion que je ressentais. Cette carlingue en métal, secouée par les vents et menacée à chaque instant d'être transformée en torche par un tir de roquette, contenait tout ce que j'avais de plus précieux au monde. Mais pour combien de temps encore ?

En Afghanistan, les époux sont très pudiques devant les étrangers. Nos adieux ont été terribles. Quand nous avons atterri, il s'est tourné vers moi et nos yeux se sont croisés. C'est tout. Mais son regard brûle encore en moi. Il m'a tout dit. Son amour, sa confiance, son déchirement et son inquiétude. Il a pris sa petite mallette et il est descendu sans se retourner. Pendant qu'il s'éloignait, nous avons décollé pour Douchanbe.

*

Dès notre arrivée à l'aéroport de la capitale du Tadjikistan, le dépaysement a été saisissant. La ville était grande et moderne avec de larges avenues et de nombreuses voitures. Nous n'avions encore jamais vu des immeubles si hauts, des hôtels si imposants et autant de restaurants et de jardins publics. Les hommes, pour la plupart, étaient vêtus à l'occidentale, comme les femmes qui portaient aussi des robes chamarrées ou à fleurs. On nous a accompagnés dans une guesthouse où la mère de Zabet Saleh, un compagnon de mon mari devenu attaché militaire, nous avait préparé un repas. J'étais abasourdie. Trop d'événements s'étaient succédé en vingt-quatre heures. Je n'avais plus la maîtrise de rien.

Quelques jours plus tard, nous nous sommes installés dans une grande maison, avec télévision et confort moderne, louée spécialement pour nous dans un quartier résidentiel. J'avais jusque-là habité des endroits misérables, mais, au moins, je m'y sentais chez moi. Désormais, chaque jour je m'éloignais un peu plus, et de mille façons différentes, de mon pays. Le manque d'informations n'arrangeait rien. J'avais l'impression d'avoir été arrachée à l'Afghanistan. Plus je m'installais et plus je coupais mes racines. Pourtant, c'était nécessaire, si je voulais que les enfants prennent leurs marques et ne se sentent pas perdus. Je n'avais aucune nouvelle de mon mari et j'ai compris pourquoi, quand il m'a expliqué plus tard combien les opérations avaient été difficiles.

Dès que nous l'avions quitté à Khoja Baodin, il avait donné l'ordre de lancer une grande opération contre les talibans. Très vite, Taloqan a été repris, ce qui a porté un coup au moral de l'ennemi, comme chaque fois qu'il perdait une région. Ils ont alors reculé vers Khawak. Pendant plusieurs jours, avec l'énergie du désespoir, les moudjahidin ont attaqué partout et sans relâche. Ils n'avaient plus rien à perdre. Sauf la vie. Tout le reste, la liberté, l'espérance, la paix... était déjà enseveli sous la barbarie. Des places importantes ont été regagnées et de nombreux talibans ont été faits prisonniers. Dans l'euphorie du succès, des commandants ont proposé à Amer Saheb : « Allons jusqu'à Kaboul et reprenons la ville. » Mon mari a stoppé net leurs ambitions. L'entrée dans Kaboul en 1992 lui avait servi d'expérience. « Reprendre Kaboul ? Avec quel gouvernement ? Quelle structure ? Quel projet ? Tout ce que nous pourrons récolter, c'est un nouveau bain de sang. » Quelques mois auparavant, il avait établi une liste de tous les gens, à l'intérieur comme à l'extérieur du pays, qui seraient susceptibles de former un gouvernement. Ainsi Ghafour Zai, qui était revenu des États-Unis pour devenir entre 1992 et 1996 ministre des Affaires étrangères. Quand pour la deuxième fois nos soldats sont entrés en vainqueurs dans Mazar-e Sharif, mon mari lui a demandé de le rejoindre afin de préparer une équipe pour le gouvernement Rabbani. Malheureusement, Ghafour Zai a péri avec une dizaine de personnes compétentes dans l'accident de son avion, qui s'est écrasé juste avant d'arriver à Bamiyan. La déception et le chagrin de mon mari ont été immenses. Il a organisé les enterrements et s'est occupé de chaque famille.

La guerre fait des dizaines de milliers de martyrs, les soldats qui tombent au combat, mais aussi les veuves et les orphelins qu'ils laissent sans ressources. Pendant des années, via les représentations de l'Afghanistan au Tadjikistan et en Iran, il a fait envoyer les salaires des moudjahidin morts à leurs familles. Et il suivait de très près toutes ces affaires. Je me souviens en particulier d'un jour où il m'a appelée à Douchanbe alors que nous y vivions depuis quelques mois.

— Je vais te faire parvenir quelques centaines de dollars. Il faut acheter des cadeaux pour deux femmes, une âgée et une de ton âge, et pour six enfants de un à quatorze ans.

Lui, qui craignait toujours pour ma vie et me conseillait de ne pas sortir, a poursuivi :

— Vas-y personnellement. J'aimerais que tu choisisses soigneusement chaque vêtement. C'est pour la famille de Said Najmuddin Agha, un commandant de la région du Badakhchan qui vient d'être tué, et comme c'est la fin du ramadan, il faut des vêtements pour tout le monde.

— Mais ne vaudrait-il pas mieux que vous leur donniez directement de l'argent afin qu'ils achètent ce dont ils ont besoin? ai-je demandé. En plus, je ne connais pas leurs tailles.

— Non, c'est le jour où l'on reçoit des cadeaux de son papa ou de son mari. Il n'est pas là pour le faire, c'est déjà assez triste comme ça.

Ainsi, même pendant les combats, il trouvait le temps d'organiser des petits détails comme celui-là.

Mais revenons aux premiers temps de mon installation au Tadjikistan. Un soir, après des journées à l'attendre, il est arrivé sans prévenir, comme la première étoile dans un ciel d'hiver. Et tout de suite, la maison s'est animée avec une ambiance de fête. Sa grande sœur Bibi-Shirine, qui habitait Douchanbe avec ses enfants, est accourue. Il était détendu et confiant. « Nos victoires ne sont pas seulement le fait des moudjahidin, nous a-t-il expliqué, mais de toute la population. Partout, les habitants résistent. Et souvent au péril de leur vie, car les talibans ont l'habitude de retourner là où ils ont été vaincus et de se venger en massacrant les femmes et les enfants. » Nous l'écoutions passionnément. Rien n'était donc perdu. Une fois de plus, il nous rendait l'espoir. Très vite, il nous a quittés pour organiser son nouveau bureau à Douchanbe afin de pouvoir y recevoir les gens qui, à cause du danger, n'allaient pas dans la vallée. Ses représentants à l'étranger, des émissaires de pays voisins avec lesquels il parlait du terrorisme, des journalistes...

À partir de ce jour, ses allées et venues dans la ville sont devenues régulières, mais parfois il n'avait même pas le temps de faire un saut à la maison ou de me prévenir de son arrivée. Un soir où, exceptionnellement, il m'avait fait dire à l'avance qu'il serait là pour dîner, j'ai préparé un bon repas, j'ai couché les enfants et, vers dix heures, j'ai disposé tous les plats sur la nappe dans notre chambre. Comme il tardait, j'ai jeté un joli tissu par-dessus pour les protéger des mouches. De peur de m'endormir, je me suis mise à lire une poète iranienne que j'adore, Simin Bahbahani. La poésie était très importante pour mon mari et il m'en avait donné le goût dès notre mariage. Je me souviens d'un poème en particulier qui évoquait les êtres qui vous comprennent sans qu'il soit besoin de parler : « Qu'il est doux d'avoir à mes côtés quelqu'un qui comprend les paroles de mon cœur avant que je ne bouge les lèvres. » Il me le récitait souvent car j'adorais deviner ses pensées et devancer ses attentes. J'aimais tout particulièrement chez Simin Bahbahani un poème qui parlait de l'attente : « Étoile de mon cœur, viens rapidement, la nuit commence à tomber... » À la fin, elle se nommait et disait : « Le cœur de Simin est brisé, reviens. » Pendant la nuit, je l'ai appris par cœur. Quand il est arrivé à quatre heures du matin, et qu'il a vu la table dressée, il est devenu triste car il avait déjà dîné, oubliant que l'on devait le faire ensemble. Gentiment, il m'a dit : « Quelle chance, j'ai faim et je n'ai pas eu le temps de manger. » Après nos ablutions et notre prière, je lui ai récité le poème en finissant par : « Le cœur de Pari est brisé, reviens. » Il était aux anges et, avec son magnifique sourire, il m'a dit : « Si tu me récites de si beaux poèmes chaque fois que je suis en retard, je te ferai toujours attendre. »

Toute ma vie est résumée dans ces vers de Simin Bahbahani : « La nuit touche à sa fin, les premiers rayons du soleil apparaissent et je t'attends toujours. » Aujourd'hui, je donnerais tout pour passer des nuits blanches à guetter son pas. Je ne l'attends plus. Mais je l'entends : « Qu'il est doux d'avoir un être à ses côtés... »

Maman a dû regagner la vallée pour aider mon père à organiser l'enterrement de mon grand-père paternel qui venait de mourir. Ce fut pour moi un immense chagrin. Le vieil homme était une figure omniprésente de mon enfance, comme ma grand-mère paternelle, décédée trois jours après la naissance de Nasrine. Avec eux disparaissait la période d'insouciance des premières années de ma vie. Je me suis retrouvée seule avec Tareq et la femme que j'avais emmenée du Panjshir. Mes parents m'ont toujours beaucoup soutenue, mais, avec maman, j'ai des liens particuliers. Elle est à la fois ma confidente et mon modèle. Son départ m'a laissée dans une grande solitude.

J'avais beaucoup moins de travail que dans la vallée pour la simple raison que je ne recevais aucune visite. Je pouvais ainsi m'occuper davantage des enfants. Les premiers temps, les plus grands ont suivi les cours d'une école financée par le gouvernement afghan. Mais mon mari a dû apprendre sans me le dire que nous étions menacés et il a décidé brusquement qu'ils iraient dans l'école de l'ambassade d'Iran où la langue était la même que la nôtre, le persan. Ils étaient occupés tous les matins et, l'après-midi, ils restaient avec moi à la maison. Comme tous les enfants du monde, la télévision les fascinait, même si ce n'était pas la première fois qu'ils y avaient accès. On y parlait rarement de l'Afghanistan et, lorsque Ahmad tombait sur un reportage, il hurlait pour nous faire venir. Le plus souvent, cela concernait le sort terrible des femmes de Kaboul et j'en étais désespérée.

Leur père a toujours été passionné par les informations. Il lui en fallait tout le temps et, les derniers temps, dans le Panjshir, il captait, grâce au satellite, un grand nombre de chaînes étrangères. Je pense que cela nous a indirectement préparés à la vie que nous allions mener en sortant de la vallée. Amer Saheb regardait tout et dans toutes les langues. Ainsi, nous nous sommes souvent endormis devant le poste de télévision ! Si mon mari ne parlait pas anglais, il avait en revanche de très bons rudiments de la langue française, puisqu'il avait fait ses études au lycée français de Kaboul, le lycée Esteqlal. Il connaissait assez bien la littérature et l'histoire de ce pays. Le général de Gaulle était un de ses héros préférés. Quand ses amis français l'ont su, ils lui ont régulièrement offert des ouvrages sur le sujet. Il possédait une très grande quantité de livres, et sa bibliothèque la plus importante était dans la maison de mes parents, à Bozarak. Quand je regardais les centaines et les centaines de titres qu'il avait, invariablement je lui demandais : « Vous les avez vraiment tous lus ? » Et, pour me faire rire, il répondait, avec un ton sérieux et pédant : « Eh oui, madame. Vous n'imaginez pas le grand, l'immense, le colossal et l'extraordinaire savoir de votre mari ! » Lorsque je lui faisais sa valise, je lui glissais toujours un ou deux nouveaux livres selon le temps que durerait son absence. Dès qu'il avait un moment de libre, il lisait. À son retour, il m'en faisait un résumé. Quand j'étais à ses côtés, il interrompait de temps en temps sa lecture pour la commenter : « Tu te rends compte, Pari, que dans tel pays, il y a ceci et cela. » Ou, plus compliqué : « Tu n'imagines pas ce que dit ce général sur sa stratégie de combat. Écoute bien, il explique que... » Et moi, je ne bougeais pas, fascinée par sa voix et ses explications.

Très souvent, il rentrait avec des livres pour moi. « Tiens, me disait-il, c'est de l'histoire et de la psychologie. Cela va t'intéresser. » Ainsi, par exemple, j'ai lu trois volumes sur la vie d'un médecin au temps des pharaons, ainsi que la biographie de Catherine de Russie, une femme qu'il admirait beaucoup, comme d'ailleurs toutes les grandes figures féminines de l'Histoire. Il voulait plus tard associer les femmes au pouvoir et les pousser à se porter candidates à tous les postes importants de la politique. « Elles ne sont jamais avides ou cupides, disait-il, et on peut leur confier, les yeux fermés, les rênes du pouvoir ou de la gestion. » Et pour me taquiner, il enchaînait : « Et toi, alors ? Qu'est-ce que tu pourrais faire, à part mon bonheur et celui des enfants ? Et si tu mettais un pakol et venais combattre avec moi ? Non ? Alors, il faut que je réfléchisse un peu plus à tes futures activités. »

Khoja Baodin n'était qu'à deux heures d'hélicoptère et, peu à peu, mon mari est venu presque chaque semaine. Nous avons déménagé dans une maison identique à la première, afin de nous rapprocher de son bureau. J'ai commencé à acheter des meubles et à équiper notre cuisine. Une étape supplémentaire dans notre installation hors de notre pays. Mais avais-je le choix ?

J'aimais particulièrement quand il arrivait vers l'heure du coucher du soleil, avant la prière du soir et le dîner. Il se consacrait alors uniquement à nous et ce n'était plus le combattant mais un père et un mari attentif. J'ai toujours été fascinée par sa faculté de compartimenter sa vie. Parfois, quand je le voyais jouer avec ses enfants, j'en arrivais à oublier que, l'après-midi même, il comptait les morts et dirigeait par téléphone un assaut contre les talibans.

Mon mari suivait avec attention l'évolution des études des enfants et examinait avec soin leurs cahiers. Il les incitait à lire des poèmes, surtout ceux d'Hafez et de Mawlana, et organisait entre eux des concours de poésie. Il n'y a pas si longtemps, Ahmad a été félicité par son professeur de littérature pour ses excellentes poésies. « Papa serait tellement fier de moi », m'a-t-il dit avec une ombre dans le regard. Poussé par son père, il a commencé à s'intéresser à l'informatique. Bientôt, nous l'avons inscrit, avec ses sœurs, à des cours d'arts martiaux. Mon mari tenait absolument à ce que nos filles aient la même éducation que leur frère. Je crois qu'il n'y a que le jeu d'échecs qu'il n'a pas eu le temps de leur apprendre.

Huit mois après notre arrivée au Tadjikistan, il nous a annoncé que nous pouvions revenir en Afghanistan, mais pour les vacances seulement. Le danger n'était plus aussi important qu'au moment de notre fuite, mais les talibans n'abandonnaient pas le projet d'envahir le Panjshir et leurs attaques continuaient.

C'était la fête de l'Aïd et une surprise nous attendait à Jangalac. Le premier soir, dans notre petite maison de torchis, il a sorti un grand rouleau de papier. Les plans de notre future maison. Située sur le terrain qui appartenait à son père et que sa famille lui avait donné, elle devait surplomber la vallée. « Je sais très bien que ce n'est ni le moment de construire ni même celui d'y songer, m'a-t-il expliqué. Mais j'ai besoin de laisser quelque chose à mes enfants. Si je meurs, je veux absolument qu'il leur reste quelque chose de leur père. » Je pense, aujourd'hui, que l'évocation régulière de sa mort date de cette époque. Auparavant, il lui arrivait parfois d'en parler comme, par exemple, quand il revenait d'un combat ou après avoir déjoué un attentat, mais, à partir de là, il s'est mis à le faire plus souvent. Comme pour nous préparer à sa disparition.

Ce soir-là, dans l'euphorie du retour et de ses projets, je n'y ai vu que le signe de l'attention que tout homme porte à sa famille. Il nous a décrit avec enthousiasme notre future maison dans ses plus petits détails. Plusieurs chambres, dont celle d'Ahmad, une salle de bains et un bureau seraient au premier étage ; un grand salon et un plus petit, au rez-de-chaussée ; à l'extérieur, les cuisines ; et, dans le jardin, un sauna et une piscine. Les enfants avaient commencé à apprendre à nager à Douchanbe. Pour lui, il était indispensable que ses filles, qui ne pourraient pas se baigner dans le Panjshir, puissent continuer à nager pendant l'été.

Ce n'était pas encore la maison idéale que l'architecte qu'il voulait devenir après la guerre rêvait de dessiner, mais c'était celle qu'il était possible de réaliser en cette période déchirée. Il voulait un lieu agréable et surtout modeste. Ce qu'il craignait le plus, c'est que l'on dise en passant devant : « Voilà la résidence de Massoud ! »

À partir de ce séjour, chaque fois qu'il venait à Douchanbe, il nous apportait des photos de l'avancement des travaux. Les enfants s'asseyaient autour de lui et il les leur commentait longuement. « Dans cette pièce, on mettra les filles. Nasrine, pour l'instant, dormira avec nous. Là, c'est la chambre d'Ahmad. » Il leur expliquait aussi en détail ce qu'il voulait faire planter dans le jardin détruit par les bombes. Il en profitait pour leur parler de la nature et des changements de paysage selon les saisons. Il racontait Khoja Baodin sous la neige ou au printemps. Pour qu'ils connaissent leur pays, il adorait leur décrire une petite rivière, la vue d'un sommet, un village perdu... Les enfants étaient heureux. Et, lorsqu'il avait réussi à les garder attentifs un long moment, la soirée se terminait en une bataille de coussins. J'avais alors l'impression d'avoir vingt garnements autour de moi. Ils se bagarraient et lui se laissait taper dessus. « Et maintenant, les encourageait-il, on dirait que tu es un tigre. Toi, un loup. Zora, un gros chien, et moi, un pauvre petit mouton ! » Et tous se jetaient sur lui. Au bout d'un moment, il suffisait qu'il dise : « C'est fini » pour qu'ils redeviennent tranquilles et respectueux,

Aujourd'hui, quand je lis des livres de psychologie ou que je vois des reportages à la télévision sur l'éducation des enfants, je m'aperçois qu'il agissait avec les nôtres exactement comme il faut le faire.

À nouveau, le 8 août 1998, Mazar a été repris par les talibans, et leur vengeance est tombée, terrible. À la sortie des mosquées, les hommes ont été arrêtés, enfermés dans des containers, puis envoyés à Kandahar. Personne ne les a jamais revus. Les maisons et les animaux ont été brûlés. Les femmes, les enfants et les vieillards, massacrés. Plus de huit mille personnes ont perdu la vie. Pendant plusieurs jours, les cadavres ont pourri dans les rues sans que personne ose les ramasser.

Dorénavant, il ne restait plus que deux forces en présence : les talibans et les moudjahidin de Massoud. Comme pendant la guerre contre les Soviétiques, les autres avaient disparu.

Pendant les deux ans qui ont suivi, il nous a fait venir à chaque période de vacances scolaires, pour l'Aïd, la fin du ramadan, et Newroz, le 21 mars, le premier jour du printemps et de la nouvelle année afghane à cause des événements qui se déroulaient sur le front, rien n'était vraiment organisé à l'avance. Brusquement, il appelait et prévenait : « J'ai demandé que l'hélico vienne vous chercher dans trois heures. » C'était alors le branle-bas de combat dans la maison pour préparer les affaires au milieu des enfants qui couraient partout, surexcités à l'idée de rejoindre leur père. Dès que nous quittions Douchanbe, ils retrouvaient une relative liberté, ainsi que leurs grands-parents auxquels ils étaient très attachés. Parfois, nous le rejoignions à Khoja Baodin. Il vivait à Darqat, pas très loin de la base militaire, dans une petite maison prêtée par un de ses commandants. Un endroit magnifique que l'on atteignait après avoir franchi une rivière. Il entraînait ses moudjahidin un peu plus haut sur un plateau d'où l'on avait une vue à couper le souffle. Chaque fois, il nous disait : « J'aimerais bien, un de ces vendredis, envoyer les soldats se reposer chez eux et vous emmener là-bas. »

Le jour où cela a été possible, j'ai préparé un pique-nique et nous sommes partis en voiture, comme les familles normales que l'on voit le vendredi, jour férié chez nous, installées dans les champs ou les jardins publics. Nous avons passé une journée délicieuse. Je le regardais jouer, lancer des pierres dans la rivière avec les enfants, et, une fois de plus, je pensais qu'il n'était vraiment pas le militaire qu'on imaginait et qui aimait la guerre pour la guerre, mais un homme paisible et simple. D'ailleurs, quand il est venu s'asseoir près de moi, il est resté un moment rêveur : « Pari, si la vie pouvait être tranquille à l'image de ces quelques heures ! J'aimerais tant que mon peuple retrouve la paix et que les pères passent du temps avec leurs enfants plutôt qu'au combat. » Nous prenions beaucoup de photos pendant ces moments heureux et j'en ai de pleins cartons de lui avec les enfants en train de faire du karaté ou de se poursuivre avec de l'eau. Je filmais aussi. Ainsi, on le voit leur apprendre à monter à cheval et on m'entend leur donner des conseils, souvenirs de nos années de fuite où, enfant, j'étais cavalière malgré moi.

Nos séjours à Khoja Baodin étaient plus calmes que dans le Panjshir où, deux jours après notre arrivée, invariablement les bombardements commençaient. Je me rappelle un matin où nous étions tranquillement installés pour le petit déjeuner autour de la nappe. Je venais juste de poser le pain chaud pour manger avec de la crème fraîche et du miel quand mon mari a été prévenu par une communication radio qu'un avion approchait. Heureusement que si les talibans étaient bien renseignés, lui aussi l'était. Entre le moment où l'avion décollait et celui où il bombardait, nous avions quatre minutes maximum pour nous mettre à l'abri. Les enfants avaient appris à se cacher derrière un mur, un bosquet, ou à se jeter à terre. Ce matin-là, nous nous sommes tous éparpillés dans tous les sens. La petite Nasrine dans les bras, mon mari s'est précipité à l'extérieur du jardin. La bombe est tombée à quelques centaines de mètres d'eux, les couvrant de poussière. Il est revenu dans la maison complètement abattu.

Il était perpétuellement déchiré entre le désir de nous voir et celui de ne pas nous faire courir de risques, ainsi qu'aux gens qui habitaient près de chez nous. Des quelques soufs qui étaient situés dans les environs, deux, au moins, resteraient dans notre prochain jardin, une fois qu'il serait entouré par des murs. Pour plus de sécurité encore, il avait prévu un abri en béton au flanc de la colline. On peut comprendre que l'on ne bâtit pas la maison de ses rêves quand on est obligé d'y prévoir une cachette pour se protéger des bombes ! Malgré ça, nous suivions sa construction avec impatience. Discuter de la couleur de la moquette ou des coussins était un excellent dérivatif à notre angoisse.

Le 27 juillet 1999, comme tous les étés, les talibans ont attaqué les régions récemment contrôlées par Amer Saheb. Cette fois, le carnage a été sans précédent. Parmi les atrocités commises, des centaines de femmes enlevées à Chamali n'ont jamais réapparu. Plus de cent mille réfugiés sont alors entrés dans la vallée. Une fois le flot interrompu, Tangui a sauté de nouveau. Massoud a décidé d'attaquer et, pour rassurer ses troupes, il les a convaincus que ce plan était depuis longtemps préparé. Confiants, ils se sont battus avec acharnement et ont repris Charikar et la plaine de Chamali jusqu'à Bagram.

C'est à cette époque que j'ai dû aller soigner un problème de santé en Iran. Il me téléphonait plusieurs fois par jour. D'abord, pour avoir de mes nouvelles et, très vite, pour savoir quand je rentrerais. Le plus souvent, et depuis les premiers jours de notre mariage, il préférait m'appeler la nuit. Aujourd'hui encore, quand une sonnerie me réveille en sursaut, je me surprends toujours à penser, dans un demi-sommeil et le cœur battant : « Et si c'était lui ? »

Une nuit, il m'a dit : « J'ai un cadeau pour toi. Quand arrives-tu ? » Je me suis amusée à lui faire croire que je ne rentrerais peut-être pas avant des mois. Quelque temps plus tard, il m'a annoncé qu'il était malade, qu'on ne savait pas ce qu'il avait, que cela pouvait être grave et qu'il fallait absolument que je revienne m'occuper de lui. Bien sûr, j'ai précipité mon départ. À mon retour, il était en pleine forme et il a ri : « Moi aussi, je peux faire des blagues. » Il avait pour moi une perle noire du Japon, mais il ne la trouvait plus. Sa surprise était donc ratée. Paniqué, il l'a cherchée frénétiquement dans ses poches, son cartable, ses dossiers. Rien ! « Pari, Pari, c'est trop bête, se lamentait-il. C'est un bijou formidable pour une femme formidable. » Il a appelé devant moi son neveu Wadood : « Tu n'as pas vu un petit paquet ? Tu n'as pas remarqué si j'avais quelque chose dans la poche en descendant de l'hélico ? Regarde s'il n'est pas tombé à l'intérieur ou dans la voiture. » Il est reparti désappointé dans le Panjshir, où il l'a retrouvée. Du coup, pour être sûr de ne plus l'égarer, il l'a conservée sur lui jusqu'à son retour. Pendant vingt jours, chaque fois qu'il changeait de vêtement, il la mettait tout de suite dans la poche de sa chemise. Depuis sa mort, c'est le seul bijou que je porte parce qu'il l'a lui-même gardé sur son cœur.

En juillet 2000, un groupe de femmes étrangères est arrivé à Douchanbe. Elles venaient proposer à mon mari un nouveau texte pour la Constitution dans lequel le droit des femmes serait explicitement déclaré comme étant égal à celui des hommes. Il m'a alors appelée : « Elles viennent pour aider les Afghanes et ça serait bien que tu les reçoives. En plus, parmi elles, il y a une jeune fille de la diaspora qui vit en France et qui veut faire beaucoup de choses. C'est vraiment important que tu lui parles. » D'habitude, quand je rencontrais des femmes dans le Panjshir, c'était au nom de mon mari et je n'étais que son intermédiaire. Pour la première fois, c'est en mon nom que je devais recevoir. Il ne me l'avait jamais interdit, contrairement encore à ce que l'on a pu raconter, mais, curieusement, personne jusqu'ici n'en avait manifesté le désir. Amer Saheb pensait qu'en rentrant dans leur pays toutes ces femmes pourraient dénoncer vigoureusement la terreur que les talibans exerçaient. Malgré ma timidité, j'ai accepté. Et ainsi, pour la première fois, j'ai rencontré Chékéba Hachemi. Le soir même, il m'appelait : « Comment cela s'est passé? Tu leur as bien expliqué la situation? » Son souci majeur, à l'époque, était les conditions de vie des réfugiées. Il n'y avait pas de planning familial dans la vallée et nombreuses étaient celles qui mouraient en couches ou des suites d'un avortement. Il pensait qu'entre femmes les choses pourraient bouger et il comptait beaucoup sur celles de la diaspora. Quand des Afghans de l'extérieur venaient le voir, il leur demandait : « Où est Untel? Dans quel pays? Qu'est-ce qu'il fait? Pourquoi ne rentre-t-il pas nous aider? » Il voulait rassembler, responsabiliser, impliquer nos compatriotes exilés. Il trouvait insupportable que tous nos cerveaux soient à l'étranger pendant que les talibans nous plongeaient dans l'obscurantisme et l'ignorance. À chaque rencontre, il les questionnait : « Combien gagnez-vous là-bas ? » Et il proposait de donner un pourcentage de leurs gains pour entretenir une famille d'ici. Il voulait installer une sorte de parrainage de famille à famille.

Et en effet, après la grande réunion de la diaspora à Londres en juillet 2001, des Afghans du monde entier ont commencé à envoyer de l'argent pour les réfugiés. Un ministre a d'ailleurs été spécialement chargé de ces fonds.

Quand Chékéba Hachemi est repartie en France, il lui a promis de faciliter l'implantation de ses projets pour l'éducation et la santé des filles et des femmes financés par son ONG « Afghanistan libre ».

pour son peuple

12.

Les enfants pêchaient pendant que je les surveillais à l'ombre d'un grand saule pleureur, dit « saule de Majnoun », du nom du célèbre amoureux mort en pleurant sa bien-aimée dont on l'avait séparé. Nous étions en vacances dans la petite maison de Khoja Baodin. J'aimais cet endroit, qui me rappelait un peu le paysage de Piu, et la vie que j'y menais, plus proche de la nature et plus simple qu'à Douchanbe.

En fin d'après-midi, beaucoup plus tôt que d'habitude, j'ai entendu Amer Saheb traverser la rivière sur l'engin qui servait de bateau, une espèce de tracteur, avec des roues énormes, qui avançait en brassant l'eau dans un vacarme terrible. Les Afghans sont très doués pour fabriquer tout à partir de n'importe quoi. Je me souviens, par exemple, d'un hélicoptère russe qui, une fois ses ailes coupées, avait été transformé en cantine itinérante. Ou de cette Volga noire destinée au ministre des Affaires étrangères russe, prise et démontée sur la route de Salang, transportée en pièces détachées à dos d'homme, remontée de bric et de broc dans la vallée et conduite par mon mari.

Il s'est assis à côté de moi et m'a dit :

— Je vais peut-être aller en Europe. C'est un voyage important pour la paix. Qu'en penses-tu ?

Que pouvais-je bien en penser ? Il savait pertinemment que je ne pouvais pas avoir un point de vue sur la question. Mais c'était sa façon à lui de m'impliquer dans ses décisions.

— Alors, qu'est-ce que tu en penses, Pari ? a-t-il insisté.

— C'est à vous de juger. Moi, je n'ai pas d'avis. Si vous considérez que c'est important, alors ça l'est.

— Il faudrait que tu rentres plus tôt que prévu à Douchanbe pour préparer mes affaires. Je vous y rejoindrai et je partirai directement.

À l'exception de ses séjours au Pakistan et au Tadjikistan, il n'avait jamais quitté son pays. Pourtant, il avait été sollicité à plusieurs reprises par certains gouvernements étrangers, mais il avait toujours refusé. Là, il était invité par la présidente du Parlement européen, Nicole Fontaine, via le général Morillon qui était venu le voir quelque temps auparavant et avec lequel il s'était très bien entendu.

Il m'a parlé longuement en regardant le jour tomber. Il disait que la situation était de plus en plus grave et que c'était son devoir d'expliquer à la communauté internationale que l'Afghanistan ne pourrait pas servir encore longtemps de bouclier humain au terrorisme. Il disait aussi qu'il espérait beaucoup de ce voyage. Que l'Europe était une grande puissance, qu'il y serait reçu par des chefs d'État comme un chef d'État et qu'ainsi il pourrait mieux faire entendre la voix de notre peuple. Il disait enfin ce qu'il ne cessait de répéter depuis longtemps, dans le Panjshir comme à Douchanbe, et qu'il a martelé au Parlement européen – j'ai encore revu la cassette dernièrement : la situation en Afghanistan n'était pas un problème régional mais international. Et si l'on ne nous aidait pas, à court terme, le monde entier serait menacé.

Quelques mois plus tard, l'attentat de New York lui donnerait malheureusement raison.

Il est arrivé à la hâte deux jours après nous. Bousculé par le temps, il n'a même pas pris la peine de vérifier les affaires que je lui avais préparées. Il a envoyé son neveu Wadood acheter quelques cadeaux, des tapis principalement, pour offrir à des officiels. Mon frère Tareq est allé chercher le coiffeur. D'habitude, mon mari en profitait pour faire aussi couper les cheveux de la petite Nasrine, qu'il était content de me ramener bien coiffée avec des cheveux souples et brillants. Cette fois, elle a attendu en vain qu'il vienne la prendre, il l'a oubliée.

Il est parti avec trois commandants représentant les principales ethnies : le Pachtoun Aref Nourzaï, l'Hazara Anwari et l'Ouzbek Piranqul. C'est dans l'avion personnel de Karim Agha Khan qu'ils ont fait le trajet entre le Tadjikistan et Paris. Le chef spirituel des musulmans ismaéliens lui était reconnaissant d'avoir sauvé ses fidèles à plusieurs reprises d'un massacre par les talibans.

Il m'a appelée une seule fois pendant son voyage de six jours et sa voix était ensoleillée. « Je vois dans les yeux des gens qu'ils me comprennent et qu'ils vont nous aider, m'a-t-il dit avec enthousiasme. Pari, je crois que c'est gagné. Nous ne sommes plus seuls. Nous allons retrouver notre liberté. » Tant d'espoirs gâchés ! Aujourd'hui, si mon pays est libre, c'est grâce à la mort de Massoud. Son assassinat, le 9 septembre, deux jours avant celui de milliers d'Américains, a démontré que les terroristes, qui sévissaient depuis des années dans notre petit pays, pouvaient aussi, et en même temps, s'attaquer à la plus grande puissance du monde. Si les Américains s'étaient intéressés avant le 11 septembre à Ben Laden et au mollah Omar, comme le demandait mon mari, sa mort et celle de beaucoup d'autres auraient pu être évitées. Son sacrifice aura dessillé, trop tard, les yeux de ceux qu'il interpellait en vain. « Pourquoi, me répétait-il dans ses moments de découragement, le silence est-il mon seul interlocuteur ? »

À son retour de France, il avait encore toutes ses illusions. Il insistait sur la solidité des liens entre la diaspora et l'Intérieur, comme on désignait les territoires libres en Afghanistan.

Quand il est arrivé à l'aéroport de Douchanbe, des petits enfants afghans, garçons et filles, sont venus l'accueillir avec des fleurs. Pendant trois jours, il a raconté son voyage et le résultat de ses entrevues à son état-major. Il était encore dans l'enthousiasme de ses échanges avec les officiels et les Afghans de la diaspora : « J'ai transmis mon message et ils l'ont tous compris », répétait-il. Il avait la sensation euphorique du devoir accompli. Plus que jamais, il misait sur la solidarité de tout le peuple. Et moins que jamais, il ne voulait entendre parler d'Ouzbeks, de Pachtouns, de Tadjiks, d'Hazaras...

Il avait été impressionné par sa rencontre avec Nicole Fontaine. Il disait que cette femme de cœur allait faire bouger les choses, et, jusqu'à sa mort, il en a parlé avec beaucoup d'émotion. D'autres noms revenaient encore dans ses récits, Javier Solana, le secrétaire général du Conseil de l'Europe, et Louis Michel, ministre des Affaires étrangères belge. Le peu qu'il avait vu de Paris ou de Strasbourg lui avait donné l'envie de nous y emmener avec les enfants. « Tu verras, quand la paix sera revenue, nous découvrirons tout ensemble, m'a-t-il promis, ajoutant avec son humour habituel : Mais je me demande si cela en vaut la peine, car tu vas être déçue. Les plus beaux paysages sont quand même en Afghanistan ! »

Les talibans, furieux de ce voyage médiatisé, se sont mis à attaquer de plus belle. Avant de regagner la vallée, Massoud a tenu à recevoir un groupe de femmes très inquiètes. Elles venaient d'apprendre que l'école de Douchanbe, financée par le gouvernement et très chère à entretenir, allait fermer. Mon mari les a rassurées : « Mes sœurs, ne vous inquiétez pas. Je vous promets que vous pourrez continuer à envoyer vos enfants à l'école. » Quand elles sont parties, il s'est passé la main sur le front : « Tu te rends compte où nous en sommes ? À fermer nos écoles, comme les talibans à l'intérieur du pays ! »

Très vite, il est parti à Khoja Baodin où de nombreuses affaires, autres que militaires, étaient suspendues à son retour. Les villageois lui ont toujours demandé de régler toutes sortes de problèmes : querelles de voisinage à propos d'un terrain ou d'animaux, litiges autour d'une dot, d'un mariage ou d'un héritage... Selon la gravité du cas, soit il le résolvait lui-même, soit il convoquait le conseil des sages ou les structures de justice officielles. Je ne l'ai jamais vu renvoyer quelqu'un ou oublier une seule de ses promesses. Pendant les jours qui ont suivi, il a été encore plus occupé que d'habitude.

J'étais de plus en plus terrifiée par les talibans. Ce qu'on racontait sur leur compte était effrayant. Des femmes perdaient la vie pour quelques centimètres de peau entrevus ou des chaussures blanches sous un tchadri... Des hommes étaient humiliés et battus pour une barbe non réglementaire. Les mutilations, lapidations et exécutions se succédaient dans le stade de Kaboul, où un silence de mort avait succédé à la liesse des matchs de foot. Je partageais la terreur des milliers de réfugiés qui craignaient de les voir, à tout moment, déferler dans la vallée et exterminer la population dans les pires conditions. Personne n'arrivait à comprendre ce qui les motivait. Nous évitions le sujet devant les enfants, qui en faisaient des cauchemars la nuit. « Notre religion est la seule qui ne parle pas que des devoirs des femmes mais aussi de leurs droits, se révoltait Amer Saheb. Et aujourd'hui, elles meurent à la porte des hôpitaux où l'on ne veut pas les soigner. Autant de lumière et de sagesse pour en arriver à traiter nos sœurs pire que des animaux. » Il était de plus en plus affecté par cette tragédie qui blanchissait impitoyablement ses cheveux et creusait son visage de rides. « Je déteste la guerre, disait-il, et, depuis plus de vingt ans, je ne fais que la guerre ! Quand cela va-t-il s'arrêter ? »

Je devais retourner me faire soigner en Iran, mais, chaque fois que j'évoquais ce voyage, son visage s'assombrissait : « Tu es vraiment sûre que tu dois partir ? Attends un peu. Peut-être que cela va s'arranger. » Il n'avait pas envie de me quitter et, dès qu'il le pouvait, il venait passer une nuit à Douchanbe.

Une situation paradoxale a alors commencé : plus nous partagions de bons moments tous ensemble, et plus ses allusions à la mort devenaient pressantes.

Ce soir-là, quand je suis entrée dans la chambre après avoir embrassé les enfants, il était allongé sur le lit, la main sur le visage comme pour protéger ses yeux de la lumière. Je me suis couchée à ses côtés et j'ai retiré doucement sa main. Il ne dormait pas.

— Pari, m'a-t-il dit en me regardant intensément. Promets-moi que si je meurs tu ne feras pas comme ces femmes qui gémissent et qui crient. Promets-moi que tu ne pleureras pas.

— C'est moi qui partirai avant vous ! me suis-je exclamée, très choquée. Je l'ai rêvé. Je sais que ce sera moi la première, car je ne supporterai pas de vivre sans vous. Arrêtez de me parler de ça !

— C'est trop important. Je peux mourir à tout moment.

— Pas plus aujourd'hui qu'hier, que l'année dernière ou qu'il y a vingt ans ! ai-je encore protesté.

— Sans doute. Mais ça peut arriver. Et je veux être sûr que tu seras maîtresse de tes émotions et aussi forte qu'un homme.

— Je ne suis rien du tout !

— Je ne voudrais pas que tu perdes ton beau courage. Il faudra que tu continues à vivre. Tu le dois à nos enfants.

— Non, non ! Je ne veux pas parler de ça. Je refuse d'aborder ce sujet. Je ne comprends même pas ce que vous voulez dire.

Bien sûr, aujourd'hui, je comprends ses paroles et les signes que le ciel m'envoyait, mais, à l'époque, je ne voulais rien voir. Je me protégeais.

Quand il a fait préparer nos visas pour l'Iran, aux enfants et à moi, j'en ai été très heureuse. Depuis quelques mois, mes parents y étaient installés avec tout le reste de ma famille et ils me manquaient terriblement. J'ai donc activement organisé notre départ. Trois jours avant notre voyage, il est arrivé à Douchanbe.

— Ça y est, tu es prête ? a-t-il dit en regardant les valises. C'est dommage que tu n'aies pas pu te faire soigner ici. L'été commence dans le Panjshir. Ça va être magnifique. Et toi, tu seras loin. En plus, je suis certain que tu vas t'absenter longtemps pour profiter de ta famille. C'est normal. Mais c'est dommage.

J'ai réfléchi : cela ne lui ressemblait pas de parler ainsi et d'essayer de me faire changer d'avis. Quelque chose devait le tracasser.

— En fait, je n'ai pas vraiment envie de partir, ai-je annoncé un peu plus tard. Ce n'est pas si urgent que ça et, pendant les grosses chaleurs, les enfants seront mieux dans la vallée. Et si j'annulais ?

— C'est vrai ?

Son visage s'est illuminé. Il s'est levé d'un bond.

— Puisque tes affaires sont prêtes, on n'a qu'à partir tous ensemble dès maintenant.

— Non, ai-je répondu. J'ai encore besoin d'une journée pour tout ranger.

— D'accord. Va chez un médecin pour me rassurer. Et, demain, l'hélico viendra vous chercher.

Il s'est rendu à l'aéroport en compagnie de la petite Nasrine. C'était un rite entre eux. Elle l'accompagnait toujours jusque dans l'hélicoptère et ensuite Wadood ou Saleh, tous les deux attachés militaires au Tadjikistan, la ramenait à la maison. Mon frère Tareq s'est mêlé à leur groupe. Amer Saheb était euphorique avec sa petite fille aux yeux rieurs dans les bras. En partant, il a répété plusieurs fois à mon frère : « Tenez-vous prêts. L'hélico arrivera très tôt demain matin. »

J'ai rangé la maison toute la journée. En ce début des vacances, je pensais bien que nous la quittions pour tout l'été. En fin d'après-midi, je suis allée voir le médecin qui m'a confirmé que je n'avais rien de grave et que cela pouvait largement attendre la rentrée. Je n'ai pas dormi de la nuit. Vers cinq heures du matin, il m'a appelée : « C'est bon ? Tu n'as pas changé d'avis ? Tu es toujours décidée à partir aujourd'hui ? C'est bien. Je vous envoie l'hélico vers onze heures. Vous me récupérerez au passage à Khoja Baodin et nous irons tous au Panjshir. »

Un peu plus tard, j'ai réveillé les enfants, je les ai préparés et nous avons commencé à attendre. Vers une heure de l'après-midi, il m'a appelée : « Pari, je suis désolé. En fait, j'avais tellement peur que vous ne veniez pas que je n'ai pas fermé l'œil de la nuit. Résultat : après t'avoir eue, je me suis endormi comme une souche et je viens à peine de me réveiller. L'hélico part tout de suite. Dans une heure et demie, Wadood vous emmènera à l'aéroport et, dans quatre heures, nous serons tous ensemble. »

Tareq a préféré rester à Douchanbe pour passer un examen d'anglais et je me suis envolée avec Ahmad et les filles. Pour une fois, nous avions beaucoup de place dans l'hélico. Ahmad s'est assis dans le fauteuil de son père, un vieux siège de voiture Lada, recouvert de tapis comme le sol et les banquettes. Les filles ont grimpé sur l'énorme réservoir de carburant qui contribuait à faire de l'engin une bombe volante. Mais nous y étions habitués. Quand on s'est approchés de Khoja Baodin, le pilote a appelé mon mari :

— Amer Saheb, je commence à descendre.

— Non, maintenant que vous êtes en route, continue vers le Panjshir. Je vous rejoindrai très tôt demain matin avec l'autre hélico.

— Mais la famille est seule !

Le pilote était très gêné d'être en tête à tête avec moi. D'habitude, il y avait toujours soit mon mari, soit un de mes frères.

— Ne t'inquiète pas. Shaeddin vient d'arriver là-bas. Il les attend.

J'entendais à travers la communication radio qu'il était fou de joie. Je pense que jusqu'au dernier moment, il a cru que je partirais en Iran. Dieu merci, je ne l'ai pas fait.

Dès que nous sommes arrivés à Jangalac, j'ai installé notre petite maison. Ménage, valises à vider et à ranger, cuisine à mettre en route, etc. Par les fenêtres, j'ai vu que les travaux de notre future maison avaient l'air bien avancés et que de nombreuses plantations avaient été faites dans le jardin. À sept heures du matin, mon mari-étoile est entré : « Tu vois comme on est bien ici. Tous ensemble ! » Je ne me souviens pas de l'avoir vu aussi joyeux. Il ressemblait à un enfant qui aurait reçu le plus beau et le plus convoité des cadeaux. Il m'a fait visiter le jardin, me montrant chaque arbre fruitier et justifiant le choix de chaque variété de fleur. Comme tous les jardins afghans, le nôtre était entouré par de grands murs rectilignes, sauf sur un tronçon de quelques mètres, complètement de travers, qui contournait une minuscule parcelle appartenant au voisin. De manière anonyme, mon mari lui avait proposé de l'acheter. L'homme avait refusé et il n'avait pas insisté.

En bas, le terrain commençait par une petite esplanade protégée par une pergola sous laquelle les hommes s'abritaient du soleil. Des escaliers grimpaient ensuite vers la maison, à travers plusieurs terrasses qui la dissimulaient de la route. Derrière elle se dressait la montagne. Et devant s'étendait la vallée. Si la piscine était terminée, le petit bâtiment qui devait abriter le hammam était à peine commencé. À l'intérieur, tout était blanc, vaste et lumineux. C'était magnifique, mais encore en chantier.

— Qu'est-ce que tu en penses ? me demanda-t-il brusquement. Si nous allions habiter la « maison du haut » ?

C'est ainsi que nous appelions la future maison.

— Mais c'est impossible ! Rien n'est installé, il n'y a pas de moquette, pas de placards. Rien n'est fini ! Il vaut mieux attendre dans la maison du bas.

— Mais je suis là ! Fais-moi confiance, ça va aller très vite.

Il a renvoyé tous ses moudjahidin, n'en gardant que deux pour l'aider à transporter les cartons de vaisselle et de livres, et quelques meubles que nous avions en réserve.

Deux heures plus tard, ils avaient tout monté. Mon mari m'a appelée. Quand je l'ai rejoint dans la maison du haut, je suis restée abasourdie devant le spectacle. Tout était éparpillé dans une pagaille incroyable ! « Et voilà, m'a-t-il dit, content de lui. J'ai fait le plus dur. À toi maintenant. J'ai juste besoin d'un seau d'eau pour me laver et de vêtements propres, car je dois aller rendre visite à une délégation étrangère. Je n'en ai pas pour longtemps. Comme je vais dîner avec eux, pas besoin de prévoir quelque chose à manger pour moi. »

Je ne savais pas par où commencer ! J'ai dit à Snawbar, la femme qui m'aidait à la maison :

— Ne paniquons pas. On a la soirée devant nous et, au moins, on n'a pas de cuisine à faire.

À peine avais-je commencé à déballer quelques objets qu'il était de retour.

— Mais qu'est-ce que vous faites là ?

— Je les ai expédiés. Ils sont allés dîner dans la maison d'hôtes d'Astana et ils n'ont pas besoin de moi. Je retournerai les voir demain.

En fait, il mourait d'envie de revenir au plus vite pour installer la maison. Il faut bien comprendre que, depuis notre mariage, c'était notre premier vrai chez-nous. Nous avions toujours été logés soit chez mes parents, soit dans sa famille, soit dans une maison de l'État. Une scène surréaliste a alors commencé. Moi, accroupie, j'essuyais chaque objet et chaque livre avant de les passer au chef de guerre, qui les disposait sur les étagères, reculait pour juger de l'effet produit et les déplaçait jusqu'à trouver la place idéale. Il s'amusait beaucoup. « Regarde un peu ce sens de la décoration ! Je me demande ce que tu ferais sans moi. » Et moi, je rentrais dans son jeu : « Rien ! Vous savez bien que, sans vous, je ne suis rien. Que l'ombre de moi-même, une âme en peine, un fantôme. »

Au bout d'un moment, il a demandé :

— Qu'est-ce qu'on mange ?

— Mais vous m'aviez dit que vous ne rentreriez pas ! Je n'ai absolument rien préparé.

— Allez, il y a sûrement un peu de viande. Je vais faire des kebabs.

On a pique-niqué au milieu des cartons et rangé toute la maison avant de dormir sur des lits de fortune. Le lendemain matin, avec mon frère Shaeddin, il a posé la moquette en commençant par les pièces du rez-de-chaussée et en terminant par les chambres du premier étage. Je revois encore le grand Massoud, bête noire des horribles talibans, à quatre pattes et le front ruisselant de sueur, en train de découper et de coller les tapis. « Tu vois, m'a-t-il dit en riant. Je me découvre des talents cachés. Je pourrai toujours me recycler quand la guerre sera finie ! » Le lendemain de notre déménagement, j'ai fait fabriquer des matelas et des couettes, et les enfants sont venus s'installer dans leur chambre.

13.

Régulièrement, mon mari rapportait un livre ou un objet de la maison du bas ou de celle de mes parents. Comme il aimait les paysages, il avait accroché un tableau le représentant dans sa bibliothèque pour la seule raison qu'on y voyait la rivière Panjshir et la montagne de Badakhchan. Dans les escaliers qui menaient à l'étage, c'était un port de pêche en Bretagne, qu'il regardait chaque fois qu'il montait et descendait. Tous les jours, il s'arrêtait devant une nature morte dans le salon et tous les jours, il trouvait un nouveau détail à commenter : « Regardez, le petit moucheron sur la poire ou la chair de l'abricot autour du noyau. » Il était heureux et moi aussi. Mais paradoxalement, la peur ne me quittait guère. Les enfants, habitués à ce que les avions surgissent dès notre arrivée, n'osaient pas s'amuser dans le jardin. Il a fallu que leur père les rassure, en mentant : « Vous ne risquez absolument rien. J'ai fait mettre tous les espions en prison. Les talibans ne pourront jamais savoir que vous êtes là. » J'avais le cœur serré de les voir jouer avec innocence, à proximité de l'abri anti-bombe que mon mari avait fait construire.

L'été a commencé dans une ambiance de paix irréelle, comme si nous étions transportés ailleurs, vers un endroit suspendu dans le temps, une sorte de bulle où le ciel nous aurait placés pour profiter des derniers moments.

Nous étions en juin 2001. Ses assassins n'étaient pas encore arrivés dans la vallée.

Il était aussi détendu qu'il avait été soucieux pendant ces dernières années. Et quand je le regardais monter le chemin en de grandes enjambées ou assis sur les coussins du salon, bavardant avec nos proches ou plongé dans ses pensées, je le trouvais encore plus beau que d'habitude. Lorsqu'il s'assoupissait, je me glissais dans la pièce, sans faire de bruit, je m'installais à proximité et j'attendais que son sourire me découvre. Son sourire de miel.

En juillet, Massoud a envoyé à Londres Younous Qanooni et le docteur Abdullah pour organiser avec son frère Ahmad Wali et Hamayoun Tandar, représentants de l'Afghanistan en Angleterre et en Suisse, une réunion de la diaspora. Une centaine de femmes et d'hommes de tous horizons ont réfléchi pendant deux jours à des projets concernant la politique, l'éducation, l'économie, la justice, la santé... Son idée était aussi d'en profiter pour repérer ceux qui seraient susceptibles d'intégrer le gouvernement dès que l'occasion s'en présenterait. Contre toute logique, alors que le pays traversait une de ses périodes les plus dures et que le Panjshir était réduit à une minuscule poche de résistance, mon mari pensait à l'avenir avec confiance. Depuis le début de l'année 2001, la situation évoluait favorablement. À l'est, Hadji Qadir, un Pachtoun proche de mon mari, résistait avec succès, attaquant même à Konar. À l'ouest, les avancées d'Ismaël Khan étaient telles que les talibans avaient évacué leurs familles de Ghor et d'Herat. Dans le Centre et dans le Nord, Mohaqeq, Khalili et Dostom avaient repris les combats, après avoir consulté Amer Saheb. Sa plus grande crainte était de voir se renouveler les erreurs de 1992 et d'aborder la paix sans projet, sans équipe et sans unité. Quand son frère, Ahmad Wali, lui a rapporté que la diaspora, toutes ethnies confondues, acceptait de le suivre, il a été complètement rassuré. Pourtant, son voyage en Europe et le message qu'il avait délivré contre le terrorisme international et le gouvernement pakistanais avaient signé sa mort.

Entre mes six enfants et ma nouvelle maison, j'étais bien loin de tout ça. Tout à notre installation, je l'écoutais faire des projets, remarquant à peine ses réflexions de plus en plus bizarres.

Après s'être baigné dans la piscine, il s'allongeait toujours sur la petite terrasse pour prendre le soleil. Parfois, je venais m'asseoir à côté de lui. Invariablement, au bout de quelques minutes, il me disait : « Si tu savais ce que ça fait du bien ! Je vais encore aller nager. » Ce jour-là, il a ajouté : « Peut-être pour la dernière fois. » Devant mon air interloqué, il a immédiatement enchaîné : « Parce que le soleil va se coucher et que le froid va tomber. »

Alors qu'il n'avait jamais eu le temps de s'intéresser à son cadre de vie, il a commencé à faire les plans d'un jardin d'hiver, détaillant tous les arbres et toutes les fleurs que l'on pourrait y planter. « Les verrai-je pousser ? » lui est-il arrivé de prononcer. Si, à cet instant, on m'avait interrogée sur le sens de ses mots, je pense que j'aurais dit qu'il faisait allusion au risque de gel pendant nos mois d'hiver. Pas davantage.

Le souvenir que je garde de nos dernières semaines est une succession de moments heureux. Comme nos photos que je collais dans des albums. Ou les films qu'il enchaînait sur la caméra numérique qu'il venait de recevoir. Il aimait les cadeaux comme un enfant, parce que c'étaient chaque fois des surprises. Depuis le début de notre vie commune, tout ce dont nous avions besoin – vêtements, objets, médicaments, accessoires électroniques ou de toilette – nous était apporté du Pakistan ou d'Europe par nos familles et amis. Peu à peu, ses visiteurs lui en ont aussi offert... La plupart du temps, il attendait d'arriver à la maison pour les ouvrir et les redistribuer à son entourage. Ainsi, Ahmad a reçu une montre, les filles, des stylos et les garçons autour de lui, des vêtements ou des appareils photo. Lui, il appréciait tout particulièrement son lecteur de cassettes vidéo – sur lequel il visionnait toutes sortes de films étrangers comme *Les Quatre Cents Coups*, *Nixon*, *Platoon* ou *Spartacus* – et sa caméra numérique. C'était devenu son jouet et il nous filmait à tout bout de champ, appliquant les zooms ou des effets qu'il voyait dans les longs-métrages. Il l'emportait ensuite dans ses déplacements pour nous regarder dans le viseur.

Contrairement à ses habitudes, durant cet été il a été beaucoup plus souvent avec nous qu'avec ses moudjahidin à Khoja Baodin. Un matin, nous avions fini de prendre le petit déjeuner et il attendait que le brouillard se lève pour que l'hélico puisse décoller.

— Pari, va me chercher la grosse émeraude.

Il l'avait achetée quelques mois plus tôt et il avait toujours dit qu'elle servirait, le moment venu, à financer une opération d'envergure. J'imagine qu'il voulait la faire passer à l'étranger pour la vendre et je me suis amusée à le taquiner :

— Je vais avoir un beau pendentif ?

— Un jour, quand j'aurai de l'argent, c'est tout un collier que je t'offrirai.

— Deux alors ! Car j'aimerais aussi des rubis !

— Ce ne sont pas les bijoux qui font la beauté d'une femme.

— Tant qu'elle est jeune ! Mais, le jour où vous serez riche, je serai vieille. Que ferai-je alors d'un collier d'émeraudes ? C'est maintenant qu'il m'irait le mieux.

Je m'amusais. Mais il m'a interrompue :

— Ne parle pas comme ça. C'est l'argent du peuple.

— Mais je plaisante ! Je sais très bien qu'il y a deux phrases que je n'entendrai jamais de ma vie, c'est : « Pari, nous avons du temps libre pour nous deux » et : « J'ai de l'argent à dépenser. »

Il a éclaté de rire et il a emporté la pierre précieuse. Ce qui prouve bien qu'il préparait une offensive importante.

*

Nuit après nuit, ses souvenirs revenaient. Quand le générateur s'arrêtait, je me pelotonnais contre lui dans l'obscurité. À l'extérieur, un vent chaud soulevait des nuages de poussière qui s'écrasaient sur les vitres, balayant le temps et faisant remonter à sa mémoire les plus petits détails de son passé. Aujourd'hui, je regrette de ne pas l'avoir plus souvent sollicité en lui disant : « Racontez-moi. » J'aurais dû enregistrer ses récits. Il avait un sens de la description et des dialogues qui faisait de lui un formidable conteur. Mais je ne me doutais pas qu'il aurait une vie si courte. Je pensais naïvement que, lorsque nous serions vieux, je noterais tout méthodiquement pour que nos petits-enfants et les générations futures aient sa version des événements qui ont bouleversé notre pays.

Je ne sais pas ce qui déclenchait spécialement tel ou tel souvenir. Sans doute, ce qu'il avait fait dans la journée, ou qui il avait rencontré. En tout cas, ce soir-là, en dînant, il m'a raconté un repas qui lui était passé sous le nez dans sa jeunesse, alors qu'il était affamé. C'était après le coup d'État raté contre Daoud et juste avant de s'enfuir au Pakistan. Revenu clandestinement à Kaboul pour dire au revoir à sa mère, il s'était rendu, affamé, dans un restaurant où il attendait avec impatience son *palao*, un plat de riz avec des raisins secs, des carottes et d'autres bonnes choses qu'il n'avait pas mangées depuis longtemps. Un homme bizarre avec un grand patou, le châle en laine brune que les hommes afghans ne quittent jamais, était alors venu s'asseoir en face de lui. Juste au moment où son plat arrivait, l'homme avait ouvert son patou et glissé ses mains sous la table en regardant alternativement ses genoux, puis mon mari. Persuadé que l'homme appartenait aux services secrets et qu'avant de l'arrêter il vérifiait que c'était bien lui sur une photo, il s'était s'enfui en courant. Au passage, il avait eu le temps de s'apercevoir que l'homme était en train de rouler un joint sous la table ! « À partir de ce jour-là, je crois que j'ai encore plus détesté les fumeurs de haschich ! » riait-il en se rappelant sa course, le ventre vide.

Il avait fait installer dans le jardin une balançoire et des barres de toutes les tailles – même des petites à l'usage de Nasrine – et il organisait pour les enfants des séances d'exercices comme on en voyait à la télévision. Il jouait au foot avec Ahmad et Tareq ou faisait du karaté. Dans la piscine, tous les enfants lui sautaient dessus. Parfois, pendant les heures chaudes, nous nous amusions à nous lancer des seaux d'eau. Deux équipes se formaient : d'un côté, Tareq et moi ; de l'autre, mon mari et mon fils. Et l'on se partageait les filles. Le but était de se tremper complètement. Je me souviens encore de nos poursuites et j'entends encore nos rires. Il avait toujours été taquin et blagueur mais, là, il nous faisait de véritables festivals.

Régulièrement, des bombes tombaient et, régulièrement, nous allions nous cacher dans un souf ou dans notre abri.

Pendant la semaine, un homme s'occupait du jardin. Le vendredi, jour férié, mon mari voulait absolument prendre le relais, alors qu'il souffrait du dos et de la jambe gauche – une sciatique, lui avait-on dit. Je les revois encore se disputer le balai ou le tuyau d'arrosage ! « Au travail ! » lançait-il aux enfants, et il donnait à chacun la responsabilité d'une partie du terrain. En les regardant arracher les mauvaises herbes, bêcher et arroser, je pensais : « Cet homme a tout reçu du ciel. Il sait s'adapter à toutes les situations et à tous les interlocuteurs, enfant ou grand commandant. » Souvent, il demandait du thé et l'on s'asseyait tous ensemble au bord de la piscine pour écouter les poèmes d'Ahmad. Pour faire durer notre plaisir, mon mari récitait ceux d'Hafez qu'il aimait particulièrement ou bien il fredonnait des chansons populaires. Il savourait ces moments avec gourmandise, comme lorsqu'on sait qu'on mange les derniers melons de la saison. Quant à nous, nous n'avions jamais rien connu de meilleur.

Toute sa vie, il a pesé le même poids : entre soixante-douze et soixante-treize kilos. Or, depuis quelque temps, je voyais qu'il avait un peu grossi, ce qui lui allait très bien. Mais il était trop soucieux de sa ligne pour que je le lui dise. « C'est étrange, me lança-t-il un soir en rentrant. D'habitude, je fais toujours d'une seule traite le trajet entre la maison du bas et la maison du haut, et là, je me suis arrêté au moins trois fois pour reprendre mon souffle. Je me demande si je n'ai pas un peu grossi. Qu'est-ce que tu en penses ? » Je me suis bien gardée de répondre. Comme nous n'avions pas de balance, il a envoyé Tareq emprunter celle du docteur Rahim Dad Khan. Il s'est pesé : quatre-vingt-quatre kilos. « Ah, tu vois ! J'avais raison. Je deviens un gros monsieur et toi, tu ne t'en rends même pas compte », a-t-il plaisanté. Quand je le voyais aussi heureux et épanoui, je partais faire brûler des graines d'espand pour chasser le mauvais œil. Chez nous, on raconte que ceux qui vont être rappelés à Dieu s'épanouissent dans tous les sens du terme. Mais comment aurais-je pu penser à ça !

Le petit déjeuner était un des moments importants de sa journée. Il buvait d'abord sa tisane aux fruits secs que je lui préparais, puis se régalait avec mes confitures de griottes, de carottes ou de pommes, et des brochettes de foie de mouton quand j'avais le temps de lui en faire. Il finissait toujours par une tasse de thé vert, sans sucre. Lorsqu'il restait à la maison, il mangeait dans la matinée un ou deux fruits. Si je raconte cet emploi du temps en détail, c'est que les derniers temps, les choses se déroulaient différemment. Une fois terminé son petit déjeuner, il demandait à Tareq de lui installer un pare-soleil au bord de la piscine pour y boire son thé. Il se promenait ensuite dans le jardin et s'asseyait ici et là pour manger un fruit. Il imprégnait chaque coin et recoin de sa présence, nous laissant partout une image ou un souvenir de lui. Parfois, il me réveillait la nuit : « Et si on transportait notre matelas sur la terrasse ? » Et nous dormions à la belle étoile.

Nous avions tous les deux de longues conversations au cours desquelles la condition des Afghanes revenait régulièrement. Chaque jour, celles que je recevais me racontaient des situations terribles, que j'essayais de résoudre dans la mesure de mes moyens. Il était au courant de tout, même du nombre de celles qui mouraient pendant un accouchement ou après un avortement. Il disait : « Avec ces femmes, ce sont de futures mamans qui disparaissent ! » Pour lui, l'aide à notre pays commençait par l'aide aux femmes. « Elles sont l'avenir de l'Afghanistan », déclarait-il. Et le Pakistan l'avait bien compris. En soutenant les talibans qui empêchaient les femmes de travailler dans les écoles, les hôpitaux et les administrations où elles étaient majoritaires, c'est tout le pays qui était paralysé. Mais qui pouvait croire mon mari alors que le monde parlait d'une guerre civile qui s'éternisait ?

Un jour, il est revenu à la maison avec, à la main, un journal français, *ELLE*, qui avait mis sur sa couverture une Afghane en tchadri. Il m'a expliqué qu'il était vendu dans le monde entier et qu'il défendait partout la cause des femmes. « Une de ses journalistes est arrivée dans la vallée avec Chékéba, m'a-t-il dit. Et je l'ai vue aujourd'hui. » Il recevait la plupart de nos visiteurs car il était touché que des étrangers prennent des risques pour venir jusqu'à nous. « Elle voudrait t'interviewer. Chékéba restera à tes côtés et traduira. Je lui fais entièrement confiance. Qu'en penses-tu ? » Pour une fois, je n'ai pas répondu : « Comme vous voulez. » J'avais envie de me faire entendre. Les bruits qui couraient à l'étranger sur mon mari m'étaient revenus et je voulais raconter la vérité. Non, Massoud n'avait pas deux ou trois femmes. Non, il ne me faisait pas vivre en recluse ni ne m'obligeait à mettre un tchadri. Il respectait celles qui le portaient, mais, en réalité, il l'avait en horreur, préconisant seulement un simple foulard conformément aux préceptes du Coran. Mon mari s'énervait : « On m'accuse de ne pas travailler avec les femmes. Or je me demande bien de quelles femmes on parle. Je n'en vois jamais ! » Les seules Afghanes actives dans la vallée étaient pour la plupart institutrices et il les soutenait autant qu'il le pouvait. Pendant la guerre contre les Russes, quelques femmes médecins nous avaient aidés, je pense notamment au formidable docteur Laurence, mais depuis elles étaient très rares. Aussi pensait-il que si je m'exprimais dans ce journal, en le lisant, des femmes de la diaspora auraient peut-être envie de nous rejoindre. Il m'a aussi annoncé qu'il allait demander à Chékéba d'organiser une sorte de ministère des Droits des femmes dans la vallée afin qu'elles puissent se réunir en toute sécurité, s'instruire et se former à un métier. C'est comme ça que j'ai rencontré pour la première fois Marie-Françoise et que nous sommes devenues amies toutes les trois. Depuis, elles ont toujours été là, pour les enfants et pour moi.

Nous étions à la mi-août. Deux Tunisiens, Kassin Bakkali et Karim Touzani, venaient de rentrer dans la vallée en se faisant passer pour des journalistes marocains. Munis de visas talibans, obtenus au Pakistan, ils arrivaient de Kandahar, fief des « étudiants en théologie », après avoir passé deux semaines à Kaboul. Et ils insistaient pour s'entretenir avec mon mari.

— Je suis en train de préparer une vaste opération, m'a-t-il annoncé un matin. Qu'est-ce que tu dirais ensuite de ne plus retourner à Douchanbe ?

— Vous savez très bien que je ferai ce que vous me demanderez et que là où je suis le mieux, c'est près de vous. Mais, si on reste ici, il faudra prendre des professeurs de persan et d'anglais pour les enfants.

— Oh ! là, là ! a-t-il éclaté de rire. Voilà que tu prends des goûts de luxe.

Ce jour-là, nous avons décidé que je m'installerais à Khoja Baodin, un bon compromis entre la ville et la campagne. Dans cette bourgade, mon mari avait établi depuis longtemps son quartier général. Derrière les bâtiments, le désert commençait. Devant, des maisons basses en terre s'éparpillaient, hors de portée des tirs talibans. Bien sûr, ce n'était pas le paysage de nos montagnes ni la fraîcheur de nos vallées, mais une sécurité relative nous y attendait.

À l'intérieur comme à l'extérieur du pays, Amer Saheb semblait sûr de lui, de ses troupes et de ses alliés. « Tout le monde est d'accord maintenant. Une fois le pays libéré, on organisera une *Loya Jirga* et des élections pour que le peuple choisisse ses représentants. »

Ouvertement optimiste, il était pourtant réveillé en sursaut par des rêves qu'il ne voulait jamais me raconter. Je le retrouvais alors en pleine prière et, le matin, il faisait sacrifier deux moutons pour les pauvres, comme c'est la coutume chez nous quand on rêve à ses parents et qu'on veut que leur âme soit en paix. Mais le jour où il a demandé à notre fils Ahmad s'il agirait ainsi après sa mort, j'ai protesté en disant que ce n'était ni le moment ni l'heure de parler de ça. Ce genre de réflexion me rendait nerveuse.

De violents combats se déroulaient à Jabol Saraj.

Il arpentait la terrasse, criant des ordres dans son téléphone radio, en dari ou en pashto selon ses interlocuteurs. Il s'est ensuite enfermé dans son bureau où je l'ai rejoint. Il venait d'apprendre que le fils d'un de ses commandants tombé quinze jours plus tôt au combat venait lui aussi de trouver la mort.

— Quelle tristesse ! J'avais pourtant insisté pour qu'il s'occupe de sa mère et de ses sœurs, mais il n'avait rien voulu savoir. « Amer Saheb, m'avait-il répondu, pas question de déposer le fusil de mon père tant qu'il restera un seul de ses ennemis dans le pays. » C'est terrible... son fils unique. Toute une famille détruite.

Il s'est enfermé dans un silence douloureux, que j'ai voulu briser en posant des questions sur ce commandant.

— Il avait à peu près mon âge, m'a-t-il répondu. Tu vois, si je m'étais marié plus tôt, Ahmad aurait aujourd'hui l'âge de son fils.

J'ai pensé qu'il exprimait un regret. Aujourd'hui, je sais qu'il était au contraire soulagé qu'Ahmad soit trop jeune pour se battre.

Il le prenait souvent à l'écart pour bavarder avec lui en tête à tête. Si mon fils ne m'a jamais raconté ce qu'il lui disait, il est trop pudique pour ce genre de confidences, le vent m'a apporté des bribes de leur conversation : « Promets-moi que, s'il m'arrive quelque chose, tu ne chercheras pas à me venger », ou : « Quand je mourrai, seras-tu assez fort pour me porter sur ton dos en haut de la montagne ? » N'imaginez pas pour autant qu'il ait été morbide. Loin de là. Mais ce genre de réflexions arrivait dans la conversation comme des considérations philosophiques. Celles qu'un père fait à ses enfants pour leur montrer que la vie n'est pas que matérielle. Autrefois, alors que nous étions encore dans la maison du bas, il m'avait montré un point au loin : « C'est là que je voudrais être enterré. » Une fois de plus, j'avais protesté : « Je ne veux pas entendre parler de ça ! » Je sais que vers la fin, il en avait aussi parlé au docteur Abdullah, son plus proche compagnon.

C'était le 31 août. Les deux faux journalistes venaient de quitter la vallée avec un groupe de

« confrères » pour aller à Khoja Baodin. Pendant neuf jours, les assassins allaient faire le siège du ministère des Affaires étrangères pour obtenir une entrevue avec mon mari.

Une grosse opération se préparait sur Kunduz et il devait passer à Khoja Baodin avant de se rendre au Tadjikistan.

Ce matin-là, la brume ne s'était pas suffisamment levée pour permettre à son hélicoptère de décoller. Au petit déjeuner, je lui ai servi un *qotakhi*, une espèce de chausson en pâte feuilletée fourré de fromage blanc. Il a fait appeler la femme qui le lui avait apporté pour qu'elle partage notre repas. Souvent, nos voisines lui préparaient des choses à manger et elles étaient heureuses de le voir s'en régaler. Il l'a goûté devant elle.

— C'est toi qui l'as fait ? lui a demandé poliment mon mari sans lui dire que le qotakhi était brûlé et raté.

— Non, c'est ma belle-sœur, la femme de mon frère, a-t-elle répondu.

— Et vous avez usé beaucoup de balles pour leur mariage ?

Chez nous, les invités tirent en l'air avec des fusils pour manifester la joie des nouveaux époux.

— Oh oui ! c'était un grand mariage.

— Eh bien, ce n'était pas la peine de dépenser autant d'argent pour un qotakhi pareil ! s'est-il exclamé en riant. Que je le mange, moi, encore, ce n'est pas grave, mais imagine qu'elle le donne à des enfants ! Elle risque de les empoisonner !

On s'est beaucoup amusés et la femme était enchantée qu'Amer Saheb plaisante ainsi avec elle.

L'après-midi, j'étais dans notre chambre quand je l'ai entendu crier : « Pari ! Pari ! » C'était son habitude de m'appeler dès qu'il montait dans le jardin. Je me suis penchée par la fenêtre. « Il y avait trop de brouillard, m'a-t-il dit en levant la tête vers moi. Je partirai demain. Descends avec le Caméscope, je voudrais vous filmer. »

Quand je suis arrivée sur la terrasse, il m'a pris la caméra des mains et m'a demandé d'aller sur la balançoire. Il m'a filmée seule. Puis avec les enfants. Ensuite, à mon tour, j'ai pris la caméra et je l'ai filmé en train de se balancer. Il a appelé Snawbar pour avoir du thé. Nous avons continué de nous filmer à tour de rôle avec Ahmad, Fatima, Mariam, Aicha, Nasrine, Zora et les enfants de Snawbar. Il faisait bon sous les arbres. Les pommes étaient mûres. On sentait leur parfum. « Bientôt, ai-je pensé, je pourrai commencer les confitures. » Nous étions une famille heureuse.

C'était la fin de l'été et, bientôt, la fin de sa vie.

Dans la soirée, on lui a apporté du raisin de Sangona, un village situé en contrebas de Jangalac, où pousse le meilleur raisin du Panjshir. Il l'a mangé avec plaisir, puis il s'est tourné vers Tareq : « Apporte-moi une autre grappe, s'il te plaît. C'est peut-être la dernière fois que j'y goûte. » Devant nos regards interloqués, il a ajouté : « La saison sera sans doute terminée quand je reviendrai de Khoja Baodin. »

Le soir, comme d'habitude, il a fait un dernier tour dans le jardin pour passer des communications à différents endroits. Jamais tranquille, il voulait toujours prendre des nouvelles de ses proches et savoir ce qui se passait sur le front ou à l'extérieur du pays. Je ne l'ai pas attendu pour aller me coucher et je me suis endormie. Quand il est entré dans la chambre, il s'est penché au-dessus de moi : « Pari, ne me dis pas que tu veux dormir ! Tu as vu la beauté de la pleine lune ? Une nuit comme ça, tu ne la retrouveras jamais. » Aujourd'hui, quand je pleure, je lui parle : « Pourquoi ne m'avez-vous pas prévenue que ce n'est pas la nuit que je ne retrouverai jamais, mais vous ! »

Il m'a prise par la main et nous sommes sortis dans le jardin. J'étais en chemise de nuit et je n'ai même pas eu le temps de mettre un foulard sur mes cheveux. « Tu vois, là, j'ai envie de planter telle fleur. À côté du sauna, tel arbre », m'expliquait-il. Il m'a récité des poèmes et on s'est promenés, main dans la main, jusqu'au milieu de la nuit.

Le lendemain matin, il s'est assis devant la fenêtre. J'y avais installé deux chaises. Comme notre chambre est au premier étage et que je ne voulais pas être vue par les hommes qui gardaient la maison, sur la route ou à l'entrée du jardin, je ne m'y attardais jamais, contrairement à lui.

— Viens à côté de moi, m'a-t-il demandé.

— Mais il y a les garçons en bas.

— Ce n'est pas grave, viens regarder la vue avec moi.

Il a pris ma main et a commencé à me parler de choses et d'autres. Au bout de quelques minutes, j'ai voulu me lever pour aller préparer le petit déjeuner, mais il m'a retenue, me fixant intensément. Il ne se comportait jamais ainsi.

Après le petit déjeuner, il est monté dans la chambre d'Ahmad et il m'a appelée. Quand je l'ai rejoint, il m'a montré les cahiers de notre fils : « Je viens d'écouter Ahmad réciter ses leçons. Je ne m'étais pas rendu compte à quel point il avait fait des progrès. » Les filles sont venues nous rejoindre et il a répété combien il était content d'avoir des enfants si bons élèves. J'étais, à ce moment-là, la femme et la mère la plus heureuse du monde. « Je m'en vais maintenant, Pari. » C'est la dernière fois que je l'ai entendu prononcer mon prénom.

Comme d'habitude, je suis allée m'appuyer sur la rampe du palier. Pendant qu'il descendait les marches, il ne m'a pas quittée des yeux. Puis, ainsi que je le faisais toujours, j'ai couru sur la terrasse de notre chambre pour le regarder partir. Il s'est engagé lentement dans les escaliers à travers le jardin. À chaque marche, il se retournait vers moi. Une fois encore, on se disait au revoir avec les yeux. Il a fini par descendre à reculons et, amusée, je lui ai fait un geste pour dire : « Regardez devant vous, vous allez finir par tomber ! » Il m'a répondu par un signe qui signifiait : « Ne t'inquiète pas. » Jusqu'à la dernière marche, il m'a regardée et, moi, je riais en pensant aux moudjahidin qui, d'en bas, ne voyaient que son dos.

Longtemps après qu'il eut disparu, je souriais encore.

14.

Le jour même de son départ, un mercredi, mes parents sont arrivés d'Iran avec toute la famille. Ils nous avaient beaucoup manqué. Le lendemain et tous les jours suivants, les enfants partaient dès le matin chez leurs grands-parents, à Bozarak, jusqu'au soir où mon père et ma mère les remontaient pour que nous dînions tous ensemble. Pendant ce temps, j'ai repris en main la maison que je voulais remettre en état. Avant de partir, mon mari avait souhaité avoir un matelas plus dur et en laine. Le matin, il avait souvent mal au dos en se levant. Je me suis promis de l'obliger à se faire soigner sérieusement quand il reviendrait. Pendant qu'une femme s'occupait de notre nouveau lit dans le jardin, je me suis employée à faire ceux des autres chambres pour les prochains invités. Je profitais toujours de ses absences pour m'avancer afin d'avoir plus de temps libre à son retour.

Le dimanche matin, un des gardes est venu nous prévenir qu'Amer Saheb serait là pour le déjeuner.

Régulièrement, à cette époque, les talibans attaquaient Chamali. Besmellah Khan, le commandant de la plaine, avait demandé l'assistance de mon mari qui avait décidé de passer nous voir avant de le rejoindre. J'ai préparé un repas. Entre-temps, son lit serait terminé. S'il voulait se reposer, il aurait une bonne surprise.

En l'absence de mon mari, nous n'avions pas de téléphone radio à la maison. Il nous faisait passer des messages par son bureau qui me les envoyait via un moudjahidin, lequel me les faisait porter à son tour par un garde. Ce qui pouvait mettre un certain temps, compte tenu des difficultés de liaison et du degré d'occupation de chaque intermédiaire.

À quatre heures de l'après-midi, il n'était toujours pas là. J'avais l'habitude de l'attendre, je n'étais pas inquiète. J'ai simplement demandé à Snawbar de mettre une nappe dehors et d'apporter le repas pour que l'on commence à déjeuner. Elle est partie ensuite aux informations.

Par les moudjahidin qui gardaient la maison, nous avons compris qu'il y avait eu un changement de programme. Besmellah Khan l'avait appelé au moment où il quittait Douchanbe pour regagner Khoja Baodin. C'est là qu'il avait alors décidé de se rendre directement dans le Panjshir mais, sur la route, on l'avait prévenu que les talibans avaient été repoussés. Du coup, jugeant qu'il avait déjà perdu assez de temps, il avait regagné sa base et reculé de deux jours son voyage dans la vallée.

Après le déjeuner, je me suis installée dans le grand salon, avec deux femmes du village, pour coudre notre couette. J'ai déroulé le tissu par terre et branché la machine à coudre. Nous étions sur le point de nous mettre au travail, quand mon frère Rasheddin est arrivé avec les enfants. J'ai été un peu surprise. Il avait une tête bizarre et il n'était que cinq heures de l'après-midi. « Pari, lève-toi, on s'en va. » Comme mes parents m'avaient avertie qu'ils feraient tuer un mouton, j'ai pensé qu'il venait me chercher pour aller le manger avec toute la famille. « Hadji – c'est ainsi qu'on appelle mon frère depuis qu'il a fait le pèlerinage à La Mecque –, attends un peu. On partira dans un moment. Laisse-moi terminer la couette du père d'Ahmad qui va rentrer. » À ces mots, ses traits se sont encore altérés et il est sorti de la pièce. Quand il est revenu, il m'a lancé brusquement :

— Je t'emmène à Douchanbe.

— À Douchanbe !

— Il y a des combats dans la vallée.

— Mais comment ça ? Il n'y a pas un bruit. C'est même la première fois depuis longtemps qu'il n'y a pas de bombardement.

À bout d'arguments, mon frère a lâché :

— C'est Amer Saheb qui te le demande.

À ce moment, j'ai compris qu'il se passait quelque chose, sans vraiment savoir quoi. Pourquoi mon mari me demandait-il d'aller à Douchanbe, alors qu'il devait être à Khoja Baodin et que nous avions décidé que je ne retournerais plus au Tadjikistan ? Je me suis rendue dans la petite salle de bains du rez-de-chaussée pour me passer de l'eau sur la figure et tenter de mettre mes idées au clair.

— Il n'y a pas de combats dans la vallée, lui ai-je répété en revenant.

— Tu n'es pas au courant ? Les talibans progressent à Chamali. Amer Saheb a peur pour vous. Prépare tes affaires, il faut partir tout de suite. Il a donné des ordres.

Pour essayer d'obtenir plus d'informations, je lui ai posé quelques questions :

— Je prends quoi comme affaires ? De quoi tenir quelques jours ou jusqu'à la rentrée des classes ?

— Ce que tu veux.

— Et des affaires pour le père d'Ahmad ?

— Oui, prends-les aussi.

Mon mari comptait donc nous rejoindre. Un peu rassurée, je suis montée dans notre chambre, à l'étage. Quelques minutes plus tard, mon autre frère, Shaeddin, est arrivé à la maison. Je l'ai entendu grimper les escaliers quatre à quatre. Il a frappé à la porte. « Pari, dépêche-toi. Il faut partir. » Il était décomposé, mais ce qui m'a le plus impressionnée, c'est le visage de mon fils, à côté de lui. Ahmad était livide. En fait, il était avec mon père quand les garçons de la sécurité étaient venus le prévenir. Il avait entendu des bribes de conversation et assisté à tout le branle-bas de combat qui s'en était suivi.

— Mais qu'est-ce qui se passe? ai-je demandé en commençant à paniquer. Il est arrivé quelque chose de grave? Où est le père d'Ahmad?

Personne ne me répondait, sauf pour me dire de me dépêcher.

— Ne fais pas de bruit, m'a dit mon frère. Des combats se préparent. Si les voisins te voient ou t'entendent, ils vont paniquer.

Nous avons rassemblé quelques affaires, j'ai pris la valise de mon mari avec ses vêtements bien repassés et nous sommes partis vers l'hélicoptère. Ahmad était silencieux, les filles posaient plein de questions et Nasrine pleurait car on l'avait réveillée. J'étais plus abasourdie qu'inquiète. Au point que, lorsque l'hélicoptère s'est mis à fumer, j'en ai été presque soulagée. Peut-être serions-nous obligés de revenir à la maison et pourrais-je terminer mon travail. Effectivement, le moteur a pris feu et nous sommes rentrés, aucun hélico n'étant disponible. J'ai appelé mes deux voisines pour m'aider à finir au plus vite cette fameuse couette et, tout en cousant, j'ai pensé qu'il allait m'envoyer un message dans la soirée et que demain, ou après-demain au plus tard, il me raconterait ce qui s'était réellement passé, son entourage ne faisant que me répéter bêtement ses ordres sans rien m'expliquer.

Dans la soirée, mes parents sont arrivés. Mon père est un homme joyeux qui plaisante tout le temps. Dès qu'il pénètre dans la maison, les enfants lui sautent dessus et ils s'amusent. Là, il avait la mine défaite. « Ça va, papa? lui ai-je demandé. Tout va bien? » Il a répondu par un « oui, oui » presque inaudible. Je lui ai proposé de manger quelque chose, mais il a refusé, prétextant qu'ils sortaient de table. Moi, j'avais terminé ma couture et j'étais détendue, surtout que je voyais bien qu'il n'y avait aucun signe de combats. « J'ai fini tout ce que j'avais à faire, ai-je dit, pour meubler la conversation. Demain, on dormira dans notre nouveau lit. Franchement, je ne pense pas qu'on ira à Douchanbe. » J'ai laissé mon père en bas avec les enfants et je suis montée pour installer notre chambre. Au fur et à mesure que j'entrais dans une pièce, ma mère en sortait, alors que, d'habitude, dès qu'elle me voyait faire quelque chose, elle se précipitait pour m'aider.

Vers minuit, mon père a dit :

— Il faut que j'y aille.

— Restez donc dormir tous les deux, ai-je protesté.

— Ta mère, alors. Moi, il faut que je parte. La maison est vide.

Je savais qu'après l'épisode de l'hélicoptère en feu mes deux frères étaient partis à Charikar, près de la plaine de Chamali. J'ai pensé qu'une réunion devait s'y tenir avec Besmellah Khan et qu'ils nous rapporteraient des informations. J'ai suivi mon père dans le jardin. Même s'il avait peu de chemin à faire jusqu'à Bozarak, je voulais que quelqu'un le raccompagne ou qu'au moins il prenne un fusil. La nuit était noire et la route déserte à cette heure-ci.

— Non, non, tout va bien, a-t-il répondu. Mais dis à ta mère de venir. Je veux lui parler.

Quand elle est revenue dans le salon, je bavardais avec Tareq. Elle s'est assise sur les coussins, à côté de moi, et ma vie a volé en éclats.

— Pari, il est arrivé quelque chose à Amer Saheb.

Mon père lui avait demandé de me prévenir de peur qu'en apprenant la nouvelle le lendemain, je ne m'évanouisse dans l'hélicoptère ou devant tout le monde. Je sais qu'elle a parlé de deux faux journalistes arabes, d'explosion... mais tout s'est embrouillé dans ma tête. Tout ce que j'ai entendu, c'est : « Il est arrivé quelque chose à Amer Saheb. » La pièce s'est mise à tourner autour de moi et je suis tombée. Quand j'ai repris conscience, Tareq criait. Il s'adressait à mon mari : « Tu m'avais promis de vite revenir ! Tu m'avais promis, là, sur ces coussins, que tu allais m'apprendre plein d'autres prises de karaté... » Il hurlait tellement que ma mère lui a donné une claque : « Ne pleure pas comme ça ! Ce n'est pas le moment. Les gens ne doivent rien savoir. Arrête de pleurer. » Ils m'ont aidée à m'asseoir et j'ai pu poser des questions.

— Tout ce que je sais, m'a expliqué maman, c'est ce qu'on nous a dit au téléphone. Deux Arabes se seraient fait passer pour des journalistes et auraient fait sauter une bombe qu'ils avaient sur le ventre.

— Il est mort, alors ! Maman, il ne peut pas être vivant si c'étaient des kamikazes avec des ceintures d'explosif.

Ma mère m'a regardée avec un regard froid, presque méchamment :

— Tais-toi. Ce n'est pas la peine d'en rajouter. Il faut rester confiant.

En me rappelant à l'ordre, elle m'a redonné du courage.

J'ai passé toute la nuit à prier. Je sais maintenant ce que signifie « avoir le cœur brisé ». Comment peut-on supporter une telle souffrance physique ? Si je ne suis pas morte cette nuit-là, c'est bien la preuve que Dieu existe.

Le lendemain matin, à l'aube, il y avait trop de brouillard pour que l'hélico décolle. La matinée avançait et les gens passaient chez nous sans discontinuer. Qui ? Aujourd'hui encore, je suis incapable de m'en souvenir. Ils posaient tous les mêmes questions : « Que s'est-il produit, exactement ? Il est blessé ? » Prostrée, je ne parlais pas. Maman s'occupait des enfants dans leur chambre. Mes frères s'affairaient. Leur pire crainte était de voir commencer les combats avant que nous puissions être à l'abri. Avant midi, malgré le brouillard, nous avons pu embarquer et partir. On nous avait dit que mon mari avait été transporté à l'hôpital de Farkhar, juste avant la frontière. Quand on s'est posés sur le tarmac, j'ai vu venir de loin Amir Jon, l'homme en charge de l'aéroport, avec un grand sourire.

— C'est vraiment dommage, vous êtes arrivés un jour trop tard, nous a-t-il expliqué. On vous attendait hier soir. Ce matin, Amer Saheb a été évacué en France pour être soigné.

« Comment ça, il a été évacué ? » ai-je pensé.

Sans autre explication, nous sommes repartis pour Douchanbe, laissant mon père à Farkhar, au cas où mon mari reviendrait. Dans l'hélicoptère, tout le monde pleurait. Nous apprenions en même temps qu'il était grièvement blessé, puisqu'on n'avait pas réussi à le soigner sur place, et qu'on ne le verrait pas. Cette situation atroce m'échappait sans que je puisse intervenir, comme de l'eau qui file entre les doigts. Et personne pour me dire s'il était conscient, s'il m'avait demandée et s'il avait besoin de moi.

Trois jours auparavant, quand il s'était rendu à cette réunion à Douchanbe, il avait dormi chez nous. Comme d'habitude, en partant, il avait laissé la clé de notre maison à son secrétaire qui nous l'a apportée. Quand je suis entrée, je ne sais pas ce qu'il m'a pris, mais je me suis imaginé qu'il était venu se réfugier dans notre chambre comme un animal blessé. Brusquement, j'ai couru comme une folle pour y entrer. Elle était fermée à clé. Il l'avait fermée à clé ! Ce qu'il ne faisait jamais. J'ai frappé, appelé et je suis ressortie en toute hâte dans le jardin pour passer par la fenêtre. Je me suis retrouvée seule, dans le silence de notre chambre. Il était partout. Le lit était refait à sa façon. Le coiffeur était venu, ses cheveux coupés dépassaient de la serviette jetée par terre, dans un coin. Celle avec laquelle il s'était séché était encore humide dans la salle de bains. Comme ses chaussons, mouillés par ses ablutions matinales. Au pied du lit, une paire de chaussures l'attendait.

Il s'était lavé et préparé pour son dernier rendez-vous.

Des images de notre vie me sont revenues en pleine figure. Nos dernières paroles, sa façon de se mouvoir, son sourire en franchissant la porte et ce lit dans lequel il avait passé sa dernière nuit. Pourquoi avait-il fermé à clé ? J'ai hurlé comme une bête et ils ont enfoncé la porte. Un peu plus tard, Tareq a retrouvé cette clé cachée dans une armoire. À ce moment, j'ai compris qu'il savait vers quoi il allait et, comme il était très pudique, il a pensé : « S'il m'arrive quelque chose et que des inconnus pénètrent dans la maison, je ne veux pas qu'ils voient notre intimité. » Je me suis alors mise à lui crier : « Si vous saviez, pourquoi ne pas m'avoir emportée avec vous ? Je veux vous rejoindre. »

Pendant des jours et des semaines, ma mère a eu peur de mes paroles. Elle me suivra partout. Même quand je me lavais dans la salle de bains, elle y entrait. Elle me serinait : « Tes enfants n'ont plus que toi. Il faut que tu tiennes. »

Mais pour l'heure, nous étions encore dans l'ignorance de sa mort. Comme le monde entier, nous pensions qu'il n'était que blessé. Son entourage immédiat en avait décidé ainsi pour permettre à la résistance de s'organiser, sachant que les talibans voudraient anéantir le Panjshir pour occuper le pays entièrement.

Les enfants étaient assis dans le salon, devant la télévision. Je me lavais les mains dans la salle de bains, la porte ouverte, quand brusquement la présentatrice a annoncé : « Suite à une attaque terroriste, le commandant Massoud aurait perdu la vie. » On s'est tous mis à hurler en même temps. Les enfants se roulaient sur le sol et moi, anéantie, je suis tombée sur eux. Ma mère allait des uns aux autres, ne sachant plus comment nous calmer. « Arrêtez ! nous disait-elle. Arrêtez ! Vous ne voyez pas que c'est de la propagande. Ce n'est pas la première fois qu'on nous annonce sa mort. Vous qui êtes ses enfants et sa femme, vous savez très bien que c'est une manœuvre des terroristes. » Mais moi, je pensais : « S'il était vivant, même grièvement blessé, il ne nous laisserait pas dans cette horrible incertitude. Il ferait passer un message à sa famille et à son peuple, qui doit être dans le même désespoir que moi. Il ne pourrait pas nous laisser dans cet état. » Je me raccrochais à l'idée qu'il était loin, peut-être inconscient, et qu'il fallait espérer. La seule information que l'on m'avait donnée, c'est qu'il était soigné à Paris avec, à ses côtés, son neveu Wadood et son secrétaire, Jamshid. La mère de Zabet Saleh, l'attaché militaire de Douchanbe très proche de mon mari, est venue me voir : « Je vous jure, sur Dieu, que mon fils l'a eu au téléphone. Il est vivant. Ne vous inquiétez pas ! » Mais pourquoi ne me parlait-il pas à moi ?

Le mardi, le 11 septembre, les attentats de New York et de Washington m'ont anéantie. Je ne comprenais plus rien. Qui était qui ? Pourquoi mon mari et, maintenant, tous ces hommes et toutes ces femmes, si loin de nous, assassinés par les mêmes ? Ses pires prévisions étaient-elles en train de se réaliser ? Trop de morts. Trop de souffrance. Trop d'incertitude. Le mercredi, mon père est arrivé de Farkhar. Il s'est assis auprès de moi et s'est mis à pleurer.

— Qu'est-ce qui se passe ? ai-je demandé, oppressée.

— Je n'en sais rien. On m'a dit qu'il était toujours en France et que ce n'était pas la peine que je l'attende à Farkhar.

Je me suis mise à crier :

— Mais tu n'as pas honte de croire n'importe quoi ? Avec tout ce qu'il représente pour toi, tu n'as même pas eu le courage d'aller voir la pièce où a eu lieu l'explosion pour te rendre compte par toi-même de la gravité de l'attentat ? Et tu viens pleurer devant moi !

Mon père s'est frappé le visage en gémissant comme un gamin.

— Mais qu'est-ce que je peux faire ? On ne me dit rien. Je donnerais ma vie pour le sauver, mais je vois bien qu'on me cache l'essentiel. Je ne sais plus quoi faire.

Je n'avais plus la force de regarder mes enfants ni de les consoler. Ils n'existaient plus pour moi. J'étais une morte vivante, prostrée au plus profond de l'enfer, là où coule une souffrance noire qui rend aveugle et sourd aux autres. Personne ne pouvait m'aider. Sauf lui. Et il ne me donnait aucun signe.

Quand mon frère Rasheddin est arrivé à son tour, je n'ai plus pu me contenir davantage. J'étais ravagée. Mille informations contradictoires nous parvenaient, y compris qu'il serait toujours au Tadjikistan, soigné par des médecins français. J'ai eu un moment de lucidité, de calme et de force pour parler à mon frère :

— Ça suffit maintenant. Je ne suis pas journaliste et je ne fais pas de politique. Je suis sa femme. Je suis la mère de ses enfants et j'ai le droit de savoir. Qu'il soit mort ou qu'il soit vivant, je veux le voir et le toucher. Et je ne veux plus que l'on me raconte n'importe quoi.

J'étais déterminée et mon frère a compris que je ne pourrais en supporter davantage.

— D'accord, a-t-il répondu. Je vais immédiatement aller voir le docteur Abdullah.

Quand il est revenu, je me rappelle encore ses mots.

— Il dit qu'Amer Saheb est gravement blessé, mais que c'est important que tu le voies, ça lui donnera du courage. Demain, tu partiras le rejoindre en hélico à Kôlab.

Encore une nuit à croire et à espérer. Le lendemain matin, sa sœur Sohaila est arrivée de l'Inde et j'ai quitté la maison avec elle, une nièce de mon mari, ma mère, mon père, mon frère et Ahmad. Mes petites filles ont beaucoup pleuré, car il avait été décidé que seul leur frère m'accompagnerait. Nous roulions dans deux voitures. Dans l'une, j'étais avec mes parents et ma belle-sœur, et dans l'autre, Ahmad était monté avec sa cousine et mon frère.

Mon fils avait emporté un Coran et, volubile, il n'arrêtait pas de parler : « Quand je verrai papa, je lui dirai : “ Mets-le sur tes blessures, il t'aidera à guérir. ” Et puis je lui dirai : “ Ne t'inquiète pas, je suis là. Si tu dois partir te faire soigner, je m'occuperai bien de maman et de mes sœurs. Tu peux me faire confiance. ” Je lui dirai aussi qu'il nous manque et qu'on va bien travailler pour qu'il soit content quand il reviendra. » Mon frère Rasheddin, qui conduisait, s'est brusquement retourné vers lui et lui a dit en lui caressant la joue : « Mon garçon, quand tu verras ton papa, tu lui diras : " Je suis fier de toi. Tu es mort comme un martyr pour sauver ton pays. " »

Quand les voitures se sont arrêtées devant l'hélicoptère, ma nièce se tordait dans une crise d'épilepsie, les bras et les pieds agités de tremblements. Ma mère s'est précipitée pour la secourir. Je n'ai pas reconnu mon fils tellement son visage avait changé. Mon petit garçon. Je n'ai rien fait pour te consoler. Toute mon énergie passait à essayer de ne pas comprendre. On m'a montée dans l'hélicoptère. Le ciel nous a absorbés.

Je savais.

15.

Ils l'avaient déjà sorti de la salle réfrigérée pour le préparer avant qu'on ne le voie. L'homme merveilleux, que j'avais tant aimé et vénéré, était maintenant un cadavre livide et rigide. Ses beaux cheveux, que j'adorais coiffer, étaient brûlés et son corps couvert de blessures. Lui, qui détestait l'hiver et insistait pour qu'on bouche avec des petits morceaux de tissu tous les trous par où pouvait pénétrer le vent, n'était plus qu'un morceau de glace. Mon fils s'est jeté sur son père en criant : « Papa, papa, pourquoi es-tu parti ? Je te vengerai. Je me battrai. » Ma mère l'a pris contre elle. « Non, c'est Dieu qui le vengera. » Il sanglotait éperdument. Ce petit homme de onze ans qui voulait prendre les armes était noyé dans le désespoir. Et je ne pouvais rien faire pour apaiser mon enfant. Je me suis approchée de mon mari. De la gorge à la taille, il était criblé de trous. Au niveau du cœur, une énorme blessure lui ouvrait la poitrine. J'ai touché sa peau, ses cheveux, son visage, ses mains... Pendant toutes ces années de guerre, j'en avais vu des gens tués sous mes yeux. J'en avais ramassé des morceaux de corps. J'en avais tenu des morts, contre moi. Mais l'état de cet homme était la plus insoutenable vision de mon existence. Je sentais bien sous mes doigts et sous mes lèvres que la vie l'avait quitté et, en même temps, mon esprit divaguait : « Ce n'est pas vrai, il va se lever. »

On n'a pas voulu me laisser seule avec lui. « Il faut partir », m'a-t-on dit. J'ai encore entendu : « Il faut rentrer à Douchanbe, retourner au Panjshir, préparer l'enterrement. » Mais j'étais ailleurs. Dans un pays où son absence a creusé un gouffre à tout jamais.

Depuis, j'ai su ce qui s'était réellement passé ce 9 septembre 2001.

Le matin, les deux faux journalistes marocains, Karim Touzani et Kassim Bakkali, qui réclamaient depuis des jours une interview de Massoud, avaient enfin obtenu un rendez-vous. À Khoja Baodin, dans la maison des invités située à proximité du ministère des Affaires étrangères, plusieurs personnes encadraient Amer Saheb : son ami Massoud Khalili, ambassadeur d'Afghanistan en Inde, Assem Sohail, son traducteur, et Fahim Dashty, son neveu journaliste qui voulait filmer l'entretien. Mohammad Allem, le garde du corps, était sorti de la pièce à la demande de mon mari. Massoud a voulu connaître les questions avant de commencer l'enregistrement. Les premières, banales, portaient sur la situation dans le pays, les combats, le Pakistan... Mais, peu à peu, elles n'ont concerné qu'Oussama Ben Laden. Massoud écoutait en silence. « Que ferez-vous de Ben Laden si vous gagnez la guerre ? », a demandé un des terroristes. Mon mari a enchaîné : « On peut commencer l'enregistrement. » La charge d'explosif dissimulée dans la ceinture du faux cameraman Bakkali a alors explosé. Le jeune traducteur a été tué sur le coup, Khalili grièvement blessé, Fahim gravement brûlé aux mains, et Ahmad Shah Massoud criblé d'éclats. Un morceau de métal s'est fiché près de son cœur, peut-être là où il avait porté la perle noire que je ne quitte plus aujourd'hui.

Le corps et le visage en sang, mon mari a succombé à ses blessures dans la voiture qui l'évacuait. Son ministre des Affaires étrangères Abdullah Abdullah et quelques proches ont décidé de garder le secret, sachant que, sinon, les talibans allaient profiter de l'immense désespoir du peuple pour déclencher une attaque et envahir le Panjshir.

Le 15, sa mort a été enfin annoncée au monde.

La suite des événements s'écrit avec l'encre indélébile des larmes. Celles de mes enfants, de la famille, des proches, du peuple.

Nous sommes revenus dans notre maison de Jangalac. Depuis, j'ai compris que la raison d'État avait imposé le secret, mais, quand je suis rentrée chez nous, j'en ai voulu à tous ses proches qui m'avaient laissée espérer. J'avais même imaginé qu'il pouvait être handicapé, voire paralysé, et que je passerais le reste de ma vie à le soigner. C'était égoïste car je sais qu'il ne l'aurait pas supporté.

Le dimanche, l'hélicoptère s'est posé à Astana avec, à l'intérieur, son corps enveloppé dans un linceul blanc. Il aurait dû être transporté à la maison, mais des milliers et des milliers d'hommes l'attendaient, et il aurait été impossible de les en séparer. Ils se frappaient le visage, se jetaient à terre et hurlaient dans un désespoir indescriptible. C'est là que j'ai réalisé à quel point Massoud ne m'appartenait pas. Qu'il n'était pas seulement mon mari et le père de mes enfants, mais l'homme de tout un peuple et de toute une nation. Cela n'a rien ajouté ni enlevé à ma souffrance, mais je l'ai pleinement accepté. Le seul de ses frères qui a pu arriver à temps pour l'enterrement est Ahmad Zia. Mon fils, en présence de ses oncles et de son grand-père, a accompagné la dépouille de son père, assis sur un char. Chez nous, seuls les hommes assistent aux enterrements.

Du haut du jardin, j'ai suivi un long moment la marée humaine. J'aurais aimé, comme il l'avait souhaité, qu'il soit inhumé au sommet de la petite colline qui surplombe la maison. Or j'ai vite compris que c'était une erreur. Au fil des années, sa tombe allait devenir un lieu de pèlerinage. Sans eau et sans voie d'accès, l'endroit aurait été inaccessible et il nous aurait fallu abandonner la maison du haut. Sa maison.

Je l'ai vu disparaître à l'horizon, porté par des milliers de bras et des milliers de cœurs. Je suis revenue vers le salon où des dizaines de femmes m'attendaient. En Afghanistan, après la mort de quelqu'un, les gens viennent pendant trois jours visiter la famille. Cela a duré trois semaines. Tout ce temps, les enfants sont restés collés à moi. Nous étions tous dans un état second.

Quinze jours ont passé avant que je puisse me rendre sur sa sépulture, à Saritcha. Ce n'était encore qu'une tombe en terre protégée par un toit provisoire soutenu par quatre piquets. Le vent soufflait. De chaque côté de la montagne s'étendait sa vallée chérie avec cette rivière qui l'a tant fait rêver.

Aujourd'hui, nous habitons en Iran, mais nous retournons chaque année dans notre maison du haut. Je n'ai plus jamais dormi dans notre chambre.

Dans les placards, ses vêtements sont encore suspendus.

Devant la fenêtre, il y a toujours sa chaise.

Jangalac, juillet 2004

Chékéba Hachemi et Marie-Françoise Colombani tiennent à remercier particulièrement :

Ahmad Zia Massoud, Ahmad Wali Massoud, Seyar Zafar, Wadood Zarah, Hamayoun Tandar, Tareq Mohamadi, Assad Khalid, Bruno Lafforgue, Christophe de Ponfilly, Valérie Toranian, Anne-Marie Von Arx.

Cet ouvrage a été composé et imprimé par

FIRMIN DIDOT

GROUPE CPI

Mesnil-sur-l'Estrée

en août 2005

Imprimé en France
Dépôt légal : août 2005
N° d'édition : 914/01 – N° d'impression : 74656